U0085412

世界哲學家叢書

詹　姆　士

朱　建　民　著

1998

東大圖書公司印行

國家圖書館出版品預行編目資料

詹姆士／朱建民著. --初版. --臺北市：
東大：民87
面： 公分. --(世界哲學家叢書)
參考書目;面
含索引
ISBN 957-19-1701-X (精裝)
ISBN 957-19-2213-7 (平裝)

1.詹姆士 (James, William,1842-
1910)-學術思想-哲學

145.46   87004465

網際網路位址 http://www.sanmin.com.tw

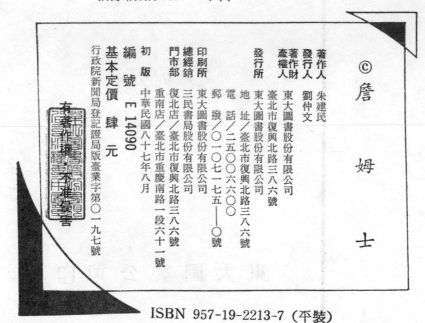

© 詹姆士

著作人 朱建民
發行人 劉仲文
產著作財權人 東大圖書股份有限公司
發行所 東大圖書股份有限公司
　　　地址／臺北市復興北路三八六號
　　　電話／二五○○六六○○
　　　郵撥／○一○七一七五──○號
印刷所 東大圖書股份有限公司
總經銷 三民書局股份有限公司
門市部 復北店／臺北市復興北路三八六號
　　　重南店／臺北市重慶南路一段六十一號
初版 中華民國八十七年八月
編號 E 14090
基本定價 肆元
行政院新聞局登記證局版臺業字第○一九七號

有著作權·不准侵害

ISBN 957-19-2213-7 (平裝)

「世界哲學家叢書」總序

　　本叢書的出版計畫原先出於三民書局董事長劉振強先生多年來的構想，曾先向政通提出，並希望我們兩人共同負責主編工作。一九八四年二月底，偉勳應邀訪問香港中文大學哲學系，三月中旬順道來臺，即與政通拜訪劉先生，在三民書局二樓辦公室商談有關叢書出版的初步計畫。我們十分贊同劉先生的構想，認為此套叢書（預計百冊以上）如能順利完成，當是學術文化出版事業的一大創舉與突破，也就當場答應劉先生的誠懇邀請，共同擔任叢書主編。兩人私下也為叢書的計畫討論多次，擬定了「撰稿細則」，以求各書可循的統一規格，尤其在內容上特別要求各書必須包括（1）原哲學思想家的生平；（2）時代背景與社會環境；（3）思想傳承與改造；（4）思想特徵及其獨創性；（5）歷史地位；（6）對後世的影響（包括歷代對他的評價），以及（7）思想的現代意義。

　　作為叢書主編，我們都了解到，以目前極有限的財源、人力與時間，要去完成多達三、四百冊的大規模而齊全的叢書，根本是不可能的事。光就人力一點來說，少數教授學者由於個人的某些困難（如筆債太多之類），不克參加；因此我們曾對較有餘力的簽約作者，暗示過繼續邀請他們多撰一兩本書的可能性。遺憾的是，此刻在政治上整個中國仍然處於「一分為一」的艱苦狀態，加上馬列教

條的種種限制，我們不可能邀請大陸學者參與撰寫工作。不過到目前為止，我們已經獲得八十位以上海內外的學者精英全力支持，包括臺灣、香港、新加坡、澳洲、美國、西德與加拿大七個地區；難得的是，更包括了日本與大韓民國好多位名流學者加入叢書作者的陣容，增加不少叢書的國際光彩。韓國的國際退溪學會也在定期月刊《退溪學界消息》鄭重推薦叢書兩次，我們藉此機會表示謝意。

原則上，本叢書應該包括古今中外所有著名的哲學思想家，但是除了財源問題之外也有人才不足的實際困難。就西方哲學來說，一大半作者的專長與興趣都集中在現代哲學部門，反映著我們在近代哲學的專門人才不太充足。再就東方哲學而言，印度哲學部門很難找到適當的專家與作者；至於貫穿整個亞洲思想文化的佛教部門，在中、韓兩國的佛教思想家方面雖有十位左右的作者參加，日本佛教與印度佛教方面卻仍近乎空白。人才與作者最多的是在儒家思想家這個部門，包括中、韓、日三國的儒學發展在內，最能令人滿意。總之，我們尋找叢書作者所遭遇到的這些困難，對於我們有一學術研究的重要啟示（或不如說是警號）：我們在印度思想、日本佛教以及西方哲學方面至今仍無高度的研究成果，我們必須早日設法彌補這些方面的人才缺失，以便提高我們的學術水平。相比之下，鄰邦日本一百多年來已造就了東西方哲學幾乎每一部門的專家學者，足資借鏡，有待我們迎頭趕上。

以儒、道、佛三家為主的中國哲學，可以說是傳統中國思想與文化的本有根基，有待我們經過一番批判的繼承與創造的發展，重新提高它在世界哲學應有的地位。為了解決此一時代課題，我們實有必要重新比較中國哲學與（包括西方與日、韓、印等東方國家在內的）外國哲學的優劣長短，從中設法開闢一條合乎未來中國所需

求的哲學理路。我們衷心盼望，本叢書將有助於讀者對此時代課題的深切關注與反思，且有助於中外哲學之間更進一步的交流與會通。

最後，我們應該強調，中國目前雖仍處於「一分為二」的政治局面，但是海峽兩岸的每一知識分子都應具有「文化中國」的共識共認，為了祖國傳統思想與文化的繼往開來承擔一分責任，這也是我們主編「世界哲學家叢書」的一大旨趣。

傅偉勳　韋政通

一九八六年五月四日

自 序

　　在詹姆士生前撰寫的最後一本書中，他引述了叔本華的一段名言：「除了人，沒有任何存有會驚異於其自身的存在。人剛開始有意識時，他把自己視為理所當然而不需要任何解釋。但是，不多久；當第一次的反省浮現時，驚異即開始，這是形上學之母，也使亞里斯多德說出，由於驚異，人一直努力去進行哲學思考。一個人知性層次愈低，存在對他愈不成為一個謎題。反之，一個人的意識愈清楚，這個問題愈是纏繞著他。事實上，使形上學的鐘擺永遠不停地擺動的不安，在於想到這個世界的不存在與其存在是同樣的可能。」

　　這宇宙有太多的奧秘，其中有一個奧秘跟隨著每一個「我」，它就是「此時此地竟然有我之存在」的奧秘。所有的奧秘若是沒有驚異於其奧秘的意識主體，也就不成其為奧秘。我之存在的奧秘亦是如此。這個「我」若不是一個有反省能力的自覺者，則我之存在亦不成其為奧秘。然而，一旦這個「我」反省到自身之存在是一奧秘時，則伴隨著驚異之感而來的卻是難以名狀的飄搖及沈重。人就處於這樣的情境中；做為擁有睿智心靈的獨特存在，他覺察到許多的奧秘，同時也承受了許多的震撼。

　　就宇宙的開始而言，是偶然中的偶然。就地球的存在而言，在整個宇宙中是偶然中的偶然。就人類在地球的出現而言，是偶然中的偶然。就我之僅僅存在於此一特定段落中的時空，而之前的窮極

亙古及之後的無盡歲月都沒有我的存在，則我之存在更是偶然中的偶然。此我之偶然原本可以如泡沫之起滅、如花草之榮枯、如蟲蟻之浪生浪死一樣無足輕重、不留痕跡。但是，在此宇宙中，最獨特的亦是人。人之獨特即在於他能自覺其自身存在、自省其存在之意義；更簡單地說，人之獨特即在其有「我」的自覺，更在自覺之中造就了「我」。每一個「我」一旦被自覺，即是獨一無二的存在。每一個我在其一生中，更由個人生命存在於此世間所經歷的一切特殊的經驗編織成一個獨一無二的歷程。初生嬰兒沒有我之意識，經歷累積愈多，我之意識愈是成形，亦愈穩固。當我之意識成形時，人亦自覺到這個我不可能永遠存在。我之意識方趨穩固，卻又一步步向著永遠消失的終局走去。這是具有自覺能力的人所面臨的最無法解決的存在困境，故有人名之曰「我執」、「我累」。這個最獨特的我卻是個最偶然中的最偶然，這正是人存在的弔詭。

　　哲學就起於這個存在的弔詭。

　　真正的哲學家不能無感於存在的弔詭，卻也不應無休止地陷溺其中。宋儒以此為人生之驚險處，切莫頻頻探首，以免墜落深谷。此處誠屬人生之真實，但人生另一面之真實則在於這個「我」亦不全然是個孤零零的我，個人生命不是無來由地被拋進世上。儒家強調人之所從出，要人隨時體念其生命之所從出之父母。儒家強調個人存在必定伴隨著人倫網絡、社會網絡及文化網絡，要人安頓於人文化成及倫常之道中。如此，人得以暫且擺脫存在的弔詭，而於人間道中實現其存在之意義。

　　詹姆士是一位真正的哲學家，他敏銳地感受存在的弔詭，並亟思由此弔詭中突圍。他極力反對那些有可能抹殺個人存在意義的哲學，而窮畢生之力鼓吹一種能夠貞定個人存在價值的哲學，務期將

人的生命意義發揮極致。哲學的爭論對他來說，不在於智思的馳騁，而在於生命問題的解決。哲學要為這奧秘找出意義，要為人自身之存在找出價值。不過，哲學思辨的功能僅止於指點方向，生命意義的彰顯還是得靠實踐；大道理說得再多再好，終究要靠行動落實。詹姆士在年輕時即深刻體認，唯有實踐與行動才能克服存在之虛無。

詹姆士感受自我存在之弔詭，更進而悲憫地感受現實世間之罪惡痛苦，因此以消除罪惡、造就美好世間做為實踐目標。在朝此目標努力的過程中，個人並非孤軍奮戰，他不僅有人間的同道相互扶持，他更有上帝做為併肩作戰的夥伴。儒家將人安頓於人倫網絡中，詹姆士則將個人與上帝結合在這奮鬥歷程中，而使生命得到安頓。究極來說，科學不能回應存在之奧秘，此所以詹姆士一再要求保住宗教之地位；上帝使人對未來的美好充滿信心與希望。

詹姆士的哲學體系乃以實踐哲學為中心，主旨在於回應人存在的問題，以期開創一個有意義的人生，造就一個有價值的世界。實踐哲學強調實踐是根底，但仍以「論辯」強調之；詹姆士明白指出行動是最後的關鍵，但其哲學仍在「言談」行動。這亦是哲學之弔詭。

我今以語言文字論述詹姆士哲學，其實亦落入類似的弔詭中。不僅無關乎實踐，而且無法展現詹姆士本人生動的表達方式，更不容易展現出一個活活潑潑的生命，看得到的大多是一堆抽象的哲學主張。這種表達上的限制也影響了本書章節的安排。就詹姆士著作呈現之種種哲學主張來看，做為生命底據的實踐哲學僅佔一章，而哲學界較關心的實用主義及徹底經驗論則佔主要部分。

在這個時代透過文獻資料來研究詹姆士，條件相當好。由於詹姆士本人的用心及後人的努力，他生前寫過的文字幾乎都被保存下來，其中包括出版的文章、專書，也包括未出版的手稿、筆記、書

信、日記與隨感。在詹姆士過世之後，他有一位忠實而博學的學生佩里，立即對他進行文獻的整理。甚至把他讀過的書和賣出的書都列出清單，書中做的註記亦整理成冊。另外，哈佛大學以奠定美國傳統哲學經典的心情，以類似漢儒註經的方式，於一九七五年開始至一九八八年將詹姆士的著作重新編輯出版。在這套《詹姆士著作全集》中，匯集了當代研究詹姆士的專家，並結合了文獻學者及校勘學者，考察各種版本（包括詹姆士本人的手稿、打字稿），訂定了這套學術界公認為「定本」的全集。

儘管有良好的學術條件，本書依然不可能對詹姆士的思想成就做一全面的展現。我們集中在哲學的部分，因此，心理學、靈魂研究、宗教研究、文藝評論等方面付諸闕如。其次，在哲學方面的取材，僅能選出比較確定的主張，一些有待發展的創見則無法列入。最後，由於篇幅有限，本書只能偏重於陳述詹姆士本人的主張，而無法深入處理相關的爭論。此外，我過去在實用主義方面發表的一些文字也收於本書中。

在本書付印之際，回憶起當年傅偉勳教授在中央圖書館約稿的情景，誠懇的神情、瀟脫的言談，猶在腦海，而故人已逝。人生無常，益發使人珍惜眼前親人好友相聚之難得。我慶幸能有如此多的親情相伴，在學術生涯裡，分分秒秒都有家人的包容及愛心。最後感謝內子莉菁及兩位乖巧兒子的體諒與支持，讓我將公餘之暇的心力專注於書房。更感謝家父啟森先生及家母季蕙芬女士至今近半個世紀的照拂與付出。無論何時，親情永遠是人生最溫暖的慰藉與幸福。

朱建民

民國八十七年二月序於國立中央大學哲學研究所

凡 例

一、引用詹姆士著作皆以書名英文縮寫及頁碼置於括弧註明出處。卷數以羅馬數字標明，頁數以阿拉伯數字標明。簡稱對照表如下：

P: *Pragmatism*. Cambridge: Harvard University Press, 1975.

MT: *The Meaning of Truth*. Cambridge: Harvard University Press, 1975.

ERE: *Essays in Radical Empiricism*. Cambridge: Harvard University Press, 1976.

PU: *A Pluralistic Universe*. Cambridge: Harvard University Press, 1977.

WB: *The Will to Believe*. Cambridge: Harvard University Press, 1979.

SPP: *Some Problems of Philosophy*. Cambridge: Harvard University Press, 1979.

ERM: *Essays in Religion and Morality*. Cambridge: Harvard University Press, 1982.

EP: *Essays in Philosophy*. Cambridge: Harvard University Press, 1978.

EPS: *Essays in Psychology*. Cambridge: Harvard University Press, 1983.

ECR: *Essays, Comments, and Reviews*. Cambridge: Harvard University Press, 1987.

LWJ: *The Letters of William James*. 2 vols., Edited by Henry James, Jr., Boston: Atlantic Monthly Press, 1920.

二、《珀爾斯文輯》: *Collected Papers of Charles Sanders Peirce*, volumes 1–6 edited by C. Hartshorne and Paul Weiss, 1931–1935. Cambridge, Mass.: Belknap Press. 有關本文輯之引用，均以「*CP*」簡稱之，並依學術界引用該書之慣例，引文出處概以卷數及段落數註明；如(*CP*, 5.427)即指《珀爾斯文輯》第五卷第四二七段。

三、較常引用之專著，除少數例外，均以作者名字及頁碼置於括弧註明出處。簡稱對照表如下：

Ayer: Alfred Jules Ayer. *The Origins of Pragmatism: Studies in the Philosophy of Charles Sanders Peirce and William James*. San Francisco: Freeman, Cooper & Company, 1968.

Bird: Graham Bird. *William James*. New York: Routledge & Kegan Paul, 1986.

Blau: Joseph L. Blau. *Men and Movements in American Philosophy*. New York: Prentice-Hall, 1952.

McDermott: William James. *The Writings of William James*. Edited, with an Introduction and a New Preface, by John J. McDermott. Chicago: The University of Chicago Press, 1977.

Myers: Gerald E. Myers. *William James: His Life and Thought*. New Haven: Yale University Press, 1986.

　　Thayer: H. S. Thayer. *Meaning and Action: A Critical History of Pragmatism.* 2nd edition. Cambridge: Hackett Publishing Company, 1981.

　　TC: Ralph Perry. *The Thought and Character of William James.* 2 vols. Boston: Little, Brown, and Company, 1936.

詹姆士

目　次

第一章 生平與著作

著名的實用主義哲學家威廉·詹姆士 (William James, 1842-1910) 於一八四二年一月十一日生於美國紐約。他的祖父亦名威廉，於一七八九年由北愛爾蘭移居美國，起初定居於紐約的阿爾巴尼，因而被史家稱為阿爾巴尼的威廉·詹姆士(1771-1832)。這位勤奮的移民原本是北愛爾蘭一戶貧窮農家的次子。按照當地的風俗，只有長子得以繼承家產。因此，他的父母就鼓勵他去做長老會的牧師。不過，他自己卻寧可赤手空拳到美國打天下。他在十八歲那年搭乘移民船到了紐約，起初當店員，兩年後自立門戶經營煙草業，而後擴及房地產業。他藉著靈活的商業手腕，白手起家，最後成為擁資三千萬美元的富豪。他於一七九六年結婚，兩年後，妻子生下一對雙胞胎後去世。他旋即再娶，但第二任妻子於生下一女後又去世。幸好第三位妻子比較長壽，她共生了七子三女；其中的次子即是詹姆士的父親，亨利·詹姆士 (Henry James Sr., 1811-1882)。

亨利·詹姆士幼年相當活潑，但是家中卻瀰漫著濃厚而嚴肅的宗教氣氛，因此造成他對喀爾文教派極度反感。他在十二歲那年就是由於過分好動而發生一次意外，最後被迫在缺乏麻藥的情況下鋸掉一條腿。此外，他在年輕時，經常縱情賭博、酗酒；因而不受父親喜愛。老威廉在一八三二年去世時，遺囑中並未給他任何實質的

財產，只給他少許年金做生活費。因此，他聘請律師提出控訴，最後於一八三七年承襲部分豐厚的遺產。不過，他後來倒是醉心於哲學及神學的研究，並受到多種不同來源的影響，諸如：美國超越主義、蘇格蘭宗教思想家森德曼 (Robert Sandeman, 1718–1778)、法國烏托邦社會主義者傅立葉 (Charles Fourier, 1772–1837)(*TC*, I, 28)、以及瑞典宗教哲學家史維登堡(Emmanuel Swedenborg, 1686–1772)。其中尤其以史維登堡的神秘主義學說對他影響最大❶。

　　上述各種影響之間固然有明顯的分歧，不過，亨利・詹姆士把它們融和成自己的一套看法。他認為，救贖乃是現世之事，神聖經驗之所以神聖，正是由於它是內在於人類活動之中，而不是因為它遙不可及。神性之所以有意義，乃是因為它深入人生，而人生之所以有意義，則在於個人放棄自我的擴張並向上帝完全開放。人與上帝的雙向交流，不在彼岸，而在此世；換言之，即使是超越者，也得落實於現世之中(*ERM*, 17)。

　　在當時來說，亨利・詹姆士是一位有錢有閒的文化人。他在國內

---

❶ 史維登堡經由動物世界的研究而相信，心靈及物質之間、精神界與自然界之間存有恆常的交互影響，他更由此認為，依循《聖經》而發展出來的宗教必定關注於此世與彼世的關係，唯有如此，人們才能直接得到宗教真理，並由此發展出純正的基督教。詹姆士本人並未受到父親的影響而遵從史維登堡的學說，他也不贊成他父親所主張的一元論(*ERM*, 61)。不過，他終身對宗教問題的關心卻是間接受到他父親的影響，詹姆士本人日後也承認這點。他甚至認為他的父親是宗教上的先知與天才(*ERM*, 6)。此外，在其《宗教經驗之種種》一書中，我們也可看到史維登堡神秘主義學說的痕跡。今天在美國麻州紐敦市的史維登堡教派圖書館中，還保存一堆亨利・詹姆士生前收藏的史維登堡的著作，且顯示威廉・詹姆士曾使用過這些資料 (*ERM*, 178)。

外均結交了許多著名的文化人士；美國的愛默生(Ralph Waldo Emerson, 1803–1882)、梭羅(Henry David Thoreau, 1817–1862)，英國的嘉萊爾(Thomas Carlyle, 1795–1881)、穆勒(John Stuart Mill, 1806–1873)，都是他的朋友。此外，他也有一些門生弟子(*ERM*, 178)。他曾經發表過相當數量的著作，在他死後兩年，他的兒子威廉・詹姆士收集其中一部分文章出版，書名為《故亨利・詹姆士文存》(*The Literary Remains of the Late Henry James*)。

亨利・詹姆士有五名子女。長子就是威廉・詹姆士，父子二人形貌極為相近，在性情上也有不少近似之處。次子亦名亨利(Henry James, Jr., 1843–1916)，日後成為著名的小說家。英國文藝評論者威斯特(Rebecca West)在一九一六年對這兩位兄弟做了一個有趣的比較，他說，亨利的小說讀起來像哲學，而威廉的哲學讀起來像小說。在性格上，威廉比較外向而堅強自信，亨利比較內向而怯懦害羞。他們二人自幼即最受寵愛，日後的事業也最成功。三子葛斯(Garth Wilkinson James, 1845–1883)、四子羅伯森(Robertson James, 1846–1910)及五女愛麗絲(Alice James, 1848–1892)則不那麼幸運；葛斯及羅伯森的一生充滿著挫折與壓力，而愛麗絲的一生則充滿著病痛與抑鬱。在這個彼此關係極為緊密的家庭中，母親是穩定的力量，而父親則是最大的影響來源。他的影響不僅是思想上的、教育上的、生活上的，甚至藉著發問、藉著四處旅行、藉著無所事事，而把性格上的不安定感也傳給五位子女。

曾有學者指出，對威廉・詹姆士來說，影響他最大的兩個人，除了法國哲學家雷諾維耶(Charles Renouvier, 1815–1903)之外，即是老亨利・詹姆士。由某種角度看來，亨利・詹姆士似乎以教育子女做為他的志業。他時常向子女發問，例如：人在世界上的地位是什

麼？倫理及宗教的真正基礎何在？他對子女的教育有他自己的一套
想法，他並不喜歡紐約的教育環境，因此，他經常帶著一家人旅行
於歐洲各地，並把這種旅行本身視為一門教育課程。因此，詹姆士
早年曾在英國、法國、德國、瑞士等地讀書，這種對歐洲的熟悉使
他日後能更方便而直接地與歐洲的學者進行溝通。

老亨利・詹姆士由於承襲一大筆財產而不愁衣食，可以自由自
在地旅行、讀書、寫作；可是威廉・詹姆士自少年始，即不時憂慮
將來是否能夠謀得固定職業。事實上，詹姆士終其一生，尤其是結
婚生子之後，都常憂慮金錢是否夠用，也很在意收入。他的一位朋
友指出，當他遇到新識時，他經常是先問對方的年齡，接著就問收
入多少。不過，他絕不小氣。許多資料顯示，詹姆士經常慷慨地以
金錢及食物幫助有急需的朋友及學生，他對珀爾斯(Charles Sanders
Peirce, 1839–1914)長期的資助及照顧，更是眾所周知的。

在未入大學之前，詹姆士本來想以繪畫做為終身事業。他的父
親雖然不贊成這個主意，也曾向他分析畫家謀生的困難，並曾鼓勵
他往較為有利的科學方面發展，但也不阻止他去試一試。於是，詹
姆士在一八六〇年開始隨漢特(William Morris Hunt)學畫。在一年
的學畫過程中，他終於感到自己在這方面的天分有所不足，將來大
概無法以此謀生，故而放棄成為職業畫家的念頭。不過，詹姆士日
後的隨興之作仍受到後人的珍視，哈佛大學的豪登圖書館至今尚保
存幾幅詹姆士的素描及油畫。

詹姆士接著在一八六一年進入哈佛大學的勞倫斯理學院讀化
學、生理學及比較解剖學。同年，南北戰爭爆發。詹姆士由於身體
狀況太差，無法入伍，但他的兩個弟弟稍後都從軍了。他於一八六
二年結識同學珀爾斯，兩人成為一生的摯友。一八六三年進入哈佛

醫學院，不過，接著於一八六五年休學，跟隨他的老師阿噶西(Louis Agassiz, 1807–1873)到巴西亞馬遜河流域進行動物調查。在此經驗中，他學會如何精確地記錄第一手的觀察報告，但是也認清楚他並不適合以專精的博物學家做為職業。因此，他於一八六六年復學回到哈佛。

不過，由於身體狀況不佳，一八六七年他又赴歐洲休養，住在巴黎、柏林等地，並於柏林大學選讀生理學。這時，他大量閱讀一般著作並流連於美術館中。其間，他似乎浸潤於英國詩人渥茲華斯(William Wordsworth, 1770–1850)的詩篇而紓解心理上的抑鬱。渥茲華斯不依靠宗教，而以情智交融的方式描寫大自然，結果卻對十九世紀許多信仰失據、情感枯竭的知識份子提供治療的力量，從而掙脫心靈上的困境。以穆勒為例，他亦是藉著渥茲華斯的詩而擺脫精神上的危機。在此，穆勒可以說是詹姆士個人的心靈導師，故而詹姆士寫的《實用主義》一書即指名獻給穆勒。

詹姆士於一八六八年回到哈佛醫學院繼續學業，一年後畢業。當時學位考試的主考官恰巧是他熟識的父執輩，只問了幾個簡單的問題就讓他輕鬆過關。畢業後，詹姆士決定不從事實際的醫療工作；其實他原初學醫也不是為了要當個執業醫生。此後三、四年，身心皆處於低潮，因而留在家中休養直至復原。其間於一八七〇年甚至經歷嚴重的心理危機，幾近崩潰。事實上，詹姆士的健康狀況一直都不理想。他曾經提到一位醫生的說法，長壽的秘訣在於三十歲以前先使健康崩潰，而他似乎相信這種說法。

根據詹姆士自己的說法，他之所以能夠衝破一八七〇年的心理危機，乃是受到雷諾維耶的思想啟迪；而此一危機的克服對他一生有著無與倫比的影響。詹姆士坦承，雷諾維耶的著作幫助他了解到

哲學想法及主張對人格所可能造成的影響。事實上，雷諾維耶在許多方面都對詹姆士造成很大的影響。

這年他二十八歲，心情非常抑鬱，時常處於自殺的邊緣。他在這個時期，最關心如何避免自我存在的虛無之感。詹姆士後來在《宗教經驗之種種》一書的〈病態的靈魂〉一章中，假託一位法國人的來信，描述一個人突然對其自我存在感到莫名而震撼的恐懼，這時不知為何會有「我」在，平日最為熟悉的我，竟然變得極度陌生而荒誕，似乎有另一個外在的我在凝視著自己。

以下是唐鉞對這段描述的譯文：

> 當我在這種哲學上悲觀的狀態，並對我自己前途抱著一般的抑鬱之時，有一天晚上，在黃昏，我走到更衣室去拿一件放在那裏的東西；忽然間，並無預兆地，我感到一種極屬害的，對我自己生活的恐怖，好像這個恐怖由黑暗中出來一樣。同時，我心上浮現一個患羊癇瘋者的影像，這個患者是我在精神病院看過的，一個黑頭髮的青年，皮膚帶綠，完全傻氣，老是整天坐在一個長板凳上，或是更好說坐在靠牆的架子上，膝蓋彎上，到了抵住他的下頦，粗的灰色襯衣（他只穿這一件）蓋過膝蓋，垂下去把全身包住。他坐在那裏，像一種彫刻的埃及的貓或秘魯的木乃伊，全身只有他的黑眼睛動，絕對非人的樣子。這個景象和我的恐怖互相結合。我覺得潛隱未發地，那個樣子就是我。假如那種命運的時期來到我頭上，像來到他一樣，一切我所有的，沒有什麼可以保衛我不遭那個命運。我對他那麼怕，對我自己只是片刻與他不同這件事那麼深知，好像我胸膛裏一個前此堅固的東西完全破壞，我

變成一團的顫動的恐怖了。此後，對於我，世界完全變了。我每天早上醒來，總覺得在我胃底有種極厲害的恐怖，並且覺得人生不穩固這種感想，其深刻是在我一生中空前絕後的。❷

　　學者們都認為這段話其實是在描述詹姆士自己的經驗，而且發生時間很可能就在一八七〇年。有趣的是，詹姆士的父親在三十三歲那年也有過類似的經驗 (*ERM*, 30–33)。不過，麥克德默 (John J. McDermott) 指出，類似的經驗卻造成不同的結論，亨利・詹姆士主張抑制自我而向上帝開放，威廉・詹姆士則要求更進一步地開發自我的潛能(*ERM*, xiv)。

　　詹姆士認為，如果個人的道德興趣是真實的，則可避免根本的虛無之感。但是，如果沒有自由意志，則道德興趣不可能是真實的，因為，說我們應該做我們所不能做的事，乃是沒有意義的。在此，雷諾維耶的著作使他相信自由意志不是幻象。

　　在一八七〇年四月三十日的日記中，詹姆士記載說：

　　　我認為昨天是我生命中的一次危機。我當時讀完雷諾維耶第二篇「論文」的第一部分，看不出他對於自由意志的定義(即，當我可能有其他的想法時，卻「因為我的抉擇」而支持某一想法) 有任何理由必定是對於一個幻象的定義。無論如何，我現在 (直到明年) 要認定它不是幻象。我的第一個自由意志的動作即是去相信自由意志。在今年剩下的日子裡，我將戒除我本性最喜好的純粹思辨及沈思冥想，而刻意地培養對

❷　《宗教經驗之種種》中譯本，頁一六八。

於道德自由的感受，藉著閱讀有利於它的書籍，並且藉著行動。在元月一日之後，待我羽翼稍豐，我或許可以回到形上研究及懷疑心態，而不致危及我的行動能力。目前且謹記：少關心玄想；多關心我行動的「形式」；記住，唯有當秩序的習慣形成後，我們方能進入到真正有趣的行動領域，最後，像標準的守財奴一樣，一點一滴地累積意志做出的抉擇；切莫忘記一個環扣的掉落會造成多長的中斷。……救贖不在格律中，不在「看法」中，而在累積的思想行動中。……現在，我要進一步運用我的意志，不只是用它行動，而且用它相信；相信我個人的真實性及創造力。(LWJ, I, 147–148)

在哈佛理學院及醫學院的求學過程中，詹姆士並未表現對於化學及醫學的熱忱；他似乎只是藉著留在哈佛、住在家中，而看看是否能在附近找到工作機會，最好是在阿噶西創立的比較動物學博物館(Myers, 5)。他留在哈佛的願望終於在一八七二年實現。一八六九年，詹姆士以前的化學教授艾略特(Charles William Eliot)出任哈佛大學校長，三年後，艾略特延聘詹姆士為生理學講師，這是他一生中第一個正式的職位。次年出任解剖學及生理學講師。

一八七五年他在哈佛首度講授心理學的課程。詹姆士對於生理學及解剖學的興趣並不大，不過這方面的教學經驗幫助他進入心理學，因為當時新興的實驗心理學與生理學關係非常密切而被稱為生理心理學。此外，由於這個職位上的需要，他在一八七五年建立一個生理心理學的實驗室。這是有史以來第一個心理學實驗室，早於一八七九年由馮德(Wilhelm Wundt, 1832–1920)在萊比錫創設的實驗室，以及一八八一年由霍爾(G. Stanley Hall)在瓊斯霍浦金斯大學

創設的實驗室。哈佛的實驗室比起其他兩個顯得較具野心，然而實際的成果較少。兼任實驗室主任的詹姆士固然帶領學生做了一些實驗，不過，他不認為自己適合這種工作，他甚至質疑自己做過的實驗是否重要 (Myers, 5-6)。事實上，詹姆士本人的性向及體力都使他不耐煩於冗長而枯燥的實驗室工作。他於一八七八年開始遊說哈佛聘請一位專職的實驗室主任，並於一八九一年籌募到所需的款項。最後，這個實驗室終於由敏斯特伯格 (Hugo Münsterberg, 1863-1930) 在一八九二年接手並出任主任。

　　一八七六年詹姆士在哈佛出任生理學的副教授，一八七八年停止講授生理學。值得注意的是，詹姆士在哈佛最初幾年雖然教的是生理學，但是他這個階段在刊物上發表的數十篇書評及短文卻多屬心理學及哲學方面，而無關乎生理學。

　　對詹姆士來說，一八七八年具有非凡的意義。他在這一年與二十九歲的教員愛麗絲・吉本斯(Alice Howe Gibbens)結婚，這位成熟穩定、聰明堅強的妻子使詹姆士原本不安定的性格及生活形態都得到相當的包容及改善。他在這一年停止講授生理學，而把全副心力轉向自己較感興趣的心理學及哲學方面。他在這一年與出版商侯特(Henry Holt)簽約撰寫《心理學原理》，使他真正定下心來認真思考心理學問題；思考的成果陸續於雜誌發表，日後也都收於這本令詹姆士揚名於世的書中。此外，他在這一年發表了他一生中第一篇重要的哲學文章：〈論斯賓塞之「心靈定義為對應」〉。

　　這篇文章在一八七八年一月發表於《思辨哲學月刊》。(有趣的巧合是，珀爾斯同時在《通俗科學月刊》發表〈如何使我們的觀念清楚〉，著名的實用主義格準首次出現其中。) 依賽耶的看法，這篇文章是了解詹姆士思想的關鍵，它指出心靈在本質上是興趣導向的

(Thayer, 73)。麥克德默也指出，這篇文章的主旨是在強調興趣及愛好在心靈中的核心地位，而詹姆士的心理學、知識論、及宗教哲學皆發源於此一主張 (McDermott, 817)。它堪稱詹姆士第一篇富有哲學價值的文章，儘管自一八六五年到此時，他已發表過五十篇左右的短文（大多是關於心理學方面的書評）❸。

　　一八七九年開始教授哲學，課程名稱為「演化論哲學」，此後不再講授生理學及解剖學。一八八〇年出任哲學副教授。

　　一八八二年，英國靈魂研究學會成立，詹姆士成為會員。一八八四年，詹姆士協助成立美國靈魂研究學會。對於這類不為正統學術界看重的領域，詹姆士表現出濃厚的興趣及開放的胸襟。

　　一八八四年發表〈論內省心理學的某些疏漏〉，其中討論關係問題，並主張「對關係之感受」乃是吾人經驗中的一部分。詹姆士認為這是內省心理學的一項重大疏漏，他後來更根據此一主張發展出徹底經驗論 (radical empiricism)。詹姆士在這篇文章中指出，我們的形上學會受到語言的影響。曾經被給予「名字」的，就被認為是真實存在的。如此，由名字跳到名字，就好像由事物跳到事物，而連接它們的關係則被視為單純的「鄰近」或至多「類似」。原子論式的聯念論把真實打散成分散的、原子的，而吾人對真實之認識亦是如此散列的。詹姆士則肯定實在界中存有關係上的連續性，而

---

❸　早期的學者一直以為詹姆士最早發表文章是在一八六七年，不過，隨著哈佛版《詹姆士著作全集》的編纂，參與編輯工作的學者又找到兩篇詹姆士在一八六五年發表的短文 (*ECR*, xxi)。大致說來，在詹姆士的寫作生涯中，一八七〇年代只是起步階段，一八八〇年代主要是在準備《心理學原理》，一八九〇年代的著作也不多，倒是從一九〇二年至一九一〇年，詹姆士表現出驚人的創造力。

且這種關係上的連續性在吾人的意識之流中可以生動地經驗到。此一肯定在《心理學原理》一書〈思想之流〉章中表達得更為明確。

一八八五年出任哲學教授。一八八九年出任心理學教授。一八九〇年，兩大卷的《心理學原理》(*The Principles of Psychology*)出版，立即獲得非凡的成功。這原本是一八七八年應出版商之約而開始撰寫的一本教科書，同時受邀的還有其他領域的知名教授。本來約好兩年內交稿，不過，詹姆士卻足足寫了十二年才完成，篇幅也比原先約定的五百頁多出一倍以上。在那個時期，心理學及哲學並未完全分開，因此這本書不僅是一本實驗心理學的教科書，更是心理哲學或心靈哲學的劃時代巨著。其中不但有對大腦功能及生理光學的解釋，亦有對身心關係及自由意志的討論。

在《心理學原理》出版之前，詹姆士已是國際知名的心理學家及哲學家。本書出版後，更使他在美國及歐洲成為社會名人。梅爾斯指出，在《心理學原理》出版兩年後，四面八方的讚揚及榮譽開始蜂擁而至。詹姆士在羅馬、米蘭、巴黎、柏林、日內瓦、莫斯科、哥本哈根、牛津、達拉謨、愛丁堡等地的大學，以及美國本土的哈佛、普林斯頓、耶魯等大學，接受各種榮譽及學位的頒贈。他也成為美國國家科學學院、美國科學促進協會及英國皇家學院的榮譽會員(Myers, 2)。

一八九二年，為了便於教學，詹姆士試著把《心理學原理》所有具爭議性的、歷史性的、形而上的、純思辨的部分刪除掉，而出版另一個節本：《心理學簡本》(*Psychology: Briefer Course*)。哈佛大學的學生將《心理學原理》稱為「*James*」，而將節本稱做「*Jimmy*」；在英文名字中，後者即是前者的暱稱。當時許多大學皆以此做為心理學的教科書，使得出版商甚至需要在一年之內連印四版。十年之

後，這本書的銷售量已接近《心理學原理》的六倍。詹姆士將《心理學原理》刪節成此書，而原先的某些想法也得到重新思考的機會。例如，他原先主張一個意識狀態是獨一無二且不可分割的；在此書中，他則試圖重新說明意識概念本身。

一八九〇年《心理學原理》的出版，可視為詹姆士一生思想的分界線。在此之前，他的著作以心理學為主，而以哲學為輔。不過，此後，除了一八八九年《與教師談心理學》一書外，他的著作幾乎都是哲學方面的。當然，此一轉向亦非一百八十度地大轉彎。首先，這本心理學的名著中也包含許多富於哲學性的討論❹。其次，他在十年前已開始講授哲學，並於五年前出任哲學教授。更遠地來看，詹姆士在一八七〇年代即已思考哲學問題，並閱讀許多哲學方面的書。他在一八七〇年的心理危機也是關於自由意志及道德的問題，而最後更是靠著雷諾維耶的哲學使他渡過難關。

雖然《心理學原理》一書獲致如此的成功，不過，在它出版之後，詹姆士的關懷卻由心理學轉向哲學。有人說，他在完成心理學領域中最佳的一本書後即放棄了心理學，正如同羅素 (Bertrand Russell, 1872–1970) 在完成《數學原理》之後即放棄數理邏輯一樣 (Myers, 2–3)。

---

❹　布勞認為，除了最後一章外，詹姆士認真地想要避免在《心理學原理》中涉及哲學的考察；不過，他的哲學看法及其心理學立場的哲學意涵卻不時表露出來 (Blau, 253)。確實，我們可以由詹姆士對心理學問題的論述中，看出若干主旨與其日後哲學主張頗相呼應。然而，詹姆士是否刻意在此階段避免哲學考察，則很難判定。或許我們可以由另一個角度來說，詹姆士是被自己的心理學逼向哲學思辨。在《心理學原理》漫長的寫作過程中，他很可能逐步經由心理學問題的考察而更深入地思考相關的哲學問題。

　　就詹姆士一生的學術生涯來看，他之由心理學走向哲學，與其說是一種「轉向」，毋寧說是一種「回歸」。他固然花上十二年的時間撰寫《心理學原理》，但在此書完成後，他即把關懷的重心轉往哲學。不禁令人猜測，他若是早幾年完成這本書，而履行出版商的合約，或許他也會早幾年把重心轉移到哲學上。其次，出版商之所以找詹姆士撰寫心理學方面的教科書，當然是由於他當時在哈佛教心理學。進一步來說，詹姆士之講授心理學，乃是由於他在生理學方面的教學背景，使他得以進入當時新興的生理心理學。而他之所以具有生理學方面的教學資歷，乃是因為他是哈佛醫學院的醫學士。不過，追根究底，詹姆士之學醫學，就業的考慮要遠超過興趣。

　　換句話說，詹姆士之由醫學進入生理學，更由生理學進入心理學，並花費十二年撰寫《心理學原理》，與其說是出於主觀的興趣，不如說是出於興趣之外的考慮以及外在因素的牽引。因此，儘管在許多人的心目中，詹姆士是舉世聞名的「心理學家」，但是就他本人的內在關懷而言，他或許更適合被稱為「哲學家」。關於這點，佩里(Ralph Barton Perry)以生動的語氣指出：「哲學是他一生最為深沈而持久不變的執著，是他的結髮妻子，不論好壞，他基本上對她總是忠心的，縱然會有偶爾的出軌。」(*TC*, I, 450)事實上，詹姆士並不喜歡被冠上美國第一位心理學家的頭銜。在他晚年寫給一位友人的信中，詹姆士說：「我很遺憾你這麼緊盯著我的心理學層面，而我現在對此並不關心，也從來沒有非常關心過。對我來說，這個知識論及形上學的層面更為根源、更為重要。」(*LWJ*, II, 331–332)

　　當然，以上對於詹姆士哲學層面的強調，乃是屬於程度上的比較，切不可因此而把詹姆士在其他方面的表現均視為虛偽的或勉強的。事實上，詹姆士是一個興趣極為廣泛的人，也在許多方面獲致

原創性的成就。

　　一八九七年出版《相信之意志以及通俗哲學方面的其他文章》(*The Will to Believe, and Other Essays in Popular Philosophy*)，通常簡稱《相信之意志》。本書由詹姆士在一八七九年至一八九六年間發表過的十篇文章結集而成，這些文章大多出自詹姆士應邀在哈佛、耶魯、普林斯頓、布朗等大學學生社團做的公開演講。有位學者指出，這本書之被標名為「通俗」，並非特就其行文風格而言，而是就其關涉的問題而言，表示這些是一般人都會認真面對的問題 (*WB*, v)。這是詹姆士出版的第一本哲學著作，他以此書獻給老友珀爾斯。

　　本書的第一篇文章即是〈相信之意志〉，在一八九六年六月發表於《新世界》雜誌時，詹姆士特別指出，他對自己這篇文章中表達的立場之所以具有信心，應該歸功於雷諾維耶(*WB*, 254)。同年八月四日，詹姆士寫信給雷諾維耶，再度指出本文的觀點乃是師承後者(*LWJ*, II, 44)。

　　《相信之意志》一書由十篇文章組成。前四篇主要在宣揚「唯信論」(fideism)；詹姆士在此主張，當支持某一結論的證據不足以下決定時，我們有權相信。第五篇至第八篇討論道德哲學及社會哲學的問題，第九篇是對黑格爾的批判，第十篇是詹姆士對靈魂研究的看法。這些文章的主題不一，然而，其中也有一貫的主旨，亦即，我們不可能不受意志及情感的影響而僅憑知性做出決定。詹姆士認為，知性「隸屬於」情感，而意志則控制了知性及情感。進一步來說，思想的作用在於服務吾人的欲望及需求。詹姆士說：「經由我們的眼睛及耳朵跑進來的生命之流，就是要經由我們的手、腳及唇跑出去。」(*WB*, 92)

　　一八九七年，詹姆士再任哲學教授，直至退休。一八九八年出

版《人的不朽：對於這學說的兩種可能的詰難》(*Human Immortality: Two Supposed Objections to the Doctrine*)，或簡稱《人的不朽》。哈佛版《詹姆士著作全集》將這本小書收於《宗教與道德論文集》中。詹姆士在此討論的第一種詰難是「我們的精神生活完全依賴於大腦」(*ERM*, 79)，第二種是「假若不朽是真的，則會存在數量上難以計數且無法忍受的不朽存有者，天堂會爆滿。」(*ERM*, 96)詹姆士的討論以第一種詰難為主，在此，他並非反對說思想是大腦的功能，他只是認為這種對於人類經驗的生理學觀點過於狹隘。詹姆士指出，除了這種功能之外，還有一種傳送功能。他認為，在大腦抑制其正常功能時，會出現一些不尋常的經驗，這些經驗並不是由大腦產生，而僅僅是藉由大腦來傳達。換言之，他相信，意識有更廣闊的領域。麥克德默指出，若就實用主義來說，此一信念的意義即在它可能給信仰者帶來何種實際的影響。若就相信之意志來說，若是我們否認意識有更大的領域，則我們沒有機會做任何改變，若是我們承認，則還有機會達到這更大的領域(*ERM*, xviii)。

　　詹姆士支持不朽說，不過，這種支持與其說是經由嚴格論證而得出的信念，不如說是一種希望。首先，他注意到不朽是一種深刻而普遍的人生關懷，儘管他本人對此並沒有很強的關懷，但是他願意為平常人的立場提出辯護(*ERM*, 78)。其次，詹姆士相信我們可能與死者溝通，這在他晚年的靈魂研究上是一重點。

　　一八九八年八月廿六日，詹姆士應加州柏克萊大學哲學學會之邀，於哈門體育館當著會長郝維生教授及一千多位聽眾發表專題演講，題目為〈哲學概念與實踐成果〉。在這場歷史性的演講中，詹姆士首度向世人公開宣揚實用主義❺。

---

❺　這場演講的要旨後來更詳細地表達於《實用主義》一書的第二、三、

　　這場演講其實是詹姆士多年思考的結晶。他在一八七八年發表的〈論斯賓塞之「心靈定義為對應」〉一文中，已明白包括《實用主義》一書的一個重要主題，亦即，心靈活動、我們思維或推論的機能，大部分是由情感的、實踐的因素所推動。這種想法後來也出現在一八九〇年《心理學原理》中目的論的心靈說，以及一八九六年《相信之意志》中思想的興趣導向及目的導向。

　　除了一八七八年發表的〈論斯賓塞之「心靈定義為對應」〉，在一八八五年發表的〈認識之作用〉（後來收為《真理之意義》第一章）也是詹姆士發展實用主義過程中的一篇重要論文。他在此指出，思想的作用在於指引；經過中介的經驗，指引達到令人滿意的終點，如此而構成對象的意義及真實性。所有的理論思辨必定在某處與直接感知發生關連，詹姆士指出，這些終點、這些可感覺的事物，是我們所能直接認知的唯一真實物，而且，要擺平理論爭議的唯一途徑即是讓它們接受感覺終點及它們實踐關連的測試 (*MT*, 31)。在此文中，詹姆士將觀念的真等同於它們指引到一個令人滿意的對特殊實在之調適的角色。他後來曾說，這篇文章是他整個實用主義的源頭(*TC*, II, 548)。

　　詹姆士反對美國在菲律賓的政策，因而加入「反帝國主義聯盟」，尤其在一八九九年，他寫了一些信給雜誌編者討論菲律賓問題 (*ERM*, 195)。

　　一八九九年出版《與教師談心理學以及與學生談些人生理想》(*Talks to Teachers on Psychology; and to Students on Some of Life's Ideals*)。本書前半部收錄詹姆士對教師的講演，討論如何將心理學應用於教育；後半部收錄詹姆士對大學女生的講演，討論如何規劃

　　四篇中。

自己的人生，多屬勵志性的話。前半部對教育理念有相當的影響，詹姆士告訴老師如何吸引學生的注意力及興趣，他強調個人及民主原則，主張學生是教育的主體，而應獲得相當的尊重。這本書是教育心理學的拓荒之作，在美國及歐洲均深受歡迎，被譯為多種文字，甚至有俄文本。

　　一八九九年至一九〇一年因健康不佳，無法授課，赴歐療養。一九〇一年至一九〇二年在英國愛丁堡大學講學，講詞於一九〇二年出版，此即《宗教經驗之種種》(The Varieties of Religious Experience)。本書有唐鉞之中文譯本，民國三十五年於大陸出版，臺灣萬年青書店曾於民國五十九年前後加以翻印，目前亦已絕版。本書強調宗教心理學之重要，其中舉出許多頗具參考價值的個人案例。詹姆士對於「宗教」採取很寬的定義：「各個人在他孤單時候由於覺得他與任何種他所認為神聖的對象保持關係所發生的感情、行為和經驗。」不過，他在一開始也對他討論的範圍有所限定：「在這一組演講內，我要完全不提宗教的制度部分，完全不說到教會組織，儘量少論系統的神學和對於神的觀念；我所說的，要儘量限於純乎個人的宗教部分。」理由是，「個人宗教，至少在某一種意義上，會被事實證明為比神學或教會制度更為根本。」❻

　　一九〇四年之際，詹姆士投身於兩個不同方向的哲學工作：實用主義及徹底經驗論。他一方面發展自己的實用主義，並將一八九八年的〈哲學概念及實踐結果〉一文略加修改而以〈實用方法〉之名重新發表，另一方面也撰文聲援杜威(John Dewey, 1859–1952)及席勒 (Ferdinand C. S. Schiller, 1846 –1937) 這兩位實用主義的同道。此外，在徹底經驗論方面，一九〇四年發表兩篇重要的文章：

---

❻　中譯本，頁二八至三〇。

〈「意識」存在嗎?〉及〈純粹經驗的世界〉,日後皆收於《徹底經驗主義論文集》中。詹姆士在此以較專門而完整的方式鋪陳他的純粹經驗說,這代表他的「世界觀」或形上系統。在接下來的幾年中,詹姆士投入相當多的心力試圖建構他的徹底經驗論。不過,他並沒有完成。其中阻礙的一個原因是由於詹姆士演講的名氣愈來愈大,據他的記錄,在一九○四年,他至少拒絕了一百場演講邀請(*LWJ*, II, 238)。面對日益增多的聽眾,詹姆士愈來愈難拒絕。固然此中有經濟上的誘因,但是詹姆士也帶有某種使命感,想要傳播自己的世界觀。

一九○五年春天赴希臘旅行,接著出席於羅馬召開的心理學會議,並受到以帕匹尼(Goivanni Papini, 1881–1956)為首的幾位義大利實用主義者的熱情歡迎。當時,這些青年學者深受詹姆士及席勒的影響(*LWJ*, II, 277)。同年,回到美國後,詹姆士在衛斯理、芝加哥、格倫摩等校發表系列演講,其中有不少觀念是一九○六年勞威爾演講、乃至《實用主義》一書的前身。當然,也有不少觀念出現於詹姆士日後的其他書中,諸如《徹底經驗主義論文集》、《多元宇宙》及《若干哲學問題》。換言之,詹姆士這段時間的學思不只限於實用主義,而擴及其晚年所有重要的哲學主張。

一九○六年於史丹福大學擔任客座教授;在舊金山地震後,返回哈佛。年底在波士頓的勞威爾研究所發表實用主義的系列演講;一九○七年初稍加修改重講於紐約的哥倫比亞大學。第一批聽眾大約千人,第二批人數更多。這八篇講稿於一九○七年四月以《實用主義》(*Pragmatism: A New Name for Some Old Ways of Thinking*)為名出版。本書有中文譯本(陳羽綸、孫瑞禾合譯,北京:商務印書館,一九七九年),其中又包括由《真理之意義》選出的四篇論文。

詹姆士本人對《實用主義》一書有著高度的期許。在一九○七年四月給他兒子的信中，詹姆士提到，《實用主義》是他寫過的最重要的東西，且一定會引起很多的注意(*LWJ*, II, 276)。他在一九○七年五月寫信給弟弟亨利・詹姆士，自謂本書乃劃時代的作品，有如宗教改革般地重要(*LWJ*, II, 279)。

這本書確實惹起許多注意及評論，多到詹姆士不得不花費許多時間去澄清，也使他把另一本較專門的哲學著作《徹底經驗論》的寫作計畫擱在一旁❼。這本書在出版的第一年中，已印到五版。羅素、謨爾、杜威等人都對此書寫過書評。

詹姆士於一九○七年自哈佛退休，把家搬到以前用來避暑的新罕姆什爾州邱可盧鎮(Chocorua)的鄉居。一九○八年至一九○九年，赴英國牛津大學曼徹斯特學院赫伯特講座演講，講詞於一九○九年以《多元宇宙》(*A Pluralistic Universe*) 為名出版。同年又出版《真理之意義》(*The Meaning of Truth*)，做為《實用主義》一書的續篇，主要在反駁外界對其實用主義真理觀的批評。這兩本書稍有不同，《實用主義》是以較概括的方式陳述一整套的哲學，談的只是骨幹，而避開細節上的爭論。此外，它是面對社會大眾的演講稿，語氣較為輕鬆幽默。《真理之意義》則多由發表於雜誌的文章組成，以學者為對象，風格比較嚴肅，在討論上也較詳細。總之，這本書是詹姆士留下的對於其真理觀的最完整之陳述。

一九一○年，身體不適而赴歐療養，但成效不彰，旋即返國。卻因旅途勞累，剛回邱可盧鎮的家中即因心臟衰弱而病倒，一星期後，於八月二十六日逝於家中。

---

❼　梅爾斯指出，為實用主義辯護以及攻擊十九世紀的絕對或一元觀念論是詹姆士一生最後二十年的主要活動(Myers, 9)。

一九一一年，在詹姆士去世後一年，《若干哲學問題》(*Some Problems of Philosophy: A Beginning of an Introduction to Phi-losophy*)出版。這本書發展自詹姆士的授課講稿，尤其是一九〇五年秋天在哈佛開的課，一九〇六年上半年在史丹福開的哲學課，以及同年秋天在哈佛開的課。

詹姆士生前已完成這本書的初稿，其中部分是定稿，部分為草稿。他的女兒佩琪根據這份初稿打了一份打字稿，並有一份打字稿的複寫稿。詹姆士在打字稿及其複寫稿上分別做了修改的註記，偶爾有一些不一致之處。其後，佩琪又根據早先的打字稿打了第二份打字稿，在詹姆士死後，他的學生開倫(Horace M. Kallen)即據此略作編修出版。開倫的版本並不理想，一方面他不知道有手稿的存在，另一方面他雖然參考了詹姆士對於第一次打字稿及複寫稿的修改，卻未完全採用。至於章節的安排，更是不當。因此，《詹姆士著作全集》的編纂群做了相當多的工作，推出新的版本(*SPP*, v–vi)。

《若干哲學問題》這本書動筆於一九〇九年三月底(*SPP*, 198)，接下來的一年多，除了生病無法工作之外，直到死前幾週，詹姆士大部分的時間都花在這本書的寫作上 (*SPP*, 204ff)。一九一〇年七月廿六日，在一張關於這本書出版事宜的便箋上，詹姆士寫道：「說明它是片斷的且未經修改的。稱它為『哲學導引之起點』。說明我希望由它來完成我的系統，這個系統現在太像是一個僅完成一邊的拱門。」(*SPP*, 5)

這段話容易使人產生錯誤的期望，以為詹姆士會在這本書中提出什麼新的重要學說。事實上，這本書只是重新對於他的形上學(徹底經驗論)提出較完整的概述，而不是去發展新的領域。詹姆士從一九〇三年開始就認真地想要以一種比較完整的方式表達出他的形

上學，而不是零碎地散見於各處。

　　赫爾指出，詹姆士早在一八九一年即計畫寫一本關於形上學的書，到了一九〇一年，他開始覺得有必要趕緊寫出一本有系統的形上學著作。這十年間，詹姆士的形上學觀念散見於通俗演講、哈佛的課程、《相信之意志》。當然，其後幾年的著作，像是徹底經驗論方面的文章、《真理之意義》、《實用主義》、《多元宇宙》，都可看到他的形上學觀念以一種不那麼專技性的或系統性的方式出現其中(*SPP*, xvi–xvii)。詹姆士在一九〇五年提到，他心中已形構出一套形上系統，亦即徹底經驗論，而且以前所未有的程度醉心其中，但是也感到很難用平常的語言表達出來，他極不願意用學術著作的方式去寫哲學(*TC*, II, 387)。對詹姆士來說，形上學可以提供人生的依據，它是一種人生觀、世界觀，不是一般的學術作品。因此，寫作方式的猶豫使詹姆士遲遲不能落筆寫出《若干哲學問題》。 最後，詹姆士終於以一種折衷的方式進行寫作，他在這本書中不像以往那樣運用大量的比喻及活潑生動的用語，而用比較直接單純的方式陳述他的觀點。

　　詹姆士把這本形上學的書做為哲學入門的教科書。這種結合是很奇怪的。赫爾為詹姆士辯解說，詹姆士意圖在同一本書中一方面呈現他自己的哲學系統，另一方面向初學者介紹哲學，或許是因為他堅信有系統的形上學著作應該能夠為初學者了解(*SPP*, xix)。

　　一九一一年，詹姆士的兒子小亨利・詹姆士依據他生前的計畫與意願，將過去發表的十七篇論文及講稿編成《回憶與研究》(*Memories and Studies*)一書。這十七篇文章，有七篇收於哈佛版《詹姆士著作全集》的《論文、講評、及書評》中，有五篇收於哈佛版的《宗教與道德論文集》❽，其餘則分別收於《哲學論文集》（二

篇)、《心理研究論文集》(二篇)以及《心理學論文集》(一篇)。

一九一二年,佩里根據詹姆士生前的計畫,略加增刪而編成《徹底經驗主義論文集》(*Essays in Radical Empiricism*)出版。(這本書有中文譯本:《徹底的經驗主義》,龐景仁譯,上海:人民出版社,一九八六年。)

一九一七年,《哲學論文選》(*Selected Papers in Philosophy*)出版。一九二〇年,《論文及評論集》(*Collected Essays and Reviews*)和《詹姆士書信集》(*Letters of William James*) 出版。一九二四年,《哲學雜誌》刊登一篇詹姆士生前未發表的文章:〈理性與信仰〉。

一九二〇年,佩里由詹姆士生前發表的文章中選編出版《論文及評論集》(*Collected Essays and Reviews*),包含三十九篇文章。其中十四篇收於哈佛版《詹姆士著作全集》的《論文、講評、及書評》中,其餘廿五篇則收入該全集的其他書中。

一九六〇年代,美國哲學界對詹姆士重新燃起研究的興趣,相關的一手及二手的資料也持續地增加❾。最值得注意的是,哈佛大

---

❽ 詹姆士有關宗教與道德的著作,除了見於《相信之意志》及《宗教經驗之種種》,均收於此《宗教與道德論文集》。本書包含一八八四年對於《故亨利·詹姆士文存》的導言,佔了六十一頁,以及一八九八年出版的一本小書──《人的不朽》,佔了二十七頁。其餘十篇文章中,除了一些介紹書與人的文章之外,主要的幾篇有〈理性與信仰〉(1905)、〈人的能量〉、〈人的力量〉(1907)、〈戰爭在道德上的替代品〉(1910)。

❾ 麥克德默於一九七七年指出,當時對於詹姆士哲學的研究有三個新的發展頗值得注意。一、他的徹底經驗論比較受到正視,而被視為其思想中不可缺少的層面。如 A. J. Ayer, Richard Bernstein, Edward Madden, John Smith, H. S. Thayer等人,均注意到詹姆士徹底經驗論與

學以編輯古典的方式整理《詹姆士著作全集》(*The Works of William James*)，自一九七五年開始出版，並於一九八八年完成❿。共有十七部，其中《心理學原理》因卷帙繁多而分為三冊，故共計十九冊。本全集經多位詹姆士專家合力校訂，堪稱研究詹姆士之定本。

　　詹姆士的手稿及相關資料目前均收藏於哈佛大學豪登圖書館的詹姆士特藏室 (James Collection in the Houghton Library of Harvard University) 中。詹姆士生前的許多藏書也保存於此，其餘則存在哈佛的威德那圖書館(Widener Library)及其他場所，還有一些則被賣掉而不知所終。不過，佩里曾經把詹姆士藏書中有畫線標記及眉批小註的地方做成完整的記錄，這份未出版的記錄目前保存在豪登圖書館。

　　其實用主義之間的重要關係。二、詹姆士的《心理學原理》日益受到哲學上的注意。例如James Edie, Craig Eisendrath, Gerald Myers, Bruce Wilshire等人。三、把詹姆士的思想更明顯地放在美國古典哲學的脈絡來了解，並特別注意他對杜威、珀爾斯、魯一士等人的意義(McDermott, x)。

❿　一九七五年出版《實用主義》及《真理之意義》，一九七六年出版《徹底經驗主義論文集》，一九七七年出版《多元宇宙》，一九七八年出版《哲學論文集》(*Essays in Philosophy*)，一九七九年出版《相信之意志》及《若干哲學問題》，一九八一年出版《心理學原理》三卷，一九八二年出版《宗教與道德論文集》(*Essays in Religion and Morality*)，一九八三年出版《與教師談心理學》及《心理學論文集》(*Essays in Psychology*)，一九八四年出版《心理學簡本》，一九八五年出版《宗教經驗之種種》，一九八六年出版《心理研究論文集》(*Essays in Psychical Research*)，一九八七年出版《論文、講評、及書評》(*Essays, Comments, and Reviews*)，一九八八年出版《論文稿》(*Manuscript Essays and Notes*)及《演講稿》(*Manuscript Lectures*)。

第二章　思想發展與哲學背景

一、做為哲學家的詹姆士

　　從前述生平介紹可知，詹姆士正式的求學過程是在哈佛讀化學及醫學，卅歲得到的第一個正式職位是回到哈佛講授生理學。從這些資料來看，詹姆士一開始似乎走的是「科學家」的路子。不過，他接下來就由生理學走入生理心理學，並於一八七五年設立世界上第一個心理學實驗室。而後，再由生理心理學進一步走入領域更為廣闊的一般心理學，並於一八九〇年出版經典之作《心理學原理》。在世人的眼中，這個階段的詹姆士是個不折不扣的「心理學家」。不過，在完成《心理學原理》之後，詹姆士似乎開始把心力集中在哲學方面；尤其是在一八九七年出版第一本哲學著作《相信之意志》後，他一生最後十幾年的著作幾乎全屬哲學。換言之，這個階段的詹姆士應該被視為「哲學家」。

　　當然，詹姆士並不是在其生命中的最後十幾年才開始把興趣轉移到哲學。事實上，他對哲學問題一直抱有濃厚的興趣。詹姆士生長在一個哲學氣氛濃厚的家庭，他的父親在與家人晚餐時經常會發表哲學議論，他父親的一些朋友也會在家中進行哲學論辯，他的父

親不時會向子女提出各類哲學問題，凡此種種都使詹姆士很早就習慣於哲學議題的討論。自一八七一年開始，在他入聘哈佛講授生理學之前，就已定期參加珀爾斯所稱的「形上學俱樂部」的哲學討論會。在這個階段，他也寫了幾篇預示其後來哲學立場的文章。此外，他自一八七九年即開始在哈佛教授哲學。

　　平心而論，就詹姆士在心理學及哲學方面的成就而言，他足以被稱為心理學家，也足以被稱為哲學家。正是因此，後世不少書籍提到詹姆士時，都稱他為「美國的哲學家及心理學家」。 不過，前一章提過，就詹姆士本人的意願而言，他寧願世人把他當做哲學家，因為哲學才是他真正關切的領域。這點也是本書之所以偏就哲學方面討論詹姆士思想的原因之一。

二、詹姆士的哲學特色

　　然而，做為哲學家的詹姆士亦有一些頗具特色的地方，首先值得一提的是他的哲學與個人生命之間的密切關係。對許多西方當代的哲學家來說，哲學的工作似乎只是在於解決概念上的難題。因此，在哲學思考中應該保持客觀、冷靜，不加入任何個人的因素。如此一來，他們的學問是一回事，而生命是另一回事。詹姆士絕非如此，他的生命及其哲學是不可分割的。他提出的哲學理論經常是在解決他個人深感困惑的生命問題，因此，個人的人格在其哲學中佔有重要的地位。這是詹姆士之不同於一般當代哲學家的地方。他本人即主張，哲學是性情的表現，一個人的哲學是他最內在性格的表徵；而詹姆士的哲學乃是他的人格對世界所做的外在投射。一般哲學家在表述哲學主張時，往往把個人的人格或性情掩蓋住，詹姆士則不然，

在他的書中我們可以看到他這個人。梅爾斯 (Gerald Myers) 亦云，詹姆士的哲學是一種老式的人生哲學，他主要並不是在做邏輯分析或概念澄清的工作，他固然做這些工作，但遠多於此。他的哲學在於整合各種信念成為一個有系統的觀點，而使他能在日常生活中得到行事的指導。在這點上，雷諾維耶恰好是一個典範(Myers, 45)。

　　就個人而言，詹姆士是一位多才多藝的人，也有多方面的興趣。他是一個相當複雜的人，半是抑鬱，半是歡愉；一方面透顯出內在的孤寂，另一方面卻又洋溢著群眾的魅力。他愛好新奇、生動，不喜歡一成不變的刻板生活。他的表達方式也是生動、活潑，甚至有些不羈。他的言談不時表現機智的幽默。他的性格雖然複雜，卻也深具吸引力。在那些與他親近的同事與學生的眼中，不是把他看做思想家，而是看做一個獨特的生命；對他們來說，詹姆士的人格比他的學問更具有吸引力。要了解這種學問與人格關係緊密的哲學家，不能只由其哲學著作入手，還得由其生活入手。佩里，這位研究詹姆士的專家，即以詹姆士的書信為基礎，寫了兩大卷的《詹姆士的思想與性格》，堪稱了解詹姆士其人其學的最佳入手書籍。晚近，梅爾斯的《詹姆士的生平及思想》亦承襲這種研究方式。不過，在本書中，我們除了由生平部分對詹姆士的人格有所了解之外，大部分仍得依靠其發表的著作去了解他的思想❶。

　　當我們藉由文獻去研究詹姆士的哲學時，我們立即會發現，他的思想多以鬆散而不完全的方式表達。他的著作大多出於通俗演講的講稿，因此嚴格詳盡的論證較少。在「哲學」著作方面更是如此，

---

❶　依據厄爾在《哲學百科全書》〈詹姆士〉條目中的說法，雖然詹姆士本人的生活很能引人感到興趣，但是在哲學上，研究重點仍然應該放在他出版而公諸於世的哲學。

除了死後出版的《若干哲學問題》之外，幾乎全是收自演講或論文。針對表達的風格，有人說過，詹姆士是以文學的筆調寫哲學，而他的弟弟是以哲學的筆調寫文學。關於這點，艾耶(A. J. Ayer)倒是做了番解釋。首先，詹姆士的著作大多是面對一般大眾的講詞，而不是面對學院派學者的學術論文。因此，他在表達個人意見之際，關心的毋寧是如何激發聽眾的想像力，而不是如何使其意見表達得無懈可擊以應付學者吹毛求疵的批評。其次，他的性格也是偏向於由大處著眼，他把哲學視為與生活息息相關，因而不太注意技術上的細節問題。他只注意他自己的意見是否切近現實，是否合乎人類共同的經驗，至於如何仔細地表達，則屬次要之事。因此，他常抱怨學者只斤斤計較於他表面的文字，而未去體會文字所要表達的意思。同理，他對邏輯的功效不表同意。他認為，純粹的邏輯論證只能避免內在的矛盾，而不見得能夠應用於具體的事實上(Ayer, 175)。

或許由於上述因素，詹姆士不僅吸引專家，更能吸引一般大眾。他的講演經常吸引上千名學術界以外的人士，而他也著意於以生動的表達方式帶領一般大眾進入學術殿堂。有時，專家甚至抱怨詹姆士表現過多的通俗風格。他反對閉塞的學院哲學，而主張活生生的哲學、實踐的哲學。他也鼓勵學哲學的人不要只侷限於哲學之中，而應該更廣泛地向四周吸收。有一位哈佛哲學系的學生在選課後告訴詹姆士說，他所選的課程都是哲學方面的。詹姆士回答說，在腹內空無一物時，你如何能夠進行消化作用呢？

三、詹姆士的哲學觀

詹姆士獨特的哲學家風格乃是根基於他對哲學的獨特看法。因

此，我們有必要進一步一窺詹姆士的哲學觀。他在這方面的意見散
見各書中，有較一般的看法，也有較獨特的看法。

在《若干哲學問題》第一章中，詹姆士提出他對哲學之本性的
看法。詹姆士認為，社會的進步是由於在各方面有一些人的表現不
同於一般人，在這些異乎常態的人中，有一類人是特別地醉心於理
論，他們對一般人不會覺得困惑與驚奇的某些事情感到困惑與驚奇，
他們運用想像力加以解釋並加以綜合。這些人就是哲學家。就此而
言，哲學與其他特定科學（如化學、天文學）之間原本不必有什麼
分野。不過，在歷史的發展中，特定的科學還是排除在哲學的領域
之外。今天的哲學及科學是分開的，哲學處理的是比較普遍的課題；
諸如：普遍於萬事萬物而無例外的原理原則、共通於神人生物無生
物的要素、宇宙歷程的起點及終點、認識活動的共同條件、人類活
動的共同規律等等。不過，詹姆士也同意杜威的說法，哲學代表一
種知性的態度，而未必有一個明確的範圍界限(*SPP*, 9-10)。

詹姆士認為，認識人類思想史中發展出來的不同的人生觀以及
各自的理由，乃是通識教育(liberal education)不可或缺的一環。哲
學正能提供此一環節，這也是「大學」教育不同於職業教育的重點
(*SPP*, 10)。

詹姆士同意柏拉圖及亞里斯多德的說法，哲學起於驚異之感。
他說：「哲學能夠把每一件事物想成不同於其現狀的樣子。它把熟
悉的看得好像是陌生的，又把陌生的看得好像是熟悉的。」❷哲學家
能夠由異於日常或常識的角度來看事情，並且能由各種不同的角度

---

❷ 這句話出自詹姆士晚年之作，其實他早在一八七六年就已表示過類似
　的看法，他當時指出哲學是一種習慣，它總是看到另一種方案，不把
　尋常的視為當然(*LWJ*, I, 190)。

看事情。由此，可以打破我們的獨斷及成見。「在歷史上，它一直是科學、詩歌、宗教及邏輯這四種人類不同興趣交相孕育的溫床。它藉著硬梆梆的推理來追尋在情感上有價值的結果。」因此，詹姆士主張，接觸哲學並受其影響，對學人文及自然科學的學生都有好處。藉由哲學中的詩歌成分，會吸引人文心靈；另一方面亦可由其中的邏輯成分彌補人文的柔軟。經由哲學中的邏輯成分，科學心靈會覺得投契；但其他的成分可以柔化科學心靈，並使其免於專技的偏枯。最後，詹姆士提醒，上述的有關哲學教育的功能，完全不涉及一般所謂的哲學研究的「操練」用處。換言之，當代有不少哲學家認為哲學是一種純知性的操練，其任務在於界定一些抽象的概念並清楚地加以分辨。這樣的操練可以使思考嚴格清晰，不少人認為這是大學教育應該包含哲學的理由。可是，詹姆士顯然不以此為重點(*SPP*, 11)。

詹姆士指出，哲學固然有上述的許多好處，但也遭遇不少批評。例如，哲學家被說成是「一個盲人在一間黑暗的房間內尋找一隻其實不在那裡的黑貓」，哲學工作就是不斷地論辯卻沒有任何的結論(*SPP*, 11)。以下是一些對於哲學的批評以及詹姆士的答辯：一、有人指出，科學持續進步並帶來具有無比效益的應用，但是哲學則未見進步，也沒有實際的應用(*SPP*, 12)。二、求取真理的唯一有效方式是訴諸具體經驗，而哲學卻是獨斷的，想要以純粹的思辨來解決問題。科學收集事實，加以分類、分析，故而遠遠超過哲學 (*SPP*, 18)。三、哲學遠離真實的人生，而以抽象加以取代。真實世界是多樣的、混雜的、痛苦的，哲學家卻喜歡把它說成尊貴的、單純的、完美的(*SPP*, 19)。

對於第一種批評，詹姆士回答說，科學與哲學原先是不分的，

科學不過是哲學的分支。可是，今天人們總是把得到明確答案的歸為「科學」，把那些沒有滿意答案的歸給「哲學」。哲學處理的是一般性的、概括性的問題，本來就無法像心理學、生物學那樣處理細節(*SPP*, 12)。詹姆士指出，哲學之本義只不過是指人的思考，關於概括事物的思考，甚於對特殊事物的思考。不論是關乎概括或特殊，詹姆士強調，人的思考總是用同樣的那些方法：觀察、分辨、概括、分類、找出原因、尋求類比、提出假設。哲學與科學或實際事務之處理，在方法上並沒有任何專屬其本身者。今日的思考方法比起原始時代，只不過是在肯定其信念時更為謹慎、更經常地進行檢證(*SPP*, 14)。簡言之，詹姆士認為哲學其實進步了，只不過，人們把有答案的歸功給科學。在此，是否其他那些尚沒有答案的領域（被今人稱為哲學者）也應該以科學為理想。詹姆士倒不這麼認為，他指出，十六世紀以來科學的進展乃是出於數學方法的應用。我們不能認為機械論的、數學的方式是唯一的哲學方法，而用它來處理所有的問題，因為這樣等於忽略真實世界其實具有極為紛歧的差異❸。其次，詹姆士指出，科學在基本概念上的進展其實很小，倒是哲學在形上學的進展很大(*SPP*, 18)。

對於第二種批評，詹姆士回答說，過去的哲學家確實是訴諸抽象思辨，不過，哲學既然是以最廣闊的方式來思考，就應該包容所

---

❸　梅爾斯指出，事實上，詹姆士早在一八七〇年代初期即開始思考「什麼是哲學」。他在一八七五年指出，哲學無法獲致任何穩定的成就，我們不能以科學那種解決問題的模式去衡量哲學的價值。不過，哲學家的工作在於使哲學意識更為深刻，使形上問題的意涵更為明朗。換言之，形上問題無法得到客觀的解決，不過，它們會使得看重它們的人，在主觀的情感及道德上受到相當程度的影響(Myers, 7)。

有可用的方法。因此，哲學應該吸收科學的方法(*SPP*, 19)。總言之，詹姆士認為哲學的原義及古義指的是對宇宙人生最完整的知識，因此，哲學必須包括一切科學知識，而不與科學相對區別。不過，在歷史發展中，當時的哲學僅指形上學，而與科學相對並稱。詹姆士心目中的哲學應該是廣義的哲學，他也相信，「當各種科學成果愈來愈適合相互合作時，當找尋不同種類問題之真相的條件在方法上更為確定時，我們可以希望『哲學』這個詞語會回復到其原初的意義。屆時，科學、形上學、宗教會再度形成單一的智慧整體，並彼此相互支持。」(*SPP*, 20)

對於第三種批評，詹姆士承認過去的哲學家確是如此，不過，他看不出哲學有任何理由必須永遠脫離真實世界。換言之，詹姆士同意哲學應該貼切於現實人生(*SPP*, 19)。關於這點，在《實用主義》第一講有更詳細的說法。詹姆士表示，雖然哲學問題經常需要用到專門的方法及技術來處理；但是，「在我們每一個人心中這樣重要的哲學，不是一個技術問題，而是我們對人生真諦的一種多少有些難以言喻的感悟。……哲學的結果和我們大家都有極切身的關係。」一個人的哲學即是他的世界觀、人生觀，儘管「烤不出麵包」，但它能鼓舞我們的靈魂、使我們勇敢起來(*P*, 10)。

詹姆士首度宣揚實用主義的演講，題目是〈哲學概念及實踐結果〉，由此已可看出上述的看法。他指出，自己此時心中已有一套哲學主張，它關連於生活甚於邏輯，它帶有實際結果及情感上的和諧，它能引發人之為人的興趣，卻不致讓哲學家失望，畢竟哲學家再怎麼古怪也是人。他相信，這套哲學會被大家視為哲學的定論。它把理論拉下來，做為一般人實際生活的起點。它能解決一切的背反及矛盾，它釋放所有正確的衝動及情感。一般人聽到它後，會覺

得這就是他們一直習焉而不察的信念。他們一直依此生活，只是不知用什麼字詞加以表達(P, 257)。

詹姆士把那些與實際生活毫無關連、也不能對實際生活造成任何影響的哲學稱為「密室的哲學」(closet philosophy)，他反對這種閉門造車、不切實際的哲學，他贊成的是「實際的哲學」(practical philosophy)。有些人秉持為知識而追求知識的立場，對他們來說，哲學乃是一種「知性上的遊戲」，哲學思考的作用在於帶領人們攀登抽象的高峰。然而，對詹姆士來說，這種與實際無關的哲學是不夠的，我們需要的哲學是：「不僅能激發你知性抽象的力量，並且能與這個有限人生的實際世界發生某種正面的關連。」(P, 257) 詹姆士對於當時各個哲學學派過於抽象、過於學術性的說法感到不滿，他指出，真實的人生是紛紜複雜且異常豐富的，年輕人追求的是多一些生命意味的哲學，即使因而犧牲一些邏輯的嚴格及形式的純淨亦在所不惜。他要的哲學寧可少一點修飾剪裁、少一點矯揉造作，而多一點現實、多一些效益(ERE, 21)。

我們通常把「實際」與「理論」當做一組對立的概念，並且認為二者有可能不相吻合。但是，對詹姆士來說，一個理論若是沒有任何實際上的關連或影響，則根本是空洞的。換言之，哲學必須是實際的，否則就是空洞的理論。關於這點，杜威也表示過意見。杜威認為，實用主義並不是要用實際的思想來取代理論的思想，而是要從根本打破理論與實際的對立。哲學絕非不要理論，而是要正確的理論、能發揮實際效用的理論。

詹姆士在〈哲學概念及實踐結果〉一文又表示，哲學家是人類的斥候。哲學家的文字及思想，就像是斥候拿著人類知性之斧，在無路可尋的人類經驗森林中，闢出的一些標記痕跡。「它們給你一

個開始的地方。它們給你一個方向及一個前往的地方。」藉著這些標記，我們能夠運用森林，森林成為我們擁有的地方，而不再是迷路不返的黑洞。儘管它們薄弱且不夠詳細，儘管它們沒有創造出任何東西，但是它們這種指引的功能已使我們感激不盡了(P, 258)。

詹姆士在《若干哲學問題》談到哲學觀時，用的是平鋪直述的方式。他早幾年毋寧是由哲學心理學的角度來談哲學的本性，亦即著眼於不同哲學家的脾性以及哲學思考的各種動機。他很早就受到雷諾維耶的影響，而把哲學視為哲學家個人脾性的表現。在一八七九年的〈合理性之感〉，詹姆士討論哲學思考的動機(EP, 32–64)。同樣的論調又出現在晚年的《實用主義》及《多元宇宙》中。不過，在《若干哲學問題》談論哲學本性時，詹姆士不用這種心理學的角度進行分析。赫爾(H. Hare)指出，或許是詹姆士意識到這種解說方式在教育上是個錯誤，固然其間指出的是事實（而且詹姆士認為這種說法也適用於科學），但是這種說法容易使人覺得哲學沒有什麼可靠性(SPP, xxi)。以下就讓我們來看看詹姆士不站在教育的立場而表述的較獨特的哲學觀。

英美哲學界曾以「分析的年代」一詞突顯廿世紀的哲學特色，在這種風潮之下，不少當代哲學家會標榜自己的哲學乃是知性的產物。如此，若以知情意做為人性的內涵特性，則哲學家似乎只應是獨尊人性中三分之一的部分，而忽略或壓抑其他兩部分。可是，詹姆士卻明白指出知性在建構哲學上的不足，而極力著筆於情感、意志等實踐層面對哲學理論的影響。

詹姆士認為，缺乏熱情的人不能成為深刻的哲學家。他在一八七五年哀悼好友賴特(Chauncey Wright, 1830–1875)時指出，賴特排除情感上的偏好，僅追求思想的一貫及統一，乃是一種缺點，而使

他未能成為偉大的哲學家。在大哲學家的世界觀中，實即投入他們的靈魂本身、性情、情感上或道德上的習性(*ECR*, 17)。這就是詹姆士由哲學心理學的角度所提出的獨特的哲學觀。哲學家說，他的動機在於想要得到盡可能合乎理性的世界觀，但是他卻未明確指出「合乎理性」究竟是什麼意思。在此，有待心理學家提出解答。詹姆士將合乎理性之感等同於感到當下的滿足、絕對、順暢，覺得完全不需要加以解釋、說明、或證成(*ECR*, 85)。

　　在進行哲學思考時，吾人追求合乎理性的信念，乃是由於它們使我們感到輕鬆、順暢、滿足。哲學家尋找在「知性」上令人滿意的信念，乃是由於它們在「情感」上是令人滿意的；詹姆士主張，哲學家情感上的偏好有理由去影響其信念上的選擇。與此主張相互配合的是，他主張我們對於形上的、道德的、宗教的問題無法獲致絕對確定的知識。哲學概念在本質上就不能成為科學，因此，我們對這類概念所能獲致的唯一信念乃是不確定的，乃是吾人情感偏見的結果。依此，詹姆士反對那些主張我們只應該相信有客觀證明者或有科學證明者的理論。我們對於事物本性的合法信念不是只來自觀察及經驗，詹姆士主張，認知者不只是面鏡子，他不只是被動地反映他所發現的秩序。認知者是個行動者，他幫著創造出真理 (*ECR*, 67)。主觀性在真理的發現上、定義上、創造上，皆有其重要地位。

　　梅爾斯指出，詹姆士上述這些關於哲學的早期想法，其基調重複出現於他日後的哲學論文中，諸如〈決定論的兩難〉、〈相信之意志〉、〈哲學概念與實踐成果〉等，並得到繼續的發展。在另一方面，上述想法也影響詹姆士對於心理學的主張，而使他否定心理學可能提供固定的答案。認知的本性是什麼？何謂意識？情感是全然生理上的嗎？意志活動由何處發起，是自由的嗎？是否所有的知識皆起

於感官經驗? 這些在心理學開始的問題，未被心理學解決，故而移給哲學，但是哲學家也不能真正解決它們。哲學家能夠做的僅是指出這些問題更廣的意涵，並同時考慮知性的及情感的因素；當然，這項工作亦有其主觀上的意義。換言之，心理學雖然原本試圖以科學方法解決這些問題，最後還是不得不交給帶有主觀性的哲學。不過，心理學在一開始即已有其主觀性，因為它的研究乃依靠於內省。詹姆士認為，對生理心理學來說，內省是不可缺少的。詹姆士強調內省的易錯性，他幾乎沒有單獨依靠內省而建立一個重要的命題，但是他也從未懷疑其不可或缺性。因此，詹姆士也主張要有主觀的方法，在心理學中使用內省，在哲學中使用個人的偏好。簡言之，不論哲學或心理學，均有其不可避免的主觀成分(Myers, 8)。

不少學者指出，詹姆士有一種強烈的反智傾向，非正式地表現在他對邏輯的態度上、在他的心理學方法中、在他之認為哲學基本立場的不同代表了性情的不同而這是理性的論辯無法觸及的。這種傾向較正式地出現在他對形上學的不滿，以及他對知性論證的限制之批評。它更具建設性地出現在他之主張，在重要的問題上吾人情感的興趣優先於吾人知性的論證。因此，詹姆士比起其他哲學家來，顯得不那麼重視論證。對他來說，有些信念無疑地為真，因而不需證明，有些信念是經驗的假說，需要的不是論證而是事實證據或常識。詹姆士認為知性主義本身有其危險及錯誤，而不時談到「惡性的知性主義」(vicious intellectualism)；他也曾經寫信給席勒說：專技哲學(technical philosophy)是一種反人性的罪惡(*TC*, II, 287)。柏德指出，很少人否認知性主義本身存有某種危險及錯誤，問題是如何分清何者需要論證而何者不需要。他認為，有時其實需要為詹姆士自己以為不需論證即可成立的觀點提供一些論證(Bird, 13)。簡言

之，詹姆士之所以有上述傾向，原因固然很多，但是其中一個重要的原因是，其本人的哲學不是僅建構在理論的根據上，其更大的支撐是來自於實踐的根據。詹姆士在這方面的意見主要見於《相信之意志》、《宗教經驗之種種》、及《宗教與道德論文集》等書，而以《相信之意志》為主。

接下來，讓我們來看看詹姆士在《實用主義》第一講中如何談論個人脾性對其哲學的影響。詹姆士認為，整個西洋哲學史就是兩種哲學類型的對抗史。這兩種類型可以籠統地稱為理性主義的類型及經驗主義的類型。這兩種哲學類型的對立，有其更根本的人性基礎；亦即，此間的對立反映了人類兩種脾性(temperaments)的對立。用他的話來說：「哲學史在很大的程度上是人類脾性的某種衝突。」(P, 11)

依照詹姆士的看法，這種脾性說不僅可以用來說明哲學史的發展以及哲學爭論的人性根源，更重要的是，我們還可以用脾性的不同來解釋哲學家的許多歧異。不過，西方傳統的哲學觀極不願意把主觀的脾性當成一種立論的根據，因為西方哲學素來看重的都是那些無關乎個人的理由。因此，為了表示理性、客觀，為了較易取信於人，一位專業哲學家不論是否反省到個人的脾性在他進行哲學思考時所佔的重要地位，都不願公開承認這件事。

但是，詹姆士指出，對任何一個哲學家而言，「其實他的脾性對他造成的偏見要強過他任何一個較嚴格的客觀前提」，「諸般脾性帶著它們的要求及拒絕確實決定人們的哲學，而且將永遠如此。」(P, 11)不同的脾性會使人採取不同的事實或原則做為證據或理由，而建構一個比較重感情或是一個比較冷酷的宇宙觀。

「他『信任』他的脾性。他需要一個適合它的宇宙，因此他相

信任何一種確實適合它的宇宙觀。」(*P*, 11)一個人會覺得具有與他對立脾性的人與世界本性是不搭調的，即使這些人論辯的能力遠比他好，他也會認為他們不是真正的哲學家。簡言之，詹姆士認為，進行哲學討論時，一切前提中最重要的前提是個人的脾性，雖然這點經常被刻意地隱藏而未誠實表白出來。

詹姆士提醒，以上的說法不是針對一般人來說的，而是針對柏拉圖、洛克、黑格爾、斯賓塞這些具有強烈脾性的哲學家而言。「當然，我們大多數人都沒有非常確定的知性脾性，我們是諸種對立要素的混合，每種都不突出。我們不大知道我們自己在抽象事務上的偏好；我們有些人很容易被說服，結果是跟從時潮或是採信周遭最令人印象深刻的哲學家。」(*P*, 11)不過，哲學家決不可如此，他有義務由自己的觀點去看事情。因此，脾性這個因素仍然可能在這些人的信念方面發揮影響。

脾性的差異表現在哲學上，也表現在其他方面。在言行舉止上，有的人比較嚴肅，有的人比較隨意。在政治上，有獨裁主義者，也有無政府主義者。在文學上，有學院派，有寫實派。在藝術上，有古典主義，也有浪漫主義。同樣，在哲學上，也有理性主義及經驗主義的對比。經驗主義者喜好具體多樣的事實，理性主義者喜好抽象永恆的原則。

當然，事實及原則是不可能完全偏廢的，因此，上述的對比只表示程度上的偏重而已。不過，此處偏重的不同卻會衍生許多尖銳的對立。因此，為了方便討論且有助於理解起見，儘管不免有簡化之嫌，詹姆士依然用「經驗主義」及「理性主義」這兩個名詞表明哲學脾性上的一種對比(*P*, 12)。

詹姆士相信許多方面的對立都是根源於人類兩種脾性的對立：

「軟心腸」(tender-minded)及「硬心腸」(tough-minded)，這個著名的區分是由最廣泛且最基礎的角度來考慮。就這兩種類型的心態而言，依原則而行的理性主義屬於前者，依事實而行的經驗主義屬於後者。此外，屬於軟心腸這一類型的人比較可能具有的特性如下：知性主義的、唯心主義的、樂觀主義的、有宗教信仰的、重感情的、意志自由論的、一元論的、獨斷的。屬於硬心腸這一類型的人則比較可能具有下列特性：感覺主義的、唯物主義的、悲觀主義的、無宗教信仰的、不輕易動感情的、定命論的、多元論的、懷疑的 (P, 13)。

　　簡言之，詹姆士認為，任何一個人在發展其哲學之初，不可避免地受到個人脾性的影響，先天的脾性是哲學家最隱秘、最原初的預設；在發展哲學的過程中，詹姆士主張，必須同時考慮到知性、情感及意志；而哲學的結論應該與現實生活有所關連。接下來，讓我們探討詹姆士當時的哲學環境，以了解其哲學形成的一些外在因素。

四、詹姆士的哲學背景

　　有的學者以一八六一年爆發的南北戰爭為界，將美國哲學的發展分為兩個階段：前半為早期哲學，後半屬於當代哲學。美國的早期哲學基本上是歐洲哲學的延伸，其中包括以愛德渥茲為代表的清教徒思想，以傑弗遜為代表的美國啟蒙運動，以愛默生為代表的新英格蘭超越主義。十九世紀中葉出現於美國東岸新英格蘭地區的超越主義思潮認為古典經驗主義所描述的世界過於狹窄，真實的世界遠比我們想像的豐富深刻；經驗只能提供或然的知識，唯有經由主

體的直覺才能獲得真理。依愛默生的說法，世界分為兩個領域，感官經驗所接觸的、科學所研究的世界是不真實的，真實的超越世界是我們看不到的。此外，超越主義者主張個人要忠於自己的見解、良心，不要盲從社會習俗。在這點上，《湖濱散記》的作者梭羅做了具體的表現。愛默生及梭羅都是詹姆士父親的朋友。

稍晚，在南北戰爭結束後，美國中部的聖路易出現以哈里斯(W. T. Harris)為首的黑格爾學派。哈里斯等人原為德國人，後因內亂移居美國，成立「康德俱樂部」，翻譯並研究德國絕對觀念論(absolute idealism)的著作。哈里斯並於一八六七年創辦《思辨哲學雜誌》，大力鼓吹黑格爾的哲學思想。後來，魯一士(Josiah Royce, 1855–1916)承襲這個學派的方向，並發揚光大，造成廣泛的影響，使得絕對觀念論主導美國思想界，一直到十九世紀結束為止。

與聖路易黑格爾學派出現同時，影響實用主義哲學家最重要的達爾文演化論也被引進美國。達爾文(Charles Robert Darwin, 1809–1882)的《物種原始》於一八五九年出版，從此，「演化論」、「物競天擇」、「適者生存」成為大家耳熟能詳的詞語。再加上英國哲學家斯賓塞(Herbert Spencer, 1820–1903)的推波助瀾，演化論從生物學的領域被應用到人類社會，而使美國思想界出現所謂的社會達爾文主義。當時的實用主義哲學家，包括珀爾斯、詹姆士、杜威，都深受達爾文主義影響。

在當代哲學時期，美國開始發展出較具本土特色的哲學，其間尤其以一八八〇年到一九四〇年被稱做「美國哲學的黃金時代」，在這段時期美國哲學界的表現最為多采多姿，成果斐然；其中包括以詹姆士為代表的實用主義，以魯一士為代表的絕對觀念論，以桑塔耶那(George Santayana, 1863–1952)為代表的自然主義，獨力建構

歷程哲學的懷德海(Alfred North Whitehead, 1861–1947)。在上述的哲學發展中，實用主義當然是最具代表性的美國哲學，它是頭一個由美國本土產生而反過來對歐洲造成相當影響的哲學，有人甚至以它來代表整個美國哲學，也有人以為實用主義是唯一足以代表美國文化的哲學思想。第二次世界大戰結束了黃金時代，戰後的美國哲學呈現多元發展的面貌，其間唯有語言分析哲學堪稱主流。這時期的實用主義哲學家路易士、奎因、布里奇曼、莫里斯，亦將實用主義與語言分析哲學做了某種程度的結合。

　　要指出詹姆士哲學受到那些人的影響，是件相當複雜的事。除了他父親對他的重大影響被大家一致公認之外，還有那一位哲學家對他影響最大，學者們的看法相當分歧。所以如此難以判定，部分是由於他廣泛地引述各方面的文獻，有時他會大方地把自己的思想歸功於其他人，有時他會輕易地承認別人是自己的盟友。就其一八七○年的心理危機而言，會使人認為雷諾維耶對他影響很大。就其實用主義而言，會使人認為珀爾斯對他影響很大。就詹姆士在《實用主義》一書的獻詞而言，會使人認為穆勒對他影響很大。就其對個人及特殊性的強調，會使人認為愛默生對他影響很大(*ERM*, xxii)。此外，有人指出，英國哲學家侯基森 (Shadworth Hodgson, 1832–1912)對詹姆士的影響不亞於雷諾維耶。也有人指出，阿噶西對於詹姆士的影響僅次於他的父親(Flournoy, 16)。在一長串他所崇敬的哲學家名單上，柏格森(Henri Bergson, 1859–1941) 也列名其中。即使從他所反對的那些哲學家，像是格林 (Thomas Hill Green, 1836–1882) 、魯一士、布萊德雷(Francis Herbert Bradley, 1846–1924) 等人，詹姆士也受到另一種意義的影響。

　　儘管影響來源甚多，但若就大端而言，在當時各種思潮對詹姆

士的影響之中，首先值得特別提出的是達爾文主義，其次則是風行一時的絕對觀念論。達爾文主義及絕對觀念論對詹姆士造成的影響有著不同的意義。前者的影響是種啟發，有助於實用主義的提出。後者的影響是種刺激，它激起詹姆士強烈的反感而促使他奮力發展出自己的多元主義及徹底經驗論。

五、達爾文演化論的影響

十九世紀後期出現的達爾文演化論對當時整個西方的思想界都是個巨大的衝擊，詹姆士亦不例外。他於一八七九年初次開授哲學課程，課名即是「演化論哲學」。依達爾文主義的自然觀，自然界的所有物種都是變動的，並沒有任何絕對不變的形式。自然觀的改變也導致知識觀的改變；如果自然物種在變動中，當然對它們的知識亦須是變動的。把建構知識所依據的對象視為恆常不變，進而把知識視為恆常不變，這種看法不再適合新的自然觀；因而需要有新的知識論。

新的自然觀要求新的知識論，也要求新的價值論。在演化論的衝擊下，整個價值領域亦需重新建構。人生的目的何在？人類應該追求的最高善是什麼？在達爾文之前，這些問題都曾經有過確定的答案。可是，近代人在對自然與人生有了新的理解之後，無法再滿足於這些陳舊的答案。

人類處在不停變動的世界中，他們自己的物種也於其中變動。在此，人類的地位與意義乃是所有哲學家都必須面對的嚴肅課題。人類生活在一個不安而危險的世界，他們必須匯集所有可控制的資源以求生存。我們不能停息於安逸之中，不能童騃地以為大自然的

運行一定會朝向美好的遠景前進。知識有其實際的目的，我們不能像以往那樣，只是為了知識而求知或把知識當成某種高雅的裝飾品，知識乃是幫助人類生存下去的必需品。

依詹姆士看來，生活在一個形式與物種不斷變化的世界中，人生問題就是一個「不適應則死亡」的問題。對實用主義而言，「適應」(adjustment)有兩層在態度與反應上都極端不同的涵義。一方面，人類經驗中有許多情境是無法改變的，我們必須「順應」(accomodation)。例如，死亡是個無法改變的自然歷程，我們只有接受它。事實上，再多的努力終必徒勞無功，而再多的哀歎與悲憤也都不能改變必須經歷與忍受的悲慘情境。處在需要順應的情境中，要能夠保持冷靜克制的態度，而接受嚴酷的經驗事實。

另一方面，人類經驗中也有許多情境是可以改變的；面對這類情境，則不應該一味地退縮或接受。例如，我們能夠挖掘溝渠以灌溉土地，就不需要去順應無情的乾旱後果。我們能夠疏濬河道，就不必承受洪水氾濫的悽慘結局。控制自然與人生的過程叫做「改造（適變）」(adaptation)。改造就是操縱可變的自然過程、改造人生、引導行動去滿足人類需求的一種歷程。實用主義所說的改造歷程有如文藝復興時代培根所說的「知識即力量」，亦即人類應該用他們的心力去瞭解並控制自然過程。自然中被改造的部分可以轉而有益於人類。

簡單地說，上述的態度就是一種改良主義或淑世主義 (meliorism)。面對演化論所描述的那種變動而不穩定的世界，詹姆士採取這種不過於樂觀也不過於悲觀的健康態度去回應。人類應該運用自身的智慧，積極地去做他們自己命運的主宰。我們必須承認，現實人生不是完美的，其中有許多罪惡、缺憾。不過，我們不能用一個

抽象的絕對者去化解所有罪惡，而必須用人類所有的能力與自然資源，使此時此地的人生，盡可能地變得更安全、更美好。事實上，依詹姆士看來，人類存在的意義及尊嚴即在此種努力的行動中彰顯出來。為了強調這點，詹姆士甚至採取一種違反西方傳統的上帝觀。

按照傳統基督教的看法，人類是有限的存在，上帝是無限的存在；上帝是全知、全能、全善的。面對萬能的上帝，人類能做的就是尊崇上帝，等待上帝的恩典與救贖。但是，詹姆士為了彰顯人類存在的意義及尊嚴，他反對這種萬能的上帝觀。他認為，上帝應該不是萬能的，上帝想要讓善遍在一切，但是力有未逮而使現實世間仍有罪惡存在，因此需要人的幫助。依詹姆士看來，人類是上帝的夥伴，是併肩為成就美好世界而奮鬥的同志。在這種有限上帝觀下，上帝雖然不是萬能的，但人類存在的意義及尊嚴卻因而更顯重大了。

籠統地說，達爾文對詹姆士的啟發，或許就在於一種新的世界觀、一種新的知識觀，以及如何以積極的態度運用我們的知識去改進現實世界。這些啟發與實用主義的本質有許多相符之處。例如，把世界看成動態的、變動中的，人就需要向前看、注重未來。世界不是固定不變的，吾人對於世界的知識也不能是一成不變的。因此，真理不是已被決定的，而是在過程中、在結果中形成的。換言之，在這些方面，達爾文主義及實用主義有相呼應之處。進一步，我們可以更精確地說，詹姆士的實用主義原本即是為了回應達爾文演化論的衝擊而提出的。

六、科學與宗教的衝突

對詹姆士而言，達爾文演化論不只是一種新穎的科學理論，它

更代表近代以來科學對於宗教再一次的嚴重打擊。近代科學的興起使得西方世界成為超級強權，但是也對西方傳統的文化產生全面性的激烈震盪。卡普蘭曾對這點闡述說：

> 在過去三、四個世紀，西方文化的發展，最重要的無疑是近代科學的產生，以及科技對文明的影響。但是在這個改變中，產生了人與自然的分裂，價值與事實的分裂，結果使我們陷入一種困境，不是不肯去面對科學，就是把自己投棄在一個沒有人性意義或目的的世界裡。實用主義認為哲學對現代人的任務，就是要為他找出一條出路，脫離這個困境。❹

詹姆士《實用主義》第一講〈當前哲學上的兩難〉說的就是這種困境，而他認為實用主義是解決此一困境的最佳途徑。用詹姆士的話來說，他那個時代在哲學上所面對的兩難即是科學與宗教的衝突。當時是個現代科學興盛的時代，但是，舊日的宗教需求亦未完全消失。詹姆士關心的問題是，對於稍有反省能力的人來說，在這種時代裡，要如何自處呢？換言之，一個要科學事實又要宗教信仰的人，如何調和科學與宗教之間的衝突呢？我們想要同時承認科學真理又保有宗教信仰；我們一方面要認清世界的真相，一方面也要在這個世界中實現人性及價值。但是，當時流行的哲學卻不能幫助我們達到這個目標。

詹姆士說，你需要一個能夠結合兩者的哲學體系，一方面接受科學事實，另一方面維持對於人類價值的信心。「然而，這就是你

---

❹ 卡普蘭(Abraham Kaplan)著。孟祥森譯。《哲學新世界》。臺北：牧童出版社，民國六十七年。頁十七。

的兩難：你發現你『所追求的』兩個部分絕望地分開了。你發現經驗主義帶有非人文主義及非宗教色彩；或者，你發現一種的確可以自稱具有宗教性的理性主義的哲學，卻與具體的事實、歡樂及悲傷毫無任何確定的接觸。」(*P*, 17)當時最盛行的兩大哲學流派，一個是傾向科學的英國古典經驗論，一個是支持宗教的絕對觀念論。不過，詹姆士指出，這兩種哲學都無法調和科學與宗教。因為，在講經驗的哲學中，宗教性不夠；在講宗教的哲學中，經驗性又不夠。他說：

> 過去一百五十年的科學進步似乎意謂物質宇宙的擴張與人類重要性的縮減。結果是所謂的自然主義或實證主義的感覺發達了。人不再是自然界的立法者，而是個吸收者。挺立不動的是大自然；必須調適自己的是人。人得去記錄真理，它是無情的，要服從它！浪漫的自發性及勇氣都消逝了，整個景象是唯物的且令人沮喪。理想宛若無力的生理學副產品；高等的東西用低等的加以解釋，並且永遠被當做一種「只不過是」的情況：只不過是另一種相當低下的東西而已。簡言之，這是一個唯物的宇宙，唯有硬心腸的人才會在其中感到安適如意。(*P*, 15)

　　反過來，如果人們轉往宗教處找安慰，並問津於軟心腸的哲學，情況又如何呢？在當時的英美文化中，有兩派宗教哲學：一派積極進取，另一派則顯得退卻；前者是以格林、開爾德兄弟(John Caird, 1820–1898; Edward Caird, 1835–1908)、鮑桑魁 (Bernard Bosanquet, 1848–1923)、魯一士為首的黑格爾學派，後者是以馬提諾(James Martineau, 1805–1900)、鮑恩 (Borden Parker Bowne, 1847

–1910)、萊德(George Trumbull Ladd, 1842–1921)為首的蘇格蘭學派。不過，這兩派都令人有遠離事實之感。黑格爾學派認為這個世界是個極度和諧而且合乎邏輯的整體，它是絕對心靈的化身。可是，詹姆士指出，從黑格爾學派的絕對心靈推不出任何單獨的、實際的個別事物，因為它與現實世界中存在的任何一個狀態都是相容的。蘇格蘭學派的上帝也是同樣貧乏的，一樣生活在純粹抽象的高峰。這兩派同樣都與現實脫節而顯得極為空洞(P, 16)。

　　詹姆士認為，軟心腸的理性主義是遠離現實的，它在哲學教室裡所說的世界與外面街上的世界好像完全是兩回事。前者是單純的、潔淨的、高尚的，沒有實際生活的矛盾與衝突，有的只是理性的原則及邏輯的必然性。後者則是難以想像的雜亂、複雜、污濁、痛苦、煩擾。從某種角度來說，理性主義者好像是躲藏在自己虛構出的高山上的大理石廟宇中，以避開事實本身所呈現的混亂情況。詹姆士說：「它不是對於我們具體宇宙的『解釋』，它完全是另一回事，一種替代品、一種補救措施、一種逃避方法。」「真實的世界是整個開放的，理性主義卻製造出諸般系統，而系統一定是封閉的。對實際生活中的人來說，完美是很遙遠的東西，而且是尚待達成的。這對理性主義來說只不過是有限而相對者的幻象；事物的絕對根基是永恆完全的完美者。」(P, 18)簡言之，詹姆士認為，理性主義的宗教哲學完全罔顧事實，而使具有經驗主義心靈的人無法接受。

　　上述提到的兩難是經驗主義和理性主義都無法解決的，可是行文之間卻以理性主義做為主要的批評對象。相對來說，詹姆士本人的哲學立場在知識論方面與經驗主義比較接近，在宗教及道德方面則較近於理性主義。問題是，理性主義那種偏枯的說法，反而會使宗教根本失去了生命。因而，在詹姆士的著作中，到處可見他對理

性主義的嚴厲抨擊。卡普蘭亦指出，實用主義者是硬心腸的，亦是軟心腸的。「實用主義者決心照著世界實在的樣子來生活在世界上，而不要生活在形而上學家與神學家的幻想世界中；從這一點來說，他是硬心腸的。」「但實用主義者也是軟心腸的人，因為他對人類的價值系統和人類的目的有信念，認為這是自然的一部分，像任何其他事情一樣，是自然的事件，是實際的事實，而科學必須給它應得的地位。」❺

　　總之，在這個科學及宗教衝突的時代，經驗主義給予世人的是「非人文的唯物世界」，而理性主義給予世人的是脫離現實的宗教。不論是軟心腸的哲學或硬心腸的哲學，都不能真正滿足世人，而終必受到唾棄。在此脈絡下，詹姆士提出他自己的解決方案。他認為，實用主義可以滿足這兩方面的需要。「它既能像理性主義一樣保留宗教性，而同時又能像經驗主義一樣保持與事實最豐富的密切關係。」(*P*, 23)詹姆士指出，實用主義正是一般人在思想方法上所需要的中間調和路線。硬心腸的人注重事實，軟心腸的人要求宗教信仰，而實用主義是硬心腸及軟心腸的調和者。對於又要事實又要信仰的一般人而言，唯一的出路便是實用主義。事實上，我們可以把《實用主義》整本書看做是在對「實用主義如何解決科學及宗教的衝突」這個問題的回答，而詹姆士之所以提出實用主義的真理理論，也就是為了回答這個問題。

　　軟心腸的宗教信徒承認我們的經驗是有限的，但是他們同時相信上帝所創造的世界是永恆的、完美的。硬心腸的人只看重經驗事實，並且根據經驗事實來否定世界的永恆及完美。例如，科學家告訴我們，人類所賴以生存的地球終必毀滅，而一切生命在那之前也

❺　同上，頁十八至十九。

早就不存在了。如此，宗教信仰還以為有一個永恆完美的世界，這不是自欺欺人之舉嗎？但是，詹姆士強調：「依據實用主義的原則，我們不能否定任何一個能夠對於人生造成有用結果的假設。對實用主義來說，普遍觀念可以像個別感覺一樣實在。普遍觀念若無用處，則無意義及實在性。但只要它們有用處，它們就有那麼多的意義；而且，此意義將是真的，只要其用處和生活中的其他用處相符合。」(*P*, 131)換言之，依詹姆士的實用主義，要成為真理，宗教上的信念與科學上的信念都必須通過同樣的標準，它們在這點是一樣的。他更明白表示，宗教預設所產生的效用已由人類整個宗教史證明了，雖然這不是科學上的用處，而是情感上的、精神上的。依據這種實用主義的真理觀，科學信念可以成為真理，宗教信念亦可成為真理，都是可以接受的，只要它們通過效用的檢驗；一個信念不會因為它是科學界提出的就是真的，亦不會因為它是宗教界提出的就是假的。詹姆士就是用這種實用主義的真理觀來同時保住科學與宗教，並回應近代科學對宗教的衝擊❻。

七、詹姆士的哲學志業

絕對觀念論與英國古典經驗論是詹姆士那個時代在英美最為

---

❻　Reese 主編的《哲學與宗教辭典》認為，詹姆士一生處於科學與宗教之間，他最早的兩本著作（《心理學原理》、《心理學簡本》）是科學方面的，接著的兩本（《相信之意志》、《宗教經驗之種種》）皆屬宗教方面的。此後的著作似乎是由哲學的觀點同時肯定這兩方面，並加以結合。如果把詹姆士的思想分為三期，那麼，第一期是科學期，第二期是宗教期，第三期是綜合期。

盛行的哲學流派（前者尤其是十九世紀末期英美的顯學），也是兩個針鋒相對的學派。大體上，詹姆士站在經驗論的陣營，而他的哲學生涯甚至可以視為一系列對抗絕對觀念論的戰鬥。不過，詹姆士亦非滿意於英國古典經驗論。如此，一方面攻擊絕對觀念論，一方面修改古典經驗論，詹姆士發展出他自己的一套哲學，而使他成為一個具有原創性的哲學家。因此，要了解詹姆士哲學的原創性及重要性，最好的方式是放在這個脈絡來了解。賽耶(H. S. Thayer)亦云，詹姆士的實用主義及真理觀、他的徹底經驗論及多元論，有相當大的程度是在針對絕對觀念論的批評中以及欲加以取代的努力中發展出來的(*MT*, xiv)。

艾耶指出，黑格爾的思想花了很長的時間才侵入原本以經驗論為主的英美思想界，到了十九世紀末葉，由於布萊德雷、格林、魯一士等人的提倡，絕對觀念論一躍而成為思想界的主流。此一思潮當然也引起一些反擊，而詹姆士的思想有部分即是在對此思潮反彈過程中發展出來的。艾耶強調，事實上，我們也可由此背景來了解羅素及謨爾(G. E. Moore)的早期思想。雖然這個問題不再存於今天，但是對當時的人卻是個大問題，這是我們必須認清的歷史事實(Ayer, 176)。

詹姆士為什麼會對絕對觀念論與英國古典經驗論感到不滿呢？根據前面的討論可知，他認為這兩派不足以解決當時科學與宗教的衝突。事實上，詹姆士對這兩派的不滿還不僅於此。他認為這兩派對於經驗世界真相的掌握均有問題，絕對觀念論著重整體而忽略個別❼，古典經驗論強調個別而遺漏關係。在這方面，詹姆士提出自

---

❼　詹姆士在這方面對黑格爾學派絕對觀念論的反對，用艾耶的話來說，這是知性層面的批判(Ayer, 178)。他認為，如果表象真如黑格爾主義

己的徹底經驗論，說明經驗世界的自滿自足。詹姆士之在意這兩派對於經驗世界的誤解，其實還有更深一層的關懷。因為，正是由於此處的誤解，使得絕對觀念論者引進絕對者的概念並提出一元論(monism)的主張。在詹姆士看來，一元論與多元論(pluralism)的對立是最豐富且關鍵的。對他來說，一元論若是成立，則未來是被決定的，人類存在的意義是落空的，更無所謂淑世主義了。

以上兩方面的不滿，詹姆士看重的當然是後者。艾耶也指出，詹姆士對黑格爾主義的反對，大多出於情感上及道德上。他最不能接受的是，黑格爾主義認為痛苦與罪惡不是真實的，或者至少沒有真實到足以讓我們關切的地步。魯一士以為，在時間秩序中存在的病痛是永恆秩序之所以完美的一個條件。布萊德雷以為，絕對者包含每一個不協調者以及所有的歧異而比它們更為豐富。詹姆士則認為，罪惡與痛苦無法以超越的絕對者加以解消，告訴受苦的人說他們的苦難可以消解於更高的綜合中，不但是冷酷，而且是諷刺(Ayer, 177)。

所說的那樣，是相互矛盾的，則沒有任何更高的綜合能夠解決之。在更高的綜合中，這些矛盾依然存在。而在關係的問題上，黑格爾主義誤以為，一個事物的每一個關係都對它本身的同一性造成某種差異，如此，任何一個事物的存在與其他萬物的存在，在邏輯上是分不開的。它又誤以為，事物之間是無法關連在一起的，除非有一更高的存在將它們結合在一起；如此，一隻貓不可能瞪視國王，除非有一個更高的存在者正在同時瞪視著此二者。最後更誤以為，任何沒有明白歸於某一事物者，即為對其否定者。詹姆士認為最後這一步是「惡質的知性主義」(*PU*, 60)。他本人則主張，除了純粹形式的關係之外，關係應該以其票面價值待之，都是直接經驗的對象。他也相信相互關連的事項有能力保持本身的同一性，由此更可說多元論。

以上由思想史的角度來看詹姆士哲學的形成，並清楚地看出，詹姆士的哲學是在回應當時科學與宗教的衝突，並批判當時甚為盛行的絕對觀念論。經由這些歷史背景的掌握，可以幫助我們了解詹姆士的哲學。當然，這些時代背景在今日不復存在，今人所關心的與詹姆士所關心的畢竟有相當的出入。不過，這並不表示詹姆士哲學就完全過時的，他在其中關懷的其實是永恆的哲學問題：人類存在的意義。

八、詹姆士的哲學界交往

由詹姆士哲學的發展可以看出，他對當時的思潮及哲學發展現況都很注意。事實上，他與當時的學界有著非常密切的互動。詹姆士在當時的思想界相當活躍，他曾當選美國哲學協會的主席，也當選過美國心理學協會的主席。他不僅是美國學者的核心份子，對歐洲學者來說，他更是「美國思想的大使」(*TC*, I, 383)。他的交往與通信幾乎遍及當時所有著名的哲學家，包括早一輩的雷諾維耶，同輩的柏格森，晚一輩的桑塔耶納。根據麥克德默的說法，詹姆士幾乎捲入一八七〇年代至一九一〇年間的每一場哲學論戰(*ERE*, xiii)。與詹姆士相互論學的哲學家，有立場一致的席勒及杜威，也有針鋒相對的布萊德雷及魯一士。他樂意與同道分享心得，也非常看重論敵的不同意見，並且願意修改自己的主張。事實上，他的哲學即是如此發展出來的。我們在此僅能略述他與珀爾斯及魯一士的交往。

詹姆士與珀爾斯是一生的朋友，他們的交往很早，始於一八六二年同在勞倫斯理學院讀書的時候；當時珀爾斯比詹姆士高一年級。他們兩人經常與賴特在一起。一八七一年，他們幾個人又與其他幾

位朋友組成兩週聚會一次的形上學俱樂部。賴特崇拜穆勒及達爾文，他對珀爾斯及詹姆士施加了經驗主義與功利主義的強大影響。在他們的影響下，珀爾斯與詹姆士在此團體中發展出了實用主義。

　　詹姆士與珀爾斯彼此推薦對方到新成立的瓊斯霍浦金斯大學，詹姆士於一八七八年在該校擔任心理學客座講師，而珀爾斯於一八七九年至一八八四年在該校擔任邏輯講師，並組成另一個形上學俱樂部。杜威當時是珀爾斯的學生並活躍於此俱樂部中，不過，此時杜威並未受到珀爾斯太多的影響。

　　魯一士於一八七八年在瓊斯霍浦金斯大學上過詹姆士的課，並於一八八二年受到詹姆士的支持進入哈佛大學哲學系。自此二人成為長期的同事，並曾為鄰居。他們的私誼甚篤，但在哲學上是死對頭。二人會由學校邊走邊討論，直到家門口還繼續熱烈的爭辯。他們對彼此哲學的發展有很大的影響，部分來自吸引，部分則來自相互攻擊的辯護。不過，他們彼此皆相互推崇。魯一士亦與珀爾斯相熟，而且像詹姆士一樣受到珀爾斯的影響，他們也公開承認之。詹姆士明白指出自己受到珀爾斯及魯一士的影響超過任何其他人，不過，魯一士應該也會這樣說珀爾斯及詹姆士對他的影響。桑塔耶那是詹姆士及魯一士的學生。他在魯一士的指導下完成博士論文，題目是論洛宰(Rudolph Hermann Lotze, 1817–1881)的哲學，而魯一士在德國曾從學於洛宰。桑塔耶那在一八八九年至一九一一年任職於哈佛，成為詹姆士與魯一士的同事。

九、詹姆士哲學思想的結構

　　前面提過，我們基本上把詹姆士看成一位哲學家，並由此觀點

來研究其思想。如此，我們著重或取捨的部分即有所限定。至少，他在心理學方面、宗教研究方面、靈魂研究方面、文藝評論方面的著作，就不屬於我們研究的範圍。如此，接下來的問題是，我們要以何種方式去呈現他的哲學思想？

首先要考慮的是，我們是否要考慮詹姆士哲學著作的發表年代。當然，要呈現詹姆士的哲學思想，可以依循他主要著作的年代順序來鋪陳，這樣的好處是可以顯現他一生思想發展的軌跡。不過，詹姆士各主要著作之間的差異僅屬題材或問題偏重之不同，而非主張或立場之不同。因此，在討論詹姆士的哲學思想時，我們不必像處理羅素或維根斯坦那樣考慮到時期的差異，亦可以把詹姆士的哲學思想看做一個整體，而僅就其各個側面來談。

關於這點，柏德亦曾指出，詹姆士的早期著作及後期著作有很強的連續性。舉例來說，《相信之意志》的中心主題早先就出現在《心理學原理》，後來又出現於《實用主義》及《宗教經驗之種種》。當然，思想上的連續性並不表示其中毫無修正或改變之處。在《心理學原理》中所談的身心問題與詹姆士後來主張的「中性一元論」即有不同的說法。他對自我問題的看法，在後期也有重大的轉變。在《多元宇宙》中，詹姆士主張一種泛心理主義，但是在其他地方卻否定這種主張。不過，這些小地方的差異並不妨礙詹姆士的思想之成為一個具有統貫性的整體。因此，在研究詹姆士時，不必過於計較年代上的前後，亦不必詳論年代的前後以觀其思想之發展 (Bird, 9)。

我們在此說詹姆士的哲學為一前後一貫的整體，並不表示它的各部分有邏輯上相互含蘊的關係，而只表示它的各個重要部分有相當的關連存在。詹姆士的哲學並不是一個嚴密的體系，他也無意於

此。但是，他的哲學也決非散漫的思想隨筆。有學者指出，如果哲學體系是指把宇宙萬事萬物都放進它的邏輯架構中，則詹姆士沒有哲學系統，他也反對這種哲學系統。如果哲學體系是指以少數的基本原則回答許多問題，則詹姆士即合格了。在此，他的真理論、倫理觀、徹底經驗論、宇宙論、及宗教哲學皆以其實用主義的意義論為基礎❽。換言之，詹姆士的整個哲學乃以實用主義為中心。此外，像布勞亦指出，詹姆士情願以「徹底經驗論」來稱謂他整個的哲學結構，而以「實用主義」來稱謂他的哲學研究方法(Blau, 253)。

　　大體上，徹底經驗論及實用主義可視為詹姆士哲學體系的兩大主幹❾，它們均發展於詹姆士思想的早期，而也都花了很長的時間才成熟。在實用主義的主幹上，相關連的有實用主義的真理觀、淑世主義、多元主義、有限上帝觀；在徹底經驗論的主幹上，則伴隨著中性一元論、純粹經驗說、多元宇宙觀。我們在以下各章即依此架構展開各個主題的闡述。

---

❽　"Introduction to William James", by Paul Henle, in *Classic American Philosophers*, edited by Max Fisch, p. 124.

❾　不過，徹底經驗論及實用主義在詹姆士的心中究竟存有何種關連，詹姆士並沒說明白。有時他說其間沒有邏輯關係，有時又說其間有某種密切的關係。

第三章　實用主義的興起與發展

　　根據前面的說明可知，詹姆士之所以提出實用主義，主要是為了調和科學與宗教的衝突。雖然，對於宗教與科學之間的對立，現代人的感受不再像詹姆士那個時代那般強烈，但是，實用主義並不因此而過時。自從詹姆士公開宣揚實用主義之後，實用主義一直被哲學界視為一種頗具特色的哲學主張。相對而言，今日的哲學界比較不關心如何運用實用主義去解決科學與宗教的衝突，我們關心的比較偏向這個學說本身的特色，看看它與其他哲學主張對照之下有何殊異之處。在西方哲學史中，實用主義被視為美國哲學的代表；在知識論中討論真理問題時，實用主義被視為諸種真理觀中的一種，而與對應論及融貫論一併對照討論。由此可知，不論是由詹姆士當時的哲學脈絡或是由今日的哲學脈絡，實用主義都有值得介紹之處，而以下對於實用主義的討論，也會順著這兩方面的脈絡加以呈現。不過，在討論詹姆士本人的實用主義之前，先略述相關的一般資料。

一、實用主義的興起

　　實用主義是十九世紀末與廿世紀之交興起於美國的一種哲學運動，它的主要奠基者是三位美國哲學家：珀爾斯、詹姆士及杜威，

一般也以這三位做為實用主義的代表人物。此外，比較著名的還有義大利的帕匹尼、法國的雷洛伊(Edouard Le Roy, 1870–1954)、英國的席勒、美國的密德(George H. Mead, 1863–1931) 及路易士(C. I. Lewis, 1883–1964)❶。籠統來說，實用主義主張：根據吾人信念的實際效果或內容來解釋這些信念的意義，並加以證成；它認為信念及概念不是像知性主義所說的那樣只是在被動地反映事物的固定客觀結構。不過，幾位實用主義哲學家仍有各自的偏重。首先，對珀爾斯來說，實用主義乃是一種意義理論：一個命題的意義或內容乃是此命題為真或為假時所造成的經驗差異。詹姆士提出實用主義的真理理論，把真理的究極意義界定為信念之滿足。杜威則強調知識乃是行動的工具，而非無關乎利害的冥想之對象。其次，他們的實用主義在應用的範圍上亦有不同之偏重。珀爾斯的實用主義主要用來處理科學概念，詹姆士則擴大應用到道德、宗教上，杜威更應用於教育方面。此外，值得注意的是，珀爾斯、詹姆士及杜威固然都被稱為實用主義哲學家，但是除了實用主義之外，他們各自有著不同的興趣偏向，也各自在不同的學問領域有著非凡的成就。換言之，實用主義不過是這三個大圓圈之間的交集部分；在這交集之外，各人皆各有許多重要的哲學主張。

珀爾斯是實用主義的創始者，他於一八七〇年代初期即在與朋友私下論學時使用「實用主義」一詞。到了一八七八年，他在《通俗科學月刊》發表〈如何使我們的觀念清楚〉，提出著名的實用格

---

❶ 路易士依現代邏輯的眼光，為珀爾斯及詹姆士的某些想法注入新生命、加以新解釋，而形成他的概念論的實用主義 (conceptualistic pragmatism)。密德則對人類行動、心靈、及語言提出其生物社會理論 (Thayer, p. 8)。

準；這是實用主義最早的正式文獻出處。不過，這篇文章並未出現
「實用主義」一詞，珀爾斯具有深刻意涵的主張也未受到正視。事
實上，珀爾斯一直到一九○二年才開始在正式出版的文章中使用這
個名詞。

　　就出版記錄來看，詹姆士倒是第一位在世人面前公開使用「實
用主義」一詞並贏得舉世矚目的人。一八九八年八月廿六日，詹姆
士於加州柏克萊大學發表專題演講，題目為〈哲學概念與實踐成果〉。
在這場演講中，詹姆士向世人推介珀爾斯在二十年前提出而未受重
視的實用主義。或許是得力於詹姆士平易而生動的表達方式，亦或
許是得力於詹姆士原先就有的高知名度，世人開始注意到這個新興
的主張，並逐漸認定這在當時是唯一足以代表美國本土哲學特色的
主張。不過，廣泛的注意也帶來熱烈的爭論。由於眾多學者紛紛投
入，不出幾年，居然使得實用主義蔚為風潮。到了一九○八年，距
詹姆士公開宣講實用主義不過十年的時間，就有學者能將當時存在
的實用主義歸納成十三種之多❷。種類如此繁多，一方面固然暴露
實用主義之眾說紛紜，另一方面亦顯示實用主義之盛極一時。

　　就實用主義之推廣而言，詹姆士當居首功，而世人也多由他的
著作認識實用主義，甚至誤以為他就是實用主義的創始者。不過，
詹姆士首次公開闡述實用主義時，即已指出這是珀爾斯早就提出的
主張(*P*, 259, & 29)。甚至當珀爾斯在一九○○年親自向他詢問誰是
「實用主義」一詞的創始者時，詹姆士也很大方地將此榮銜歸給珀
爾斯(*CP*, 8. 253)。

　　總之，就歷史起源而言，珀爾斯是實用主義的開創者。對於他

---

❷　Arthur O. Lovejoy, *The Thirteen Pragmatisms and Other Essays* (Balti-
more: The Johns Hopkins Press, 1963), pp. 1–29.

居於實用主義之父的地位，珀爾斯本人及詹姆士都沒有異議。不過，他們也都強調，歷史上早就有人表現出實用主義的精神。例如，詹姆士的《實用主義》一書的副標題就是「某些舊有思考方式的新名稱」，其中指出：

> 實用主義方法絕對沒有任何新鮮之處。蘇格拉底是此中老手。亞里斯多德有步驟地運用它。洛克、柏克萊及休姆使用它而對真理做出非凡的貢獻。侯基森不斷強調真實者只不過是它們「被認知的那樣」。但是，這些實用主義的先驅只是零碎地使用它；他們只奏出序曲。一直到我們這個時代，它才得以推廣，開始意識到一個普遍的使命。(*P*, 30)

詹姆士又把這本書獻給穆勒，而說：「我由他那裡最先學到實用主義的開放心靈，而他若是活在今日，我也極願把他當做我們的領袖。」

珀爾斯則說，雖然過去的哲學史曾有過實用主義的表現，不過自覺地用它來做為討論黑暗問題的明燈，並努力使之成為幫助哲學探究的一種方法，則是最初出現於一八七〇年代初期形上學俱樂部的討論中。當時在這個團體中有一位成員格林，經常強調英國哲學家貝恩(Alexander Bain, 1818-1903)對於信念定義的重要性：信念就是「一個人依之而準備行動的根據」。珀爾斯認為，實用主義只不過是由此定義導出的結論；因此珀爾斯把貝恩看做實用主義之祖(*CP*, 5.12)。

珀爾斯的實用主義除了在早期受到貝恩的影響之外，也受到實驗科學家的思考模式的影響(*CP*, 5.411)。此外，就字詞的起源而言，珀爾斯是根據康德的說法而提出「實用」一詞。他曾說過，他乃是

經由對康德《純粹理性批判》一書的反省而提出實用格準 (*CP*, 5.1, 5.412)。康德區分實踐(the practical)及實用(the pragmatic)：前者關連於意志及行動，後者關連於後果；而珀爾斯的實用格準即強調藉由觀念引發的後果來解釋觀念本身的意義。

二、做為意義理論的實用主義

就正式發表的文字而言，實用主義的主旨首次出現於珀爾斯一八七八年的〈如何使我們的觀念清楚〉一文。顧名思義，他的實用主義是一種使觀念清楚的方法。事實上，珀爾斯後來再度強調，他在此陳述的實用主義，「不是一個『世界觀』，而是一種反省的方法，其目的在於使觀念清楚。」(*CP*, 5.13n)進一步來看，實用主義這種使觀念清楚的方法，同時就是一種確定觀念之意義的方法。

珀爾斯曾指出，所有的實用主義者都會同意兩點主張。首先，他們同意實用主義不是一個形上學的主張，它並不企圖決定有關任何事物的任何真理；就其本身而言，它只是一種方法，用來確定困難的字詞以及抽象概念的意義。至於運用這種方法可以造成什麼外在的、間接的效果，則是另一回事。其次，他們同意，他們確定字詞與概念意義的方法正是成功的科學家藉以得到高度確定性的那種實驗方法；而這個實驗方法所運用的正是《聖經》中一個古老的邏輯法則：「你應該由其成果去知道它們。」(*CP*, 5.465)

在另外一段文字中，珀爾斯將這種實驗科學家的典型思考方法明確地表達出來：

一個「概念」，亦即字詞或其他表達形式的理性意義，完全在

於它對生活行為的可能影響；如此，由於任何不能由實驗導致的事物顯然皆不能與行為有任何直接的影響，如果一個人能夠精確地定義對於一個概念的肯定或否定所蘊涵的一切可能的實驗現象，他在此對這個概念將會有一個完全的定義，而且「其中絕對沒有更多的東西」。(*CP*, 5.412)

換言之，對珀爾斯來說，實用主義即是運用實驗科學的方法去確定概念之意義。

至此可知，珀爾斯所說的實用主義乃是針對意義問題而言，故基本上應被視為一種意義理論而非真理理論。當然，做為一種意義理論而言，實用主義亦可被用來確定真理的意義，而對真理的本性有所說明；如此，亦可衍生出某種真理理論。不過，即使把實用主義看做一種衍生的真理理論，它的功能仍然只限於說明真理之意義，而不能告訴我們如何獲得真理，也不涉及真理之判準的問題。

對珀爾斯來說，實用主義有兩種作用，它不但能使我們清除所有本質上不清楚的觀念，更可使我們弄清楚那些本質上清楚卻難以理解的觀念(*CP*, 5.206)。此外，珀爾斯又指出，實用主義的用處在於：「它可以使我們看出，幾乎每一個存有論的形上學命題，若不是無意義的廢話，就是徹底荒謬的；如此，可以清除這些廢物，而使哲學中剩下的問題都可以用真正科學的觀察方法加以研究。」(*CP*, 5.423) 做為一種意義理論，實用主義確定概念之意義，並藉此而清除無意義的命題，使得剩下的問題皆具有明確的意涵，而容許我們進一步使用科學方法以確定其真假。

前面提過，根據珀爾斯的看法，實用主義是一種反省的方法，它的目的在於使觀念清楚。不過，更精確的說法應該是，實用主義

的目的在於使「我們的」觀念清楚，亦即使我們對觀念有清楚的了解。換言之，觀念之清楚與否乃針對我們的理解而言，一個清楚的觀念即是我們對它有清楚了解的觀念。然而，什麼樣的觀念才足以稱為清楚的觀念呢？換言之，我們要對一個觀念了解到什麼程度才足以稱為清楚呢？在此，必須先對這個問題有所答覆，然後才能進而考慮我們應該憑藉什麼方法去獲得清楚的觀念。

珀爾斯指出，以往的邏輯學家認為，如果我們對一個觀念的了解，到了不論在何處均可認出它而不致誤以為他者的地步，則它就是一個清楚的觀念。在此，我們對概念的掌握可以使我們不加思索地將它運用於經驗上。珀爾斯對這種定義不表同意；首先，這樣的清楚性在現實世界中很少遇到；其次，這樣是把觀念的清楚性歸於主觀的熟悉，而主觀的熟悉之感很可能完全錯誤(*CP*, 5.389)。除了這種將清楚性定義為熟悉性的說法之外，也有人主張以抽象的字詞對某一觀念提出精確的定義，方能使我們對此觀念有清楚的理解。在此，我們可能對它提出字詞上的定義而將它關連於其他的概念。不過，珀爾斯認為這兩種說法所根據的哲學基礎早已崩潰，因而亟欲提出他自己的主張(*CP*, 5.390, 5.392)。

經由對信念本質之反省，再加上他對實驗科學家思考模式之深入了解與堅定信心，珀爾斯在一八七八年提出著名的「實用格準」：「想想看，我們認為我們概念的對象具有那些可想像地帶有實際影響的效果。那麼，我們對於這些效果的概念即是我們對此對象之概念的全部。」(*CP*, 5.402)這條規則使我們由一個觀念所可能造成的結果去了解此一觀念的意義，珀爾斯認為這是我們了解觀念的最佳途徑，也是使我們的了解最清楚的方式。

珀爾斯本人曾經舉了一些例子，諸如「硬」、「重量」、「力

量」、「實在」、「鋰」、「或然性」等，說明如何運用這條規則去清楚
地了解這些觀念，並分析它們的意義。例如，根據實用格準，當我
們說一個東西是「硬的」，我們的意思即指：它不會被其他許多種
類的物質磨損。在此，我們對於「硬」這個性質的了解，完全在於
它可能的效果。又如，當我們說一個物體是「重的」，意思即是說：
如果沒有支撐的力量，則它會落下(CP, 5.403)。

珀爾斯也用實用格準去說明「實在」這種更為抽象的觀念。他
指出，所有的科學家都有一個偉大的希望：「對於運用科學方法所
研究的問題，只要研究的歷程推進得夠遠，即會得到一個確定的解
答。」(CP, 5.407)以光速的研究為例，科學家們由不同的途徑進行研
究，一開始或許會得出不同的結果，但是當他們各自使其處理方式
及過程趨於完善，則其結果亦穩定地趨近於一個「命定的中心」。

基於上述的分析，珀爾斯對實在與真理觀念的闡釋是：「這個
偉大的希望體現在真理與實在概念之中。註定究極地為全體研究者
所同意的意見，即是我們所謂的真理的意義，而在此意見中所代表
的對象即是實在者。」(CP, 5.407) 由某個角度來看，這段話即是珀
爾斯依據實用格準而對「實在」與「真理」所做的定義。以珀爾斯
所舉光速研究的例子來說，科學家們在研究之初必須相信最後必定
有一個唯一的正確答案，他們不會以為最後的結果將是「公說公有
理，婆說婆有理」的分歧狀況，否則他們不必花那麼多時間與心力
去研究，以求取一個確定的結果。這就表示他們相信終必有一個唯
一的「真的」答案。

當然，在研究之初，各個科學家所得到的答案未必相同，也許
沒有任何一個人的答案是真的。但是，他們仍然相信經過長期的研
究之後，終必會有一個答案是大家所同意的；這就是他們所了解的

真理的意義。而這個真的答案所指的事，即是實在的；這就是他們所了解的實在的意義。

三、實用主義的推廣

詹姆士於一八九八年發表〈哲學概念與實踐成果〉，首度向世人闡述實用主義。他明白指出，自己表達的實用主義要比珀爾斯二十年前提出的主張更廣一些。依詹姆士的說法：「任何哲學命題的實際意義總是能落實到吾人未來實踐經驗中的某種特殊後果，不論是主動的或被動的。」(P, 259)在此判準的應用中，他擴大實用格準的應用範圍，不僅用於意義，亦用於真理。

據當時在場者的描述，詹姆士本人比較傾向使用「實踐主義」(practicalism) 一詞來指稱他的主張，他在使用「實用主義」(pragmatism)一詞時卻顯得有些勉強；而勉強使用似乎只是為了表示對珀爾斯的尊重❸。事實上，他們二人對於字詞理解的背景即有差異。就字源來看，珀爾斯是根據康德的說法而提出「實用」一詞，詹姆士卻是以希臘文的意思去說明實用一詞。「pragma」這個希臘字意指事物、事實、作為、事務，依詹姆士的說法，此字意指行動，而「實踐」(practice)一詞則由之而來(P, 28)。

---

❸　Max Fisch, "American Pragmatism Before and After 1898", in Robert W. Shanhan, & Kenneth R. Merrill, ed., *American Philosophy from Edwards to Quine*(Norman: University of Oklahoma Press, 1977), p.81. 此外，費希這篇文章是以一八九八年做為美國實用主義的分水嶺。由此可見詹姆士一八九八年這篇演講的重要地位。由外在來說，它代表美國本土哲學嶄露頭角的起點。由內在來說，它對詹姆士也很重要，詹姆士日後不斷地回頭參考這篇文章。

就思想發展的先後而言，詹姆士的實用主義或許曾受到珀爾斯的啟發。不過，詹姆士對實用主義的解釋遠比珀爾斯鬆散，對實用主義的應用也遠比珀爾斯廣泛。對珀爾斯而言，實用主義只能與科學哲學發生關連，但是詹姆士卻把實用主義帶進道德哲學及宗教哲學的領域中。珀爾斯在一九〇三年曾經以譏諷的口吻指出，他對那些「新實用主義者」唯一的抱怨就是他們太生動了，而這點意謂著輕巧、浮淺(CP, 5.17)。一九〇五年以後，珀爾斯為了區別，另創新名「pragmaticism」（或可譯為「正實用主義」）來稱自己的主張；他以為這個名稱「醜陋到沒人會盜用的地步」(CP, 5.414)，而事實確是如此。

不少人同珀爾斯一樣認為，詹姆士在某種程度上誤用了珀爾斯的實用主義。著名的學者佩里雖然曾為詹姆士寫了兩大本精闢的思想傳記，但是他並沒有為詹姆士做任何辯護，反而直截了當地說：「當代名為實用主義的這個運動大多是出於詹姆士對珀爾斯的誤解。」(TC, II, 409)不過，也有學者並不關心詹姆士是否誤解了珀爾斯，卻由另一個角度指出詹姆士實際上是擴大了實用主義的應用範圍；亦即由科學的關懷跨入非科學的關懷，甚至包含了宗教的關懷❹。

四、詹姆士實用主義思想的發展

詹姆士於一八九八年首度公開宣揚實用主義，並使之聞名於世。實用主義其實是詹姆士多年思考的結晶❺。在詹姆士一八七八

---

❹　Francis E. Reilly, *Charles Peirce's Theory of Scientific Method* (New York: Fordham University Press, 1970), p. 164.

年發表的〈論斯賓塞之「心靈定義為對應」〉 一文中，已明白包括
《實用主義》一書的一個重要主題，亦即，心靈活動、我們思維或
推論的機能，大部分是由情感的、實踐的因素所推動。詹姆士反對
斯賓塞的心靈說，他主張認知者是一個行動者，而以某些方式扮演
創造真理的角色。「心靈的興趣、假設、設準，就其為人類行動(以
大幅程度改造世界的活動) 的基礎而言，有助於『造就』它們所宣
稱的真理。……實在界唯一客觀的判準是長期而言對於思想的強制
性。」 詹姆士認為，強制因素具有決定性，完全的主觀性是不可能
的。但是，心靈被解釋為具有目的性的；思想僅為其目的而作用。
而目的又是由許多不同的情感的及實踐的興趣構成，後者才是認知
活動中真實的先然要素。它們形構思考的過程並決定性地影響我們
解釋經驗的方式：總是服從感覺的強制壓力，吾人在客觀實在界的
根。

　　這種想法預示一八九〇年《心理學原理》中目的論的心靈說，
以及一八九六年《相信之意志》中思想的興趣導向及目的導向。就
其背景來看，顯示雷諾維耶對詹姆士的長久影響。在雷諾維耶的思
想中，詹姆士認為他發現到自由意志及行動問題的答案；否則，若
是把人類心靈看成是沈溺在一個唯物的、決定論的世界中而處於被
動的、封閉的狀況，則自由意志及行動直成幻象。對詹姆士來說，
這點不只是一種純理論的發現，事實上，這點認識成為詹姆士得以
克服一次嚴重心理危機的哲學源泉。他後來在《宗教經驗之種種》
中論及〈生病的靈魂〉一章時，假託是一位匿名法國筆友的報告，
而描述了他當時劇烈的恐慌狀態。根據詹姆士的解釋，雷諾維耶對

---

❺　以下對於詹姆士早期著作中與實用主義有關的發展線索，主要參考賽
　　耶為哈佛版《實用主義》所寫的導論(P, xii–xvi)。

於自由意志的定義是，當我們可以有其他的想法時，而由於我們的選擇使得我們產生一種必須支持某一想法的力量，自由意志即由這種力量中顯現出來 (*LWJ*, I, 147)。對詹姆士來說，這種對自由意志的說法，在他的心理危機中，意謂著，救贖不在於各種格律中，不在於各種看法中，而在於累積的思想行動中。他藉著自己的意志，不僅得以向前行動，更得到信念：相信自己個體的真實性及創造的能力(*LWJ*, I, 148)。

詹姆士克服一八七〇年的心理危機而恢復活力，此一成功以及他日後對此經驗之重要性的經常反省，對我們之了解《實用主義》中的主張具有極為密切的關係。像是，情感及行動在改造世界上的力量；像是，在經驗進程中，可以「造就」真理，正如可以造就健康及財富一般；像是，信念如何有助於實在界之創造。不論世人對這些主張的想法如何，必須認清的是，詹姆士並不只是提出空洞的理論，他的主張乃是發自個人經驗及感受的深處。《實用主義》一書雖然是向世人宣講，但是其中不時出現極度個人的、生活的表達，也顯出極度的真誠。

詹姆士由生命深處的迫切關懷面對哲學，他所思考的哲學問題也是人類思想所長久關懷的問題。這些問題必須牽涉真理的本性、善的本性、實在的本性、知識的本性、人類理性的本性及目的。這些都是古典的哲學問題，不斷出現在每一個時代中，儘管其間可能有不同的偏重。某些詹姆士認為迫切的問題，在今日看來或許會認為過時。像是，實在界是一個封閉的一元的整體，或是多元的；像是，觀念論及經驗論的對立；像是，有神論的理性主義與不可知論(agnosticism) 的唯物主義之對立；像是，借助達爾文主義來證明新穎、成長、演化乃是實在界真正的傾向。詹姆士把「一與多」的問

題視為所有哲學問題中最核心的一個(*P*, 64, & 141)。今日的哲學界不會同意這點。但是，詹姆士在思考這些問題時的真誠，以及與其內在生命的密切關連，卻不可否認。

除了一八七八年發表的〈論斯賓塞之「心靈定義為對應」〉，在一八八五年發表的〈認識之作用〉（後來收於《真理之意義》，為第一章）也是詹姆士發展實用主義過程中的一篇重要論文。其中，詹姆士描述思想的作用在於指引，經過中介的經驗，指引達到令人滿意的終點，如此而構成對象的意義及真實性。所有的理論思辨必定在某處與直接感知發生關連，詹姆士指出，這些終點、這些可感覺的事物，是我們所能直接認知的唯一真實物，而且，要擺平理論爭議的唯一途徑即是讓它們接受感覺終點及它們實踐關連的測試(*MT*, 31)。在此文中，詹姆士將觀念的真等同於它們指引到一個令人滿意的對特殊實在之調適的角色。後來他曾說，這篇文章是他的整個實用主義的源頭(*TC*, II, 548)。

一八九〇年的《心理學原理》是詹姆士最偉大的著作，也幾乎是他所有哲學思想的網絡。由這本書中，我們可以察覺到詹姆士日後哲學思想的主要線索，像是他的徹底經驗論、實用主義、他對宗教及道德信念的本性及運作之分析。本書也展現詹姆士早年研究生理心理學及哲學問題的成果。詹姆士的著作大多均有下述特色:「繼往開來」，以前思想的集成，故不少篇章是發表過的論文，但也包括未來思想線索。詹姆士曾經說，意識就像是鳥的一生，由一連串的飛行與棲息組成。同樣的，詹姆士的學思生涯中，文章、演講、通信，代表飛行，書則為棲息。

五、實用主義受到的誤解

一八九八年，詹姆士首度公開宣揚實用主義，引起世人的注意，同時也招來許多的批評。詹姆士認為這些批評大多是輕率的誤解，他抱怨說：「我相信，若是批評者肯等我們把話說完，許多無謂的爭論原本是可避免的。」(*P*, 5)

「實用」經常被望文生義地聯想成世俗意味的「現實」，意謂著為求成功而不惜犧牲道德原則，或是短視地急功近利而罔顧人類長期的幸福；歐洲人常因此誤解而批評實用主義是美國社會極度商業化的產物。詹姆士承認實用主義這個名稱容易引起誤會，他在一九〇七年說：「我不喜歡這個名稱，但是要更改它顯然已經太遲了。」(*P*, 5)有趣的是，一九三八年杜威出版《邏輯：探究論》時還說：「我想，本書不會出現『實用主義』一詞。或許這個名詞本身就會招致誤解。它每每招來嚴重的誤解與相當無謂的爭論，因此避免使用它倒是明智之舉。」

一九〇七年，詹姆士出版《實用主義》，除了正面地提出自己的主張之外，他也想為席勒及杜威等人的實用主義真理觀提出辯解。他在這本書第六講介紹完實用主義的真理觀後，抱怨說：

> 當柏克萊說明人們所說的物質是什麼意思時，人們就以為他否定了物質的存在。現在當席勒先生及杜威先生說明人們所說的真理是什麼意思時，他們就被責難是在否定真理的存在。批評者說，這些實用主義者摧毀一切客觀的標準，並且把愚昧與智慧放在同一層次。最喜歡用來描述席勒先生的主張及

> 我的主張的一個公式是說：我們這種人認為，只要說出任何
> 我們覺得愉快去說的並且把它稱為真理，就完全滿足了實用
> 主義的要求。(P, 111)

詹姆士又諷刺說，哲學界實在需要有一些想像力了，他們一味
曲解實用主義者的話。

> 席勒說，凡是「有效驗」的東西就是真的。因此人家以為他
> 把檢證限制在最低級的物質功利上。杜威說，真理是使人「滿
> 足」的東西。人家以為他相信，凡是會使人感到愉快的一切
> 事物，就是真的。(P, 112)

不過，詹姆士的辯解似乎完全無效。他不但不能為席勒及杜威
開脫，自己反而捲入了爭論的核心。事實上，自一九○四年至一九
○八年，詹姆士在四年之間環繞真理問題寫了二十篇論文及一本書
（《實用主義》）。一九○七年《實用主義》出版後，其中涉及真理問
題的說法立即成為各方討論的焦點。對於一向習於對應論真理觀的
西方哲學界，詹姆士這種反傳統的真理觀確實是令人難以接受的異
說怪論。面對大量的批評，詹姆士覺得有必要再做澄清，於是在當
年就密集地針對真理問題寫了七篇論文來闡述自己的觀點，次年又
發表了四篇。在一九○九年更出版《真理之意義》，做為《實用主
義》的續篇，專門釐清實用主義的真理觀。

至此，詹姆士對於真理問題已談了很多，他希望《真理之意義》
一書是他對其真理觀的最終陳述。在序言中，他指出發表此書的兩
個理由。首先，他說他確信對實用主義的真理觀得到了解及確定的

地位將標示出知識論史的轉捩點，並從而標示出哲學史的轉捩點(*MT*, 4)。其次，他說他相信實用主義的真理觀對推廣徹底經驗論而言有其極度的重要性(*MT*, 6)。

六、做為真理理論的實用主義

詹姆士自己曾表示，他在一八九八年的文章中主要是想把實用主義的原則應用到宗教問題上。因此，就詹姆士宣揚實用主義的目的來看，他原本只是要為他自己的世界觀及上帝觀提供理論的支持。他在這篇文章中說，根據實用主義，「哲學的全部功能應該是去找出，假如這個世界公式或那個世界公式是真的，則會對你我在吾人生活的確定時刻中造成什麼確定的差別。」(*P*, 260) 他又表示，如果世界已經結束，沒有未來可言，則世界原先是由物質或由上帝造的，純屬知性上的問題。就回顧的態度而言，有沒有上帝存在，不會造成任何實際的差別；但若由前瞻的態度來看，上帝存在與否會對我們未來的生活造成重大的差別(*P*, 260)。

在《實用主義》一書中，詹姆士的基本關懷仍然是以宗教問題為主。他在第一講就開宗明義地表白，他提出實用主義是為了做科學與宗教的調和者。科學與宗教的衝突是西方近代出現的嚴重問題。基督教自中世以來即位居西方文化的主導地位，它不僅指導人們的精神生活，也在世俗生活的各個層面發揮巨大的影響力。但自文藝復興運動之後，宗教至高無上的地位開始動搖。宗教權威開始從世俗生活的各個層面撤退，離開了政治、經濟、藝術、文學、教育，而僅在精神生活的領域保留住最後的疆土。

但是，即使在這最後的疆土，基督教的權威也一再受到來自科

學界的難堪挑戰。提出太陽中心說的哥白尼，在十六世紀教會人士心目中，是撒旦派來擾亂人間的魔鬼。自十九世紀後半葉開始，達爾文的演化論也不斷成為教會人士群起攻伐的邪說。科學界一次次的新發現，宗教界一次次的反擊。然而，到了最後，人們接受的還是科學家的說法。

逐漸地，近代人開始相信，宇宙的真相不是《創世紀》說的那樣，人也不見得是上帝依祂的形象造成的，人與動物的差別可能只在於演化程度，世界未來的發展可能是依著物理的法則而不是按照上帝的意旨。在每一次宗教與科學的論戰中，失敗的總是上帝的使者，而贏得最後勝利的總是上帝的對手。如此，真理與科學愈來愈接近，而與宗教離得愈來愈遠。最後，真理似乎成為科學的專利。

在這種情況下，一個不願漠視科學事實而又不能拋棄宗教關懷的人，如何能夠自處呢？在一個科學主導的世界中，人類的宗教關懷如何得到安頓呢？宗教是否還能保有任何意義的真理呢？這就是詹姆士《實用主義》一書的主要問題，而他認為實用主義可以成功地協調宗教與科學。

為了達成這個目標，詹姆士首先試圖說明宗教信念亦可為真。他在此的策略是先以實用主義的方法去說明真理的意義，提出一個與傳統不同的真理觀。接著再依據這種真理觀指出，科學信念即是在此意義下而為真，同樣的，宗教信念亦可在此意義下為真。

依詹姆士對實用主義的理解，任何一個觀念只要能夠造成實際的後果，就是有意義的，而任何觀念只要能夠引導我們得到有用的結果就是真的。這種實用主義的真理觀不只說明科學的真理，它更說明宗教的真理也是如此。不論在什麼地方，我們觀念及信念中的「真理」與科學中的真理都是一樣的。真理的意義只不過是：「只要

觀念有助於我們與我們經驗中的其他部分達到令人滿意的關係，則觀念（它們本身也不過是我們經驗的部分）即成為真的。」(*P*, 34)同理，只要宗教的信念亦有這樣的效果，則它就有同樣程度的真。

對詹姆士來說，宗教在人的生活上確實能夠造成實際的差別，而且能夠引導到令人滿意的結果；因此，宗教信念可以是真的。其次，依詹姆士看來，真是有不同程度的。對他個人而言，多元論的上帝觀遠比一元論的上帝觀更能帶來有用的實際效果，因此是更真的；這就是詹姆士在《實用主義》最後一講的結論。

由以上的說明可知，詹姆士提出實用主義的本意是為了支持他所相信的宗教信念，為他的世界觀、上帝觀提供理論基礎❻。不過，《實用主義》的讀者們卻不去體會詹姆士提出這種真理觀的最終目的，反而把他們的注意力完全集中在真理觀本身❼。自此，哲學界

---

❻ 前面提過，珀爾斯在實用主義被詹姆士宣揚成名之後，特別出來再度強調，他原初所說的實用主義，不是一個「世界觀」，而是一種確定觀念之意義的方法。這句話似乎就是針對詹姆士而說。在珀爾斯心中，實用主義只是一種確定意義的方法。但對詹姆士而言，它是一種態度、方法、人生觀、世界觀、思考方式，順著此種基本的思考形態，自然可以應用到各種議題上。

❼ 賽耶也指出，在《實用主義》一書中，詹姆士所提出的各種主張，引起大爭論的不是形上的多元論，也不是宗教上及道德上的改良論，而是詹姆士對真理的看法。事實上，實用主義的真理觀早在一九○三年即已引起爭論，當時大多數著名的哲學家都加入了這場論戰。例如：F. H. Bradley, "On Truth and Practice", 1904; H. H. Joachim, "Absolute and Relative Truth", 1905; W. B. Joseph, "Professor James on Humanism and Truth", 1905; A. Sidgwick, "Applied Axioms", 1905; A. E. Taylor, "Some Side Lights on Pragmatism", 1903; J. Royce, "The Eternal and the Practical", 1904; J. E. Russell, "The Pragmatist's Meaning of

一提到真理問題時，就把實用主義的真理觀與傳統的對應論的真理觀及融貫論的真理觀列在一起，做為比較的樣本。

這種注意力的偏移未必合乎詹姆士的本意，但是詹姆士也被此偏移帶動而轉移他的心力到真理觀上，更在兩年後出版《真理之意義》（副標題即是「《實用主義》的續篇」）做為回應。受到外界注意力的影響，詹姆士在《真理之意義》中大多專就真理問題本身來談。換言之，在某種程度上，詹姆士實用主義的真理觀是在因應外界批評中發展出來的，而以真理理論做為實用主義的重心，亦是在回應外界批評的過程中形成的。事實上，詹姆士晚年花了很多時間為實用主義的真理觀辯護，甚至因此而延誤他發展徹底經驗論的計畫。當然，這方面的辯護亦不全然只有消極的意義，詹姆士曾在一九○七年向席勒訴苦說，他的真理觀尚未說服任何人，他必須付出更多的心力，因為他認為這個真理觀是通向其哲學其他部分的鑰匙（*LWJ*, II, 271）。

七、賽耶對珀爾斯及詹姆士二人 實用主義的比較

賽耶曾指出詹姆士的實用主義與珀爾斯的若干重大不同（*P*, xxii–xxvi），他的說法頗值參考，其重點如下。

首先，對珀爾斯而言，實用格準基本上是用來分析及闡釋知性概念之意義的一種方法。他曾名此格準為「定義的定義」。當我們討論知性問題時，為了溝通的成功，它被用來增加語言上及概念上

Truth", 1906. (*P*, xxviii)《實用主義》一書的出版當然更加劇此一爭論。

的清晰。另一方面，在批判地加以應用後，若依然找不到解答，則顯示問題可能出在語言的混淆及誤用。如此，一個問題可能被判定為假問題。在此脈絡中，實用格準可以視為記號學的一部分；珀爾斯的實用主義因而是一種意義論，珀爾斯似乎並沒有要把它當做一種真理論。不過，此處的困難在於珀爾斯曾表示一個詞語的意義是其全部的實驗結果，亦即它的真或假可能在經驗中造成的差異。再者，若是一個概念的意義是其全幅可預測的及可檢證的結果，若是意義是可檢證性，則某種真理觀念即滲入檢證觀念中。詹姆士時常單純地把真理等同於檢證（杜威早期亦如此，見其《實驗邏輯論文集》）。事實上，有不少理由使人想要在珀爾斯的實用主義中發掘一套真理論。至少，實用主義這種分析概念意義的方法，可以用來分析「真理」這個概念。詹姆士即說「真理的實用主義意義」。對詹姆士而言，實用主義是真理論也是意義論(*P*, 32–33)。在一則筆記中，詹姆士寫著：「『實用方法』肯斷一個概念『意指』其結果。人文主義說，當這些結果是令人滿意時，這概念是『真的』。」(*TC*, II, 444)

其次，在詹姆士實用主義的意義觀中，他強調一種實踐種類的個人後果在於我們所期望的感覺以及我們所必須準備的反應(*P*, 28–29)。但是，珀爾斯批評這種意義觀之奠基於特殊的感覺及個人的經驗。對珀爾斯來說，意義乃見於社群的、或社會的行動中，意義的闡發要經由指明某種可能的實驗過程或結果的一般形式。他強調的是一般的行為模式（珀爾斯把概念當做某種習慣或傾向或反應模式），而不是個別特殊的感覺。詹姆士強調特殊性而摒除普遍性，在這點正好與珀爾斯相反。

在一八九八年的演講中，詹姆士說明實用主義的原則時指出，要找出哲學命題的效應意義，就去看它們在經驗中會造成什麼樣特

殊的實踐的結果。要調停相衝突的理論或檢視道德信條或理想，解決之道在於明確指出各有關主張在實踐上的特殊後果。如果無法指出任何實踐的差異，則此爭論是空洞的、表面文字上的；若是根本發現不到任何實踐結果，則它們在實用主義看來是無意義的。由上述可知，詹姆士關心的是觀念在道德上及實踐上的意義，而不像珀爾斯努力於建構一整套一般性的意義理論。簡言之，珀爾斯想要闡明意義這個觀念，然而詹姆士則想要闡明觀念的意義。詹姆士的方向是個人主義及唯名論，珀爾斯的實用主義則強調語言及行為的社會性格，並採取實在論。杜威曾指出，珀爾斯的實用主義受到康德主義的影響，而詹姆士則受到英國經驗論的影響。杜威在〈美國實用主義的發展〉一文中指出：

> 在其加州的演講中，詹姆士表示他的實用主義有相當程度受到英國哲學家的思想啟發，像是洛克、柏克萊、休姆、穆勒、貝恩及侯基森。他卻把這種方法對比於德國超越主義，尤其對比於康德的。特別值得提醒的是珀爾斯及詹姆士的這點差異：前者試圖對康德提出一種實驗性而非先然的解釋，然而後者則試圖發展這些英國思想家的觀點。(*P*, xxv)

第三，杜威在上文中亦指出，珀爾斯的著作表現為邏輯學家，詹姆士則表現為人文主義者。珀爾斯的教育過程中出現的是無關乎個人的數學、化學、及理論科學，而詹姆士學的是醫學且成為偉大的心理學家。因此，詹姆士特別感興趣於信念在心理學上的、道德上的及宗教上的作用，以及「意義」如何做為穩定行為及有利行為的因素；對他而言，實用主義之應用是在澄清縱令最為謙卑、最為

個人的經驗。

詹姆士的實用主義充滿道德的意涵。詹姆士的基本觀點認為整個人類活動及經驗均具有目的性及道德性,他也以此觀點去看知識、信仰、對世界適應及改造的實踐需求、人類的性情及其哲學。甚至最為抽象的形上玄思也被詹姆士注入道德上及心理上的重大意義。他為何認為一與多的古老問題是最豐富最核心的哲學問題呢?因為,我們可以由一個人是一元論者或多元論者得知最多他在其他方面的意見,任何其他的名銜都無法與此比擬(P, 64)。在此,對於觀念的哲學分析有些類似對於病人癥象的診斷。不過,這種方法如果過於著重或獨斷,會有荒謬的結果,在觀念的研究中,給的會比失去的多許多。詹姆士當然知道這點,而沒有人比他更不像獨斷論者。他的目的在於指出,對於一與多的選擇會給一個人其他的信念及觀點帶來最廣泛的影響。因而,在實用主義看來,這是最核心的哲學問題,且有待澄清及解決。此處值得注意的是,詹姆士承認觀念的意義中具有極為重大的作用成分及個人的關連。在此,實用主義的一個價值在於使我們批判地發現何者最有效地引導我們、何者最適合生活的各個部分及經驗的全求幅要求(P, 44)。

詹姆士也對真理提供一個道德上的作用,而說真理也是善的一種:

> 任何東西若是證明它自己在信念的方式上是善的,而且對固定的、可指定的理由也是善的,則可名為真。(P, 42)

總而言之,詹姆士的實用主義只是與珀爾斯實用主義有關的另一種實用主義。賽耶堅決反對佩里之把實用主義說成是詹姆士對珀爾斯

的誤解產物。佩里說：「實用主義大部分是詹姆士對珀爾斯誤解的結果。」(*TC*, II, 409)。這句話被重複地引用，尤其是對那些想推廣珀爾斯哲學的人來說，而如此一來，詹姆士的實用主義簡直成為令人尷尬的東西。這對詹姆士是很不公平的。事實上，在一八九八年的加州演講中，詹姆士是有意地「擴充」珀爾斯的原理。他明白指出，實用主義應該得到比珀爾斯所表達的更為寬廣的表達。接著詹姆士才提出更為寬廣的說法，亦即，發展實用主義在實踐上及道德上的意涵。這不是誤解珀爾斯，而是以不同的方向進行哲學思考。詹姆士對這點相當清楚。某些證據顯示，詹姆士曾經比較偏好以「人文主義」(humanism) 為其哲學之名。在加州演講中，他也多次用「practicalism」而非「pragmatism」。詹姆士在《實用主義》一書序言中提到他並不喜歡「實用主義」一名，只是來不及更改了(*P*, 5)。此外，珀爾斯自己即試圖用「pragmaticism」代替「pragmatism」，以與席勒及詹姆士的實用主義區別。

八、實用主義的整體特色

儘管珀爾斯及詹姆士等人對實用主義的解釋有異，應用的範圍也有不同，但是其間仍然可以找到一些共同的特色。首先，實用主義的特色在於對經驗的重視。珀爾斯最初提出實用主義乃是做為一種意義理論，要由概念對經驗所可能造成的影響來確定概念的意義。簡言之，抽象概念的意義要由具體經驗來確定。詹姆士承襲此一精神而將實用主義應用於真理問題，對他來說，真假亦需依靠未來的經驗加以判定。此外，詹姆士的徹底經驗論亦明顯表現對經驗的重視。

其次，在實用主義者的著作中，我們可以看到演化論的影響。在此，一方面，實用主義者強調個體與其生存環境的關係；另一方面，他們強調經驗，但也同時強調經驗的變動性，並顧慮到吾人在此變動中的適應問題。世界在變動之中，對於世界的知識也在變動之中。對珀爾斯來說，追求真理的過程，有如在泥沼中行軍。詹姆士曾經把人的探究歷程比喻成鳥的飛翔，其間的停息只是暫時的。人要在這個變動的世界中生存，就必須隨時調適自己的腳步，不能墨守成規，不可固執於過去的探究成果，更不可與環境脫節。

最後，實用主義表現一種對於未來的重視。這種對於未來的重視，有其實踐上的考量；換言之，其中預設透過人類的努力，對於未來有影響或改變的可能。珀爾斯對實用主義做為一種意義理論的精神有下述的說明：

> 每一個命題的理性意義皆在於未來。何以如此呢？一個命題的意義，本身即是一個命題。固然，一個命題的意義與此命題並無不同；前者是後者的轉譯。但是，一個命題可以用不同的形式轉譯，其中那一個形式才足以稱為它真正的意義呢？根據實用主義者，它就是命題可以藉之而對人類行為有所應用的那種形式，但是不是在某些特定的情境中或為了某些特定的目標；反之，這個形式可以在每一個情境中、為了每一個目的，最直接地應用到自我控制上。正是因為這點，實用主義者將意義定位在未來的時間中；因為未來的行為是唯一可容自我控制的行為。(*CP*, 5.427)

這種對於未來的強調，以及對於人類經由努力而影響未來的強

調，在詹姆士的思想中表現得更為明顯。他數度引述齊克果的話：「我們的生活是向前的，但是我們的思想卻是向後的。」(*P*, 107)(*ERE*, 121) 這種精神表現在他對真理的看法，而認為真理取決於未來而非過去；表現在他對上帝的看法，而認為上帝不能是萬能的，否則人類的努力沒有意義，人類是上帝的夥伴，大家一起努力使世界變得更好。

第四章 實用主義的方法

詹姆士在《實用主義》第二講〈何謂實用主義〉中強調，基本上實用主義是一種方法，其次它也可以推衍成一種真理理論。「首先，是一種方法；其次，是真理之意義的發生理論。」(*P*, 37) 對詹姆士本人來說，實用主義基本上只是一種方法，這是「實用主義」一詞的本義。方法是用來處理問題的，而詹姆士也的確用這種方法處理過不少問題。在《實用主義》第三講及第四講，我們可以看到實用主義方法的應用實例，像是實體問題、上帝問題、自由意志問題、一元與多元衝突問題等。在《徹底經驗主義論文集》第一章〈意識存在嗎?〉一文中，詹姆士亦應用實用主義方法，由實踐的區別以確定意識的意義，而否定笛卡兒所說的那種心靈或意識。此外，詹姆士也把這種方法應用到真理問題上。一種方法原本可應用到許多問題上而形成其特殊的看法，實用主義這種方法當然亦不例外。真理問題是一個經常引起爭議的哲學問題，將實用主義方法應用在此一問題上，自然形成一種看法、一種對於真理的特殊看法，亦即，實用主義的真理觀。

換言之，對詹姆上來說，做為方法而言的實用主義是其本義，而做為一種真理觀而言的實用主義則屬方法應用所得出的衍伸義。這種方法可應用於真理的問題，而形成一種實用主義的真理觀，當

然亦可應用於其他的問題，例如上帝問題、自由意志問題等，而形成實用主義的上帝觀、實用主義的自由意志觀。如果實用主義的真理觀是「實用主義」一詞的衍伸義，則實用主義的上帝觀、實用主義的自由意志觀也都可算是它的衍伸義。不過，事實的發展是實用主義的真理觀得到最多的注意也引發最多的討論。而詹姆士本人也曾用強調的語氣指出，實用方法的全幅意涵即在於主張真理必須有實際的後果 (*MT*, 204; *P*, 14)。因此，一般在提到實用主義時，甚至就把它理解成一種特殊的真理觀。總之，要對實用主義有比較周延的認識，除了要了解其做為方法的一面，還得特別去了解它在真理問題上的應用。無論如何，詹姆士曾說，他的真理觀是通向其哲學其他部分的鑰匙(*LWJ*, II, 271)。因此，我們本章先討論做為一種方法的實用主義，下一章再專門處理實用主義的真理觀。

一、實用主義的方法

就其方法的層面而言，從實用主義的起源來看，珀爾斯提出實用主義時，就是把它當做一種使我們觀念清楚的方法。在這點上，詹姆士與珀爾斯無異(*P*, 29; *SPP*, 60; *VRE*, 444–445)，他也是如此看待實用主義，而把它當做一種確定概念意義的方法、澄清概念的方法。簡單地說，依詹姆士看來，實用主義方法旨在揭露概念的兌現價值❶，亦即藉由一個概念所可能涉及的實際效果而對它有清楚

---

❶ 詹姆士以一些比喻去描述他的實用方法。「兌現價值」(cash value)即在說明概念所產生的實際效果。又如「賽前上磅重量」(fighting weight)是指去除其多餘的脂肪以及不必要的衣物。凡此皆在表示，我們應該認清概念的真正角色，而不要任意在它身上加上一些不屬於它的意

的認識。雖然詹姆士也自覺到，這種澄清的工作只是一個起點，它並不是一個結論❷，也不能稱得上是一種解決(*P*, 32)。但是他也相

義。詹姆士認為概念的角色主要是在作用方面，他本人對一些概念的分析也是採取這種方式，例如他主張「意識」一詞指的不是對象，而是一種作用 (*ERE*, 3)。他也進一步主張，概念及假設一般皆有助於其所屬系統的運作，此乃其獨特的角色。如此，對於概念的分析即是在澄清並展現此種獨特的角色，亦即明白其在其所屬系統之運作中所擔負的角色。

❷ 柏德認為，詹姆士本人強調實用方法並沒有對任何一個哲學問題提供確定的答案，它只是提供一種技巧，用來指引回答的方向；它給哲學探究加上一些限制，卻不去預想其結論。就這點而言，可以將其關連於其他兩種哲學觀，亦即，反基礎論及整體論。而此二者皆可見於詹姆士的思想中 (Bird, 18)。依基礎論的說法，要建立穩固的知識體系，首要的條件即是要有某種不容撼動的基礎，而後再以某種特定的方法在此基礎上建構其他的知識。如此而建構成的知識體系才是絕對穩固的，也才足以對抗懷疑論的質疑。當然，採取何種基礎可以依循不同的標準，而採取何種方法以建構後續的知識也可以有不同的做法。不過，在西方的哲學傳統中，一般認為這種基礎應該是絕對確定而不容懷疑的，而一般採用的後續建構方式則為演繹法。詹姆士認為，對於懷疑論並沒有最後的回答。他又主張，實用主義的方法比任何基本的信念來得優先。由此可見，他並不贊成基礎論的模式。在詹姆士的哲學中，我們看不到那些基礎論的想法；諸如：承認有某種絕對確定而不容懷疑的命題，並企圖用這種命題做為知識的基礎。反而在其哲學中可以看到類似整體論的說法。他認為，經驗做為一個整體而言，乃是自滿自足而不需要依賴其他任何事物，雖然經驗的某一部分會依靠經驗的其他部分而成其為它如此這般的存在(*MT*, 238)。由此可以看出詹姆士對超經驗者的否定；對他來說，魯一士及布萊德雷所說的絕對者這類超經驗的實在，只不過是形而上的神祕者。就詹姆士的觀點而言，我們各個的經驗部分與其他部分是相互關連的，但是其中沒有任

信，對於某些其他方法永遠不能解決的形上爭論，實用主義是唯一能夠提供解決之道的方法(*P*, 28)。

有許多形而上的爭論所涉及的概念是超乎經驗的範圍之外的，對於這種超經驗者，應該是將其排除在哲學家的爭論之外；事實上，這就是詹姆士徹底經驗論的基本假定。但是把它排除在哲學討論之外，只是表示我們能力的極限，而不是表示它是毫無意義的。我們可以用一種間接的方式去說明其意義，亦即由其實際的效果觀其意義。當我們對某一超經驗者抱持信念之際，它對我們的意義即是它所帶來的實際效果。如果兩個信念所帶來的實際效果沒有任何差異，則我們也無從分別其間的差異；對我們而言，二者在實踐上是相同的，而所有對其差異的爭論都不會有結果(*P*, 28)。

詹姆士相信，這種方法可以應用到許多難解的問題上，幫助我們解決哲學上長久懸而未決的爭議。義大利的實用主義者帕匹尼曾經把實用主義比喻做一條走廊，而許多房間都與它相通。有的房裡在研究神學，有的房裡在祈求信仰，有的在思索物體的本性，有的在探討形上學。每一個房間的人，想要進出，都得利用這條共同的走廊。如此，實用主義被視為各個領域解決難題時的共同方法，而詹姆士頗欣賞此一比喻(*P*, 32)。實用主義是大家共用的走廊，解決不同房間的問題。

詹姆士曾拿他與朋友露營時發生的事做為例子，說明如何運用實用主義的方法來解決難題。當他結束散步返回營區時，發現朋友

何一個部分是絕對超出其他的部分。以詹姆士自己的比喻來說，就像一個拱門一樣，其中的每一部分均支持著其他的部分；又像是馬賽克的拼圖，其中的每一片都對整體的形象提供相當的貢獻 (*ERE*, 52, 86; *P*, 46)。這在在都表現出整體論的傾向。

們正陷入熱烈的爭辯。他們假定有一隻松鼠攀在大樹的一面，還有一個人站在大樹的另一面，這個人要追逐樹上的松鼠，而人與鼠都以相同的速度及方向不停繞著樹跑，以致於二者一直位於樹幹的兩邊。問題是，這個人是否繞過了松鼠？對此問題，朋友們肯定及否定的看法各佔一半，故而要詹姆士表示意見以分勝負。

　　在這種左右為難的情況下，詹姆士想到士林哲學的箴言：「一旦遇到矛盾之處，你必須做出區別。」因此回答說，到底哪一邊對，要看你們所謂「繞過」的實際意義是什麼。如果你的「繞過」意思是說此人從松鼠的北方跑到東方，再跑到南方，再跑到西方，然後又跑回松鼠的北方；則此人顯然是繞過了松鼠。但是，如果你的「繞過」意思是說此人從松鼠的前邊跑到它的右邊，再跑到它的後邊，再跑到它的左邊，最後又跑回它的前邊；則此人顯然是沒有繞過松鼠 (P, 27–28)。一旦做出這個區別，我們即可看出，此處的爭議只是出於雙方對於文字的理解不同，而沒有實質上的差異。一般而言，面對文字上的爭議，只需要把意義釐清，也就沒什麼值得爭論下去了。

　　詹姆士又舉化學家對發酵的不同解釋做為例子 (P, 27–30)。這個例子是說，對於發酵現象有兩種不同的解釋，一種是用小精靈來解釋，一種是用小妖精來解釋。對詹姆士來說，我們在這兩種解釋中看不出有任何實際上的差別，因而其呈顯的對立只是一種幻象。一旦我們認清此點，即可看出此一爭論是無益且不必要的。此外，如果我們並不相信小精靈或小妖精是存在的，則由此二名詞所提供的解釋是空洞的。事實上，對詹姆士而言，所有涉及超經驗者的概念或假設都是空洞的，因此我們也看不出其間有任何實際上的差別。

在上述例子中,詹姆士正是運用實用主義方法來解決爭議❸。

---

❸ 柏德指出,由此處實用方法之應用,我們已可看出其間隱含著一種意義理論。這種理論顯然與珀爾斯的意義論之間有相同之處。但是詹姆士並未明確地提出他的意義理論,而只是這樣去做。柏德認為,這點並不足以否定實用方法的價值;如果我們已經知道某種藥方是有效的,則我們不必因為尚無充分的理論說明其有效性而拒絕使用此藥(Bird, 22)。不過,也有學者認為詹姆士的意義理論已很明白表示出來了,而且,詹姆士哲學的核心是其意義理論。要了解一個觀念即要去設想它在經驗中的可能結果。如此,「我的煙斗滅了」即表示,如果我吸它,不會吸到什麼,如果我用手指放在煙斗頭,也不會燒到等等。在此,這沒有什麼新奇之處。事實上,研究一個觀念的結果當然會有助於對此觀念的了解。新奇的是,珀爾斯及詹姆士認為,一個陳述句的全幅意義即在於這些經驗結果。這樣的做法可以把抽象的討論具體化,亦可清除一些純屬文字上的爭議。依此,「這張桌子恰好一碼長」與「這張桌子不是正好一碼長,不過也非常接近,而沒有任何儀器可以測量到底差多少」這兩句話的意義是相同的,因為這二句的經驗結果是相同的。如此,它們的意義相同,不同的只是文字上的表達而已。如果有人說這屋內有鬼,但是它是看不見、摸不著、聞不到的。在此,有鬼或沒有鬼都不會造成任何經驗的差異,則這句話是沒有意義的。至此,我們考慮的只是語句本身的直接結果而已。不過,詹姆士願意在某些情況下擴大其意義理論。以上帝存在的問題為例,詹姆士認為傳統的證明方式完全失敗,但是另一方面也沒有能證成其不存在。如此一來,不論上帝存在與否,似乎都不會造成經驗上的差異。依照上述的意義理論,上帝存在與否是個沒有意義的問題。但是,對於上帝的信仰的確會造成個人生命中的許多改變,不僅是感受上的,甚至是行為上的。詹姆士相信,對於上帝的信仰會造成個人經驗的差異,因此亦可說上帝存在與否是個有意義的問題。在此,詹姆士以比較廣泛的意思去了解結果的差異。如果一個語句本身不會造成經驗差異,那麼,我們還可以去看對此語句的信念是否會造成差異。此外,詹姆士

詹姆士指出：

> 實用主義方法主要是一個解決形上學爭論的方法，捨此，這
> 些爭論可能無休無止。這個世界是一或是多？是命定的或自
> 由的？是物質的或精神的？這些觀念有的適用於這個世界，
> 有的則否；而對於這些觀念的爭論是無休止的。實用主義方
> 法在這類情況中乃是藉著追究各個觀念各自的實際結果以解
> 釋之。如果是這個觀念而非那個觀念為真，則實際上會對任
> 何人造成什麼差別呢？如果沒有法子追究到任何實際差別，
> 則此二者在實際上意謂著同一回事，而整個爭論是白費力氣。
> (*P*, 28)

　　怎樣運用這種方法呢？簡單來說，當我們面臨二選一的情況時，我們應該先問，選擇此或選擇彼，究竟會造成什麼實際的差別。若是沒有任何差別，則此選擇就沒什麼意義了❹。用這個追究具體結果

將其意義理論應用到真理問題上，而以實用主義的方式分析真理這個字詞的意義。「如果一個語句是真的，它會在經驗中（不論是實際的或可能的）造成何種差異呢？」對詹姆士而言，其差異在於：如果一個人依真的語句行動，則他的期望不會失望；如果他依假的語句行動，則他很可能會失望。如此，真理是行為的良好指導。這就是真理的意義。"Introduction to William James", by Paul Henle, in *Classic American Philosophers*, edited by Max Fisch, pp. 115–127.

❹　賽耶指出，在思想背景上，詹姆士在生理學及醫學的訓練也有助於他之欣賞實用原埋做為實驗操作中的一個已被接受的守則；珀爾斯在此有相似的背景。有一次在《宗教經驗之種種》一書中討論宗教經驗的本性時，詹姆士訴諸他的科學知識：「在生理學中有一條不錯的規則，

的簡單方法去試驗，可以發現許多爭論是沒有意義的。詹姆士確信：

> 任何一處只要「有」差別，就不可能不在它處「造成」差別；
> 抽象真理處的任何一個差別沒有不表現其自身於具體事實的
> 差別中，以及因此事實對某人以某種方式在某時某地所造成
> 的行動差別中。哲學的全部功能應該是去找出，假如這個世
> 界公式或那個世界公式是真的，在我們生活的確定時刻中，
> 將會對你我造成何種確定的差別。(P, 30)

詹姆士曾以強調的語氣表示，實用主義只是一種方法。實用主義本身除了做為一種方法之外，別無主張或學說。為了突顯這點，他更指出，實用主義只是一種態度、心態、思考形態。「實用主義方法所指的，不是任何特殊的結果，而只是一種指導方向的態度。『這種態度是不去看最先的事物、原則、「範疇」、假定的必需者；而去看最後的事物、成果、結果、事實』。」(P, 32)對詹姆士而言，實用主義甚至是某種特殊脾性的表現。以前面提過的兩種脾性來做比較，他指出，實用主義的態度比較接近經驗主義的態度，而且更為徹底。它反對理性主義的態度，因此捨棄貧乏的抽象、文字表面的解決、固定的原則、封閉的系統、獨斷的態度，而贊成具體、事

當我們研究一個器官的意義時，尋找它最獨特而具特色的表現，在它的功能中找一個沒有任何其他器官可能做到的當它的本職。」這種方法可以應用到所有種類的經驗上，甚至可以用來發掘信念、觀念、概念的意義：找尋它最獨特而具特色的表現，這點對詹姆士來說，即是發現它們在實踐中會造成什麼特別的「差異」，可能會造成什麼不同的實踐結果。這樣即發現了意義，也發現了真理(P, xxi–xxii)。

實、行動、力量、開放及可能。詹姆士相信，實用主義這種方法的全面勝利將意味著整個哲學「脾性」的改變，極端的理性主義必會受到摒棄(*P*, 31)。

在詹姆士的著作中，曾數次引用丹麥存在主義哲學家齊克果的話：「我們向前生活，卻向後思考。」這段話對詹姆士的啟示是：我們的生活既然一直往前走，則思考也應該配合著往前思考。「去看最後的事物」，即是去關心未來的結果，而不要固守在過去的歷史中。此外，重視「具體的經驗事實」甚於「抽象的原則」，也是經驗主義向來的基本態度。對經驗主義來說，抽象的原則是由過去個別的經驗事實歸納出來的，更需要受到未來進一步經驗的測試與修正。

以往的形上學經常像巫術或神話那樣採用很原始的方法，以為用一些「字詞」就可以發揮效力或解決問題。不少形上學家以為提出「上帝」、「物質」、「理性」、「絕對者」這些名詞，就解決了形上學的問題。不過，詹姆士指出，實用主義方法則不以此字面的解決為滿足。「你必須發掘出每個字詞在實際上的兌現價值，把它放在你的經驗中運作。」(*P*, 32)如此，理論不再僵硬呆板，它開始有了生命，它能發揮作用，幫助我們向前推進，並且不時地改造自然。

哲學處理的多屬抽象而難以掌握的概念，因此，如何對這些概念有清楚的認識，就成為哲學家必須面對的問題；事實上，西方哲學家自蘇格拉底以來，一直以概念的澄清做為哲學的基本要務。實用主義方法乃是藉由一個概念所可能涉及的實際效果而對它有清楚的認識。詹姆士承認，這種澄清的工作只是一個起點，它並不是一個結論，也不能稱得上是一種解決。但是他也相當自信，對於某些其他方法永遠不能解決的形上爭論，實用主義是唯一能夠提供解決之道的方法❺。接下來就來看實用主義方法應用的實例，看詹姆士

本人示範如何運用實用主義這種「方法」處理一些比較棘手的形上學問題。

二、實體問題

在《實用主義》第三講中，詹姆士首先運用實用主義處理「實體」問題。「實體」與「屬性」是西方哲學的一個古老的區分，這種區分也內藏於語言的結構中，亦即主詞及述詞之分。主詞代表實體，述詞代表屬性。實體一詞的英文是substance，源出拉丁文。sub意指「在下面」，stance意指支撐；整個的意思是指「支撐變化的底座」。變化指的是屬性的改變，依照這種想法，屬性本不能獨立存在，它們必須依附於實體。例如，一朵花的形狀、顏色等屬性不能離開這朵花而獨立存在。花的顏色由淡轉濃、再由濃轉淡，屬性改變了，而我們一般認為，這朵花仍是這朵花。在此，傳統西方哲學家的說法是：在種種屬性的變化之後，必有一個支撐著變化而其本身不變的基礎。

---

❺ 依據當代學者柏德的分析，詹姆士的實用方法有三點相互關連的用途：首先，它有助於澄清含混不清的概念；其次，它可根據假設所可能帶來的實際結果而使我們得以分別或辨識假設；最後，它可使我們擯棄那些毫無實際效果的無用假設。而此三者皆有助於哲學上澄清的工作(Bird, 17)。柏德又說，詹姆士實用方法的應用可分三個層次；最外部的是在處理哲學中的一些特定問題而試圖加以澄清；其次是對意義的說明，諸如對於意義的異同提出某種判準，但是還不足以稱為一套意義理論；最後是對意義的全面說明，或是提出一套意義理論。柏德認為，在第一個層次，詹姆士的說法問題最小，而在第三個層次的問題最大(Bird, 27)。

　　關於這種傳統的實體觀，近代經驗主義的第一位大師洛克早就
指出，我們能夠知道依託在這個基礎（實體）上面的那些性質，但
是對於這個基礎我們一無所知。詹姆士在此主要承襲經驗主義的路
向，而反對傳統哲學對於實體的看法。他用實用主義方法來說明實
體根本是一個空洞的概念：

> 各個實體在此為人所知者(known-as)乃是一組屬性，對我們
> 的實際經驗而言，它們即成為它唯一的兌現價值。在所有情
> 況中，實體都是經由「它們」而展現；如果我們割捨「它們」，
> 我們就永遠不能察覺它的存在；而且，如果上帝持續以不變
> 的次序將它們傳送給我們，另一方面卻在某一時刻神奇地除
> 去支持它們的實體，則我們絕不可能察覺到這個時刻，因為
> 我們的經驗本身並未有任何更改。(P, 46)

　　這表示，對我們來說，實際上能為人所知的即是屬性，而且只
有屬性能為吾人得知；如果說這些屬性背後還有什麼東西，也不是
我們能夠知道的。換言之，有實體或沒有實體，就我們對於事物的
認識而言，根本沒有造成任何差別。因此，實體根本是一個空洞的
概念。它頂多只是表示一件事實，亦即有某些屬性結合在一起。「在
此事實後面，沒有東西。」(P, 46)也就是說，實體不存在。
　　簡單說來，洛克對傳統實體觀的批判，就是在質疑實體及屬性
的分別，也可說是在質問：如果屬性是我們唯一能夠感受到的東西，
而實體不能被我們察覺，那麼，我們是否仍然需要實體觀念來支持
或解釋屬性在我們經驗中的聚合？
　　傳統實體觀並未因洛克的批判而消聲匿跡，事實上，它在近代

哲學之父笛卡兒的哲學體系建構中，佔了極為關鍵的地位，因而也對近代哲學造成深遠的影響。笛卡兒以心物二元論為其哲學體系，心代表精神實體，物代表物質實體，二者是萬事萬物的終極底據。這種心與物的傳統分別，反映西方人一種根深蒂固的思維方式；一般用語就有精神世界與物質世界的區分，哲學界更為了唯心論及唯物論而爭辯了幾個世紀。

承襲洛克的路向，近代經驗主義的第二位大師柏克萊展開對於物質實體的批判，依詹姆士看來，這也是實用主義方法的應用實例。士林哲學認為物質實體是在外在世界後面的更為真實的支持者，非吾人所能觸及。柏克萊並未否認外在世界或物質的存在，而只是指出它的實質意義。物質即是為吾人所知的顏色、形狀、軟硬等感覺，這些感覺即是它的兌現價值，也是它唯一的意義(P, 47)。

簡單說來，柏克萊對物質實體的批判，就是在質疑物質實體及感覺的分別，也就是在質問：如果感覺是我們所能觸及的，而物質實體是我們無法觸及的，那麼，我們是否仍需要物質實體這種空洞而抽象的概念來支持或解釋這些感覺？

詹姆士指出，洛克及其後的休姆也曾運用實用主義的方法批判精神實體，並以洛克對人格同一性的說明為例(P, 47)。人格同一性是西方哲學的傳統問題，它關心的是，使我之所以為我者是什麼？我的衣著改變了風格，我仍然是我自己；我的體態改變，我仍然是我自己；我的社會地位改變，我仍然是我自己；我的性情改變，我仍然是我自己。然而，什麼東西改變才使我不再是我？換言之，使我之所以為我的本質何在？

對此問題的傳統答案是「靈魂」或「心靈」；依此，一個人即使換了一個身體、樣貌，即使換了整個過去的經歷、記憶、性格，

只要他的靈魂不變，他就仍然是他。洛克並不贊同這種說法。他不用靈魂說明，而把人格同一的意義等同於一種感受，意即，在生命的某一時刻中，我們記得其他的時刻，並感到它們都是同一個人一生歷史的各個部分。簡言之，人格同一的實際意義即在於我們感到我們有一個連貫而熟悉的經驗之流。如此，靈魂這個實體似乎只是用來指稱這種經驗之流的一個多餘的別名而已(*P*, 48)。

三、實用主義對實體問題應用之評估

當代學者柏德 (Graham Bird) 針對詹姆士應用實用主義討論實體問題，做了相當詳細的分析(Bird, 22ff)。柏德指出，詹姆士把傳統上對於實體的爭論分成四個問題：一、在實體及屬性的分別之下，我們是否需要實體觀念以支持或解釋屬性在我們經驗中的聚合。二、在物質實體及感覺的分別之下，如果物質實體是我們無法觸及的，我們是否仍需要它來支持或解釋這些感覺。三、在靈魂實體及經驗之流的分別下，前者究竟是對吾人意識之增加，抑或只是對吾人內在經驗中的可驗證聚合之別名。四、在唯物論及唯心論的分別之下，我們究竟應該接受那一種說法。前者以為物理法則支配整個宇宙，心靈亦不例外。後者則承認心靈至少在某些狀況中能夠支配現象。

詹姆士使用實用方法將複雜的實體問題分解成四個相互關連而需分別處理的問題，同樣的，他在處理一元與多元的對立時，也將之分為八個問題；凡此皆為澄清概念的初步工作，這點是相當重要的，因為若是沒有初步工作的成功而逕行爭論，則會徒增混亂。詹姆士以洛克及柏克萊之間的爭論為例，以說明許多傳統的爭論即因未能認清實體問題的不同層面而失敗。他指出柏克萊未能分別第

一個及第二個問題。（不過，詹姆士稱讚柏克萊之反對不可經驗的物質實體乃是實用主義方法的運用。）

在區分實體問題的不同層面上，詹姆士是有貢獻的，但是他本人的正面主張則不明顯。他的結論可以只是消極地反對超驗者的訴求，也可以是積極地主張某些實體觀念能歸約成與它相對比的觀念。以第一個問題為例，詹姆士可以消極地反對「赤裸的」實體這種觀念，亦即不同意有所謂完全脫離屬性而獨存的實體。他也可以積極地主張，實體這種觀念可以化約成一組屬性觀念。

其次，詹姆士本人的興趣主要集中於上述第四個問題，而他之說前三者只是為第四個問題的討論鋪路。他指出，無論我們接受唯心論或唯物論，這對過去並不會造成任何差異，而只會對未來造成差異。在他心目中，唯心論與唯物論的究極差別在於是否承認上帝的存在。對詹姆士而言，這兩種對立的假設都可恰當地解釋過去，也具有同樣分量的經驗證據；因此，其間的取捨必須訴諸未來。他認為，唯物論的說法表示對人類價值不抱希望，而唯心論則是一種有所承諾的說法。如此一來，形上學的問題一轉而為價值的問題。由於詹姆士認為這兩種假設有同等分量的經驗證據，因而他不視之為認知上真與假的問題，而視之為情感上希望與失望的問題。由此我們可以看出，詹姆士何以在其真理論及信念論中主張，認知上的考慮及情感上的考慮可以合法地決定某一信念的真假以及我們對於它的接受與否，而且情感上的考慮可以決定其意義。

詹姆士在上述的說明中是以是否承認上帝存在做為唯心論與唯物論的究極區分，但此二說法亦可用於人類意識之解釋。在此，我們必須考慮認知上的問題，而且即使二者皆無法滿足認知上的考慮，我們也很難看出其間有任何價值上的差異。而即使人的意識完

全是由物理法則所支配，這也不排斥上帝存在的可能。此外，就詹姆士之主張情感上的考慮可以決定吾人對假設之接受與否，乃相關於他在《相信之意志》一書中的主張。而就其主張情感上的考慮可以決定假設之意義，則面臨一些困難。因為有人會說，假設所附帶的希望及失望的問題不能成其意義的一部分。（如果依弗列格的分析，意義有三種成分，前二種是客觀的意涵及指涉，最後則是主觀的意味。）其理由是，每人對假設的反應可能不同。詹姆士也承認可能有人會由唯物論的假設得到快樂，可能有人對上述二種的反應並無差異。

在此，柏德提出兩點質疑。第一個問題是個人對語言的反應以及語言本身的關係，第二個問題是一個語句的本義及其情感意義的關係(Bird, 26)。第一個問題還不算麻煩，事實上，它也是某種型態的意義論共同的問題。我們通常區分語文表式的意義以及個人對這些意義的掌握，我們也很自然地認為前者以某種方式依靠於後者，甚至可以依某種方式由後者建構而成。因為我們很難想像語文表式的意義是完全獨立於語文使用者的語言習慣。任何對於自然語言之表式意義的恰當說明，必須去解釋這些不同的要求。不過，這並不是詹姆士單獨面對的問題，而是語言哲學共同面對的問題。但是，第二個問題則是詹姆士必須獨自面對的問題。我們在直覺上可以明白，我們對假設的情感反應可能事前即已依靠於我們先前對這些假設的了解。我們對某一假設要做任何情感上的反應，必先預設我們對此假設的意義有所了解。在此似乎表示本義與情感意義的區分。以弗列格的分別來說，詹姆士似乎弄混了 "sense" 及 "tone" 的分別。不過，即使如此，詹姆士仍然可以說，對於假設的接受與否，我們除了認知的理由之外，還是可以基於情感的理由做出決定。但是我

們仍然不能確定詹姆士是強烈的主張，這些情感的反應永遠是那些假設的意義的一部分，或只是在主張，至少在某些狀況人有可能把這種情感的反應當做其意義的一部分(Bird, 27)。

四、唯物論及有神論之爭

接著我們來看詹姆士如何以唯物論及有神論之爭來說明實用主義方法的應用。他首先提醒：「若就世界的『過去』而言，不論我們認為它是物質造成的或認為它是神聖精神造就的，根本沒有任何差別。」(*P*, 50)詹姆士比喻說，當戲演完、幕也落下之後，再來談論劇本的作者是天才或笨蛋，並不能使這場戲增加或減少一絲光輝。

> 因此，如果從我們的假設推衍不出未來在經驗上或行為上的細節，則唯物論及有神論之間的爭論變得十分空洞而無意義。物質及上帝在此恰巧意味著相同的東西，亦即，恰恰是足以造就這個已完成世界的力量。(*P*, 50)

然而，事實上，眼前的世界是未完成的，它還在發展中。在這個未完成的世界裡，選擇唯物論或選擇有神論，會造成實際結果的差異。詹姆士說：「哲學亦是前瞻性的，在發現世界原先是什麼狀態、如何造成、產生什麼之後，它還要進一步追問：『這個世界「承諾」什麼?』」他又說：「以回溯的路向去看待而毫無差別的有神論及唯物論，我們若以前瞻的路向去看待，則指向完全不同的經驗景觀。」(*P*, 53)因此，此處的選擇是非常實際的。

如果我們望著遙遠的未來，關心著世界終局這類玄遠的問題，

那麼，科學似乎已經告訴我們，整個宇宙萬事萬物最後的未來終點都是死亡及悲劇，物質的定律並非導向完美。詹姆士引用一位英國哲學家包福的話來描繪科學所預測的宇宙最後狀態：

> 我們系統的能量將會衰退，太陽的光輝將會暗淡，而靜止無力的地球將不再收容曾經打破它一段孤寂的族類。人將墜入深淵，他所有的思想都會消逝。……物質不再知道它自己。「永不磨滅的功績」、「不朽的勳業」、死亡本身、以及比死亡更強的愛，都將變得好像從未存在過。人類曾經費盡無數年代才達成的一切努力、天才、忠誠、艱苦，都無所謂好壞可說了。(*P*, 54)

詹姆士指出：

> 這種徹底的最終的破裂及悲劇即表現目前所了解的科學唯物論的本質。在我們所能確定看到的唯一演化週期之中，較低的而非較高的力量才是永恆的力量或最後存在的力量。(*P*, 54)

換言之，詹姆士反對唯物論的理由不是積極的而是消極的。他不是反對它所是的，而是反對它所不是的；唯物論「不是吾人更為理想的興趣的永久保證，不是吾人最為遙遠的希望的滿足者。」(*P*, 55)

　　上帝概念雖然不如數學概念清晰，卻有一個實踐上的優點，亦即它保證一個理想的秩序將會永久保存。上帝不會忘記舊有的理想，一定會讓它們在別處實現。在有上帝的地方，

悲劇只是暫時的、局部的，而毀滅及分解不是絕對的最終事物。這種對永恆道德秩序的需求，是我們內心最深刻的需求之一。像但丁及渥茲華斯那樣的詩人，他們憑著對這種秩序的信念而活，他們的詩句才能有非凡的振奮力以及安慰人心的力量。……唯物論只是意味著否定道德秩序是永恆的，並割斷終極的希望；唯心論意味著肯定永恆的道德秩序，並充滿希望。(P, 55)

詹姆士說：「我自己相信，上帝存在的證據主要在於內在的個人經驗。」(P, 56)當個人的內在經驗使你相信上帝之後，你至少可以得到道德假期。當然，上帝這個真理也要與我們接受的其他真理相互磨盪，受到其他真理的考驗。只有等其他真理全都顯露之後，我們對於上帝的最後意見才能確定。在此之前，只希望它們會找出暫時相安無事之道。

五、自然界的設計問題

詹姆士亦用實用主義方法處理自然界的設計問題，亦即對於上帝存在的設計論證。西方哲學自中世紀以來就承擔著一個艱鉅的任務，即是要去證明上帝的存在。中世紀的西方人，一方面接受希伯來的宗教，另一方面傳承著希臘的哲學；前者以信仰為中心，後者以理性為中心。於是，如何調和理性與信仰，就成為中世紀哲學的重要課題。

上帝原本是信仰的對象，但是為了要調和理性與信仰，不少中

世紀的哲學家費盡心力，設法用理性的論證方式去證明他們信仰的對象是存在的。如此，上帝存在問題成了此後西方哲學的一個基本問題，在西方哲學史中也出現過各式各樣的上帝存在論證。

設計論證是一種證明上帝存在的論證。它先指出自然界中存在種種巧妙的設計，例如源自胚胎的眼睛及源自太陽的光線，乃是為了讓我們看見東西。其次，再證明上帝是個愛人類的設計者。不過，達爾文演化論使這種說法變得沒有說服力。根據演化論，目前各種條件的若合符節可以是出於長時間相互適應而演化成的，而在自然演化的過程，也出現許多因為不適應而被淘汰的浪費。如果這一切都是由一位設計者在操縱，則他不是善良的，而毋寧是邪惡的。詹姆士指出，善良或邪惡，在此完全視乎觀點而定。對啄木鳥來說，牠的尖嘴、長舌、有力的爪是良好的設計，但對躲在木頭中的蟲來說，這些致命威脅的設計者真是壞透了(*P*, 56)。

詹姆士指出，從實用主義來看，「設計」這個抽象名詞本身是空洞的，它無法產生任何後果，也不能解決任何問題(*P*, 58)。有沒有設計？有沒有設計者？是無謂的爭議。真正重大的問題在於：什麼樣的設計？什麼樣的設計者？要回答這個問題，唯一的方法即是研究自然界所呈現的各項事實。不過，在沒有得到最後的答案之前，相信設計者論證的人也可以由「設計」一詞得到某種實用主義的好處。這種好處如同相信「上帝」、「絕對者」這些名詞一樣，它代表一種「承諾」，使我們對於未來更有信心。

詹姆士說：

　　如果支配事物的不是一種盲目的力量，而是一種明智的力量，
　　則我們有理由期盼更好的結果。這種對於未來的一種朦朧的

　　信任，是目前在設計及設計者這兩個詞語中所唯一透顯出的
實用主義意義。但是，如果宇宙信任是對的而非錯的，是更
好的而非更壞的，則那就是一個最重要的意義。如此，這些
詞語中至少含有那樣多的可能「真理」。(*P*, 59)

六、自由意志的問題

　　詹姆士又以實用主義方法處理自由意志的問題。在西方哲學
中，自由意志(free will)及決定論(determinism)是一組對立的概念。
支持自由意志存在的人主張：人類能夠依照自身的意志而抉擇與行
動。決定論者則主張：宇宙中的一切皆受到因果律的支配，個人的
行為亦不例外；今日之所以有如此的結果，乃是由以前種種原因決
定的，故而萬事萬物都已被決定了。

　　對於這兩種想法，有的哲學家認為它們可以相容，亦即，我們
的行為雖然是被決定的，但仍有自由意志可言，只要我們把自由意
志也當做決定因素之一考慮進來，就可以了。不過，也有不少哲學
家認為它們是不能相容的，因而各執一邊，有的否定決定論而支持
自由意志，有的贊成決定論而否認自由意志。

　　詹姆士指出，一般人比較傾向於支持自由意志，他們的理由大
體是根據理性主義提出的說法。對他們而言，自由意志代表人的一
種正面的能力，它是一種價值，有了自由意志好像能夠增加人的尊
嚴；因此，他們為了自身的尊嚴而願意相信自己有自由意志。反過
來看，決定論則意味著否定人的這種能力與價值，它抹煞了人的價
值，使人成為宇宙中微不足道的存在；因此，為了自身的尊嚴，大
多數人不願意接受決定論(*P*, 59)。

　　除了這種情感的理由之外，自由意志與決定論的對立之所以引起人們的注意，乃是由於其間涉及責任的問題；許多哲學家正是基於此一考慮而支持自由意志的存在。自由意志問題牽連著責任問題，而責任問題牽連著賞罰問題。

　　支持自由意志的哲學家認為：如果我們的行為是預先就被決定的，那麼，我們為什麼要為我們的行為負責任呢？我們又有什麼理由要為我們的行為接受讚揚或懲罰呢？畢竟，有自由意志，才有責任可言，而唯有當責任歸屬確定後，賞罰才有恰當的對象。

　　詹姆士堅決支持自由意志，但是他支持的理由不是為了釐清責任的歸屬，也不是為了找出賞罰的對象。他認為，如果只是為了賞罰有據，實在沒有必要繞這麼一個大圈子。事實上，一個人做了好事，我們就應該讚揚他，做了壞事，就應該受到譴責；這是理所當然的事(P, 60)。

　　在自由意志的問題上，詹姆士不關心是否應該對某人施加賞罰的問題，而關心自由意志的信念會給人們帶來什麼樣的效果。換言之，實用主義在此問題上，再度表現它的特色，它著重的是「未來」，而不是「過去」。

　　從實用主義來看，自由意志的意義在指世界中有新事物。儘管自然中有大致的齊一性，類似的經驗在過去如此，在未來也八九不離十。但是，我們依然有權期望未來不會一成不變地重複過去，不論是表面的或深層的。反之，決定論的意義在於否定未來的可塑性。對決定論者來說，相信可能性乃是出於人類的愚昧，「世界的命運全是受必然性和不可能性所支配的。」(P, 60)

　　承認自由意志就是承認未來有改善的可能，因此，自由意志論是一種淑世主義(meliorism)，它主張改進至少是可能的，而我們對

未來可以抱持希望。由此可見，自由意志像絕對者、上帝、設計等詞語一樣，是帶有「承諾」的宇宙觀(*P*, 61)。

如果世界已經是完美幸福的樂土，我們可以在其中坐享其成、安逸無憂，那麼，自由意志這類抽象詞語沒有一個具有任何實質的內容，它們沒有一個能夠提供我們任何圖像，它們沒有一個帶有一點點的實用主義價值。事實上，那時我們會滿足於安適愉悅的情感中，而根本不會對這些玄思有任何興趣。

詹姆士指出:「我們對於宗教形上學的興趣出自於我們對經驗的未來感到不安全，而需要某種更高的保證。」人類之所以思考自由意志的問題，乃是因為人類活在一個不完美、不確定的世界中，人們希望有更安定的未來，而這個希望也需要得到更明確的保證。「因此，自由意志除非是一種『解救』(relief)的學說，否則沒有任何意義。正因如此，它與其他宗教學說一樣有其地位。」(*P*, 61)

承諾、希望、未來，都不是現階段的感官經驗所能接觸到的，也不是由感官經驗提供的。「我們的心靈，關在感官經驗的院落中，總是對著高塔上的知性說：『守望者，如果承諾在晚上來臨，請告訴我們。』而知性則把這些承諾的詞語提供給它。」(*P*, 61)

詹姆士強調：「上帝、自由意志、設計等詞語，除了這種實際的意義之外，別無意義。」(*P*, 61)若是用文字定義的方式去說這些詞語，例如說上帝是實在的、自存的、必然的、唯一的、完美的、永恆的，在這些形容詞堆砌成的華麗外衣之下，毫無積極的意義。唯有用實用主義的方式，才能使這些詞語具有真正的意義。

由以上的說明，我們可以看出，實用主義絕不像人們所責備地那樣把眼光侷限在當前的實際處，而是同時放眼於世界最遙遠的前景。在處理上述那些究極問題上，理性主義是向後看著原則、向後

看著認識論上的自我、上帝、因果原則、設計者、自由意志，把它們本身視為尊貴的、超脫於事實之上。實用主義則轉移其重點而向前看著事實本身。

　　詹姆士指出，對我們真正重大的問題是：「這個世界未來會變成什麼樣子？生命究竟要把自己變成什麼樣子？」因此，實用主義認為：設計、上帝、自由意志這類詞語「唯一的意義是使我們對於世界的結局有一個更好的希望。不管它們是真是假，它們的意義就是這個淑世主義。」(*P*, 62)

第五章　實用主義的真理觀

詹姆士曾強調實用主義只是一種方法，此乃「實用主義」一詞之本義。不過，他也指出，「實用主義」一詞後來也發展出一種更廣的意義，即指某種真理理論。實用主義的真理觀是實用主義方法在真理問題上的應用，對詹姆士而言，這種應用有下列幾點作用。首先，這種應用正可以展現實用主義的方法對我們熟悉的問題所能產生的實際效果 (*P*, 33)。事實上，依前面的說明可知，詹姆士曾運用這種方法處理過其他的問題，也展現了相當的效果。因此，這點不過是實用方法的一般作用，除此之外，詹姆士之所以發展實用主義的真理理論，還有兩點特殊的作用。一則是，詹姆士宣稱實用主義的真理觀對推廣徹底經驗論而言有極度的重要性(*MT*, 6)。另一則是，詹姆士宣稱他的真理觀是通向他哲學其餘部分的鑰匙 (*LWJ*, II, 271)。由此可見，實用主義的真理觀在詹姆士的哲學體系內佔有相當重要的地位。不僅如此，這種真理觀在哲學史上亦有其地位，尤其與西方傳統的真理觀比較起來，更顯得相當獨特。因此，在進入正題之前，我們應該先略述西方哲學對真理的一般說法。

一、有關真理的一般說法

真理問題，歷來是西方哲學家關切的焦點。「哲學」一詞，就其希臘文原義而言，指的乃是「愛智之學」，這也可以看做是對於真理的追求。亞里斯多德甚至說過：「吾愛吾師，但吾更愛真理。」這種對於真理的追求也是大多數西方哲學家一生從事思想研究的內在動力。人類為什麼要追求真理？對這個問題，可以有不同的答案。甚至，對某些哲學家來說，這個問題是不恰當的。在他們看來，真理是一種終極的價值；我們是為了真理本身而追求真理，並不是為了其他的目的而追求真理。依這種看法，我們無法對我們之追求真理提出任何其他的理由加以解釋❶。

我們姑且不去追問人類為何追求真理，但是我們至少可以根據這種追求之事實而說，真理代表人類心目中一種值得追求的、有價值的東西。不過，它的意思很廣，也被應用到不同的領域中。英文中的「truth」是個多義字❷，依字典的用法，其意義大致如下：一、

---

❶ 詹姆士並不贊同這種說法。簡言之，他認為人之所以追求真理乃是因為它是有用的。後面會提到這種看法，也可看到詹姆士如何由此而界定真理之本性。

❷ 困擾哲學家的許多重要字詞，例如真、善、美、意義等，之所以會如此難纏，就是因為它們承擔太多的功能，換言之，它們每一個都是多義字，而歷來的錯誤即在於把它們看成單義字。我的看法是，如果我們把它們各自所具有的多種意義（由此亦表示其擔負的多種功能或作用）分解出來，即可對這些概念有比較清楚的了解。例如，「真」可表示「真誠」、「合乎事實」、「合乎規則」、「正確」等等意思。「真理」有時不見得只是指「這裡有一張桌子」、「二加二等於四」這類命題，

為真者或真的事實，例如「我發誓說出真相」，又如「科學真理能造福社會」。二、為真的狀態或性質，例如「他說的消息是真的」。三、真誠，例如「他沒有對你表達真的友誼」。在此，「truth」一字有知識層面的意涵，上述第一義及第二義屬之；亦有道德層面的意涵，上述第三義屬之。不過，就知識層面說之，應該是其本義，這也是西方哲學家使用這個字詞時的主要著眼點。因此，在下述的討論中，我們對這個字詞的了解將僅限於上述第一義及第二義 ❸。在這個脈絡裡，中文譯名一般總是籠統地以「真理」一詞對等於「truth」，然而，就中文的字義來說，「真理」一詞比較貼近上述英文「truth」的第一義，而不適合指第二義，第二義倒是比較適合譯為「真性」或簡稱為

　　它有時還要求指涉那些所謂的宇宙人生的最高原則，這些原則經常是無法驗證的，因此只能看它是否有啟發性或建設性，在這層意義上，真的也就是有用的、令人滿意的。

❸　如此處所述，「truth」一字在英文中有三義，分別表示「真理」、「真性」、及「真誠」。西方的哲學家在談真時，主要關懷前二義；中國哲學家則顯然較為關懷真的第三義。在此，我們可以看出，西方哲學在思考真理問題時，在脈絡上以知識論為主，在使用上以一種抽象性質為主。這兩點都與我們中文的使用習慣不甚契合，也造成我們用中文去理解西方真理觀的困難。事實上，傳統中國哲學家對於上述意義的真理問題不大感興趣。中國哲學講的真，往往是由真誠、真心、真性情等處來談；換言之，是就行為的實踐處來談，而不是就觀念或命題本身之真來談。簡單來說，西方的求真精神目的在於增加知識，中國若是也有其特殊形態的求真精神，則其目的在於增進德性。不過，究極而言，知識論上的真與道德上的真亦非完全異質的，西方的大哲學家，諸如柏拉圖、多瑪斯、康德、珀爾斯等人，都意識到這方面的問題，中國大哲學家牟宗三先生晚年苦心撰寫「真美善的分別說與合一說」，亦是有見於此。

「真」。

在哲學上，「真理」這個字詞的應用亦很廣，它被應用到知識論、形上學、價值論、甚至人生哲學等方面。因此，當西方哲學家使用「真理」一詞時，我們應該先去分辨他們說話的脈絡究竟屬於什麼領域。就西方哲學的歷史來看，他們最常由知識論的脈絡來談真理問題，而把「truth」一字在不同的場合分別當做真性或真的觀念來使用；詹姆士也是如此。我們以下的討論亦以知識論的脈絡為主。

真與假是相對的，不論是中文或英文，真假均表示某種評價詞語；真為一種正價值，假為一種負價值。任何事物，無論是物品、事件、信念、觀念，或是語句、命題，就其本身而言，並無所謂真假，而只有存在或不存在的問題。唯有當事物與它自身之外者有所關連或比較之際，才可能出現真假的評價。例如：一個信念，就其本身而言，無所謂真假，只有當它與某種事實比較時才有真假。一幅繪畫，就其本身而言，無所謂真假，只有當它意圖與另外的事物（某一位畫家或某一幅名畫）發生關聯時才有真假。一個語句，就其本身而言，無所謂真假，只有當它指涉某種具體情境時才有真假。有的哲學家認為，真假發生於我們的思想與思想對象之間的關聯上，並認為真假是吾人思想的性質。這種局限於知識論範圍的講法並不周全。事實上，真假可應用到思想、信念、語言，亦可應用到具體事物、對象。如此一來，真假不僅發生於思想與對象的關聯中，亦可發生於思想與思想的關聯中、對象與對象的關聯中。

不過，在目前以知識論為主的討論中，我們談的不是對象的真假，諸如：真的朋友、真的感情、真跡、真畫、真錶等等，而是在談命題的真假❹。因此，「真錶」一詞或錶的真假並不是此中關切的

主題，唯有「這是一隻真錶」這句話的真假才是討論的主題。在知
識論的考慮中，乃是將真假的區分應用到語句或命題上。而且，「他
真的是一位真的朋友」或「這真的是一隻真錶」，亦可表達成
「『他是一位真的朋友』這句話是真的」或「『這是一隻真錶』這句
話是真的」；　如此，亦是將真假的區分用到一個語句或命題上。在
此，「真理」意謂著「真的語句」。　當然，「真理」也可指「真的信
念」。「信念」是人類對實在界的一些「觀念」、「想法」、「理論」，當
這些信念用語言文字的形式表達出來時，就成為一些「語句」、「判

---

❹　此處對於「語句」(sentence)、「命題」(proposition)、「陳述」(statement)
　三者並未做出嚴格的區分。其實，在西方現代哲學中，雖然沒有對這
　些詞語的使用達成共識，但是至少同意其間存在三個不同的層面。原
　則上，「語句」是由一群字詞依循文法規則組合而成，並且能夠用來
　表意。依此，「達爾文是一位著名的生物學家」是一個語句，「位是一
　達爾文生物的學家著名」則否。其次，「臺北比臺中大」與「臺中比
　臺北小」是兩個不同的語句，因為其中字詞出現的順序不同，而且有
　著不同的字詞。但是，對於關心意義問題的哲學家來說，一個語句由
　那些字詞組成或依循那些文法規則，並不是他關心的重點；他關心的
　是語句表達的意思。我們姑且把一個語句所表達的意義稱為「命題」。
　如此，我們可以說，「臺北比臺中大」與「臺中比臺北小」這兩個不
　同的語句表了相同的命題。同理，「達爾文是一位著名的生物學家」
　與「Darwin is a famous biologist」這兩個不同的語句亦表達了相同的
　命題。最後要提醒一點，語句本身無所謂真假，語句唯有被使用在具
　體的情境時才有真假可言。例如，「我是中國人」是一個語句，它也
　表達一個命題，但是這句話並無真假可言，因為它的真假尚未決定。
　這句話是真或是假，要看誰來使用它。英哲羅素使用它，就是假的；
　我來使用它，就是真的。同理，「今天天氣很好」這句話的真假要看
　它在何時何地被使用。我們姑且把一個被使用於具體情境而有真假可
　言的語句稱為「陳述」，這一層面是討論真假問題的哲學家所關心的。

斷」、「命題」。 實在界本身沒有真假可言，人類對實在界的信念才可能有真假之分。真的信念被稱為真理，同樣的，真理也可以指真的觀念、想法、理論，或真的語句、判斷、命題等等。

知識論研究的是知識本身，也反映人對知識的重視。事實上，人不僅想要得到知識，更希望自己得到的知識不是錯的；因此，「真理」一直成為人類所欽羨與追求的對象，也是西方傳統知識論的重要課題。然而，什麼是真理呢？我們怎麼知道自己得到的是不是真理呢？我們如何才能得到真理呢？這三個問題分別涉及三方面的課題：真理的「定義」、真理的「判準」、獲得真理的「方法」。最後一個課題屬於方法論專門處理的領域，一般的真理理論則專注於前兩個課題；實用主義的真理觀亦不例外，尤以第一個課題為主❺。

---

❺ 詹姆士曾說，他對真理的說明是「純屬邏輯上的並僅僅關連於其定義」(*MT*, 120)。不過，事實上，詹姆士關於真理的說法也有可能用來當做真理的判準。當代學者柏德指出，儘管真理的定義及真理的判準這類區分值得注意，可是它們之間的分別並不是很清楚的，甚至當它們有清楚的分別時，我們仍然可以懷疑其間的區分是否太過簡化或人工化。柏德認為詹姆士很可能即是採取這種懷疑的態度來看傳統的真理理論(Bird, 35)。此外，柏德認為詹姆士故意不去管傳統上對於真理理論的類型區分，而非出於疏忽。首先，他對真理的說明可以接受事實這個觀念，但是將之視為信念之間的某些融貫關係的衍生物；如此而填補了傳統上對應論及融貫論之間的鴻溝。其次，詹姆士原先將其真理論說成是對於真理之意義的起源說明。但是一般在哲學上均以對某一現象的起源說明對比於對某一字詞的意義說明，因而他的說法需要有一番解釋。尤其是他也說他是在提出真理的定義而不是判準，又曾說他的工作是邏輯上的而非心理學上的，這些更需要解釋。這些說法固然表示詹姆士說法之有待澄清，但也顯示他刻意地擺脫哲學的傳統說法(Bird, 36–37)。

　　在西方哲學史中，出現過下述幾種重要的真理理論：對應論的真理觀(the correspondence theory of truth)、融貫論的真理觀(the coherence theory of truth)、實用主義的真理觀(the pragmatic theory of truth)、語意論的真理觀(the semantic theory of truth)、表態論的真理觀(the performative theory of truth)。最主要的仍屬前三種真理觀；其中最常見、也最早出現的說法就是對應論。

　　依對應論的講法，如果一個語句對應於一個事實、或者它表示的是實際的情況、或者它所指涉的事態是存在的，則它是真的。舉例來說，如果現在此處確實在下雨，則「現在此處正在下雨」這句話是真的；否則，它就是假的。用最簡單的方式來表達對應論的想法，其實就是一句話：「合乎事實的就是真的」。然而，事實與真的語句之間的這種對應關係的本性究竟如何，不同的哲學家有不同的說法，有的甚至沒有任何進一步的說明。若是根據羅素在《哲學問題》中的說法，對應意謂著事實構成要素與語句構成要素的等同。

　　對應論是最合乎常識的說法，對一般人來說，「合乎事實的即是真的」這種講法，聽起來最順理成章。它也是最早出現的說法，在西方哲學史上，早期的思想家大多同意這種真理觀。在柏拉圖的《對話錄》中即可看到對應論的雛型，在亞里斯多德的著作中亦可看到對應論的明確表達，即依事實之狀況而判定語句的真假。中世紀的士林哲學家一般都贊同對應論，近代的笛卡兒與洛克皆接受對應論，當代的羅素、謨爾、維根斯坦及奧斯汀亦支持對應論。謨爾在一九一〇年至一九一一年發表一系列的文章討論真理的對應論，其中首度將真假視為「命題」的性質。他認為，就本義而言，命題或相信的內容可說真假；就引申義而言，相信的活動及語句亦可說真假。

　　對應論最合乎一般的想法，也可應用到我們對於當前感官經驗的信念。但是，它很難說明我們對於歷史事件的信念，也很難說明我們對於形式科學的信念。例如，數學中對於無理數的運算對應什麼事實呢？邏輯中的同一律對應什麼事實呢？這些都是對應論難以回答的問題。因此，近代出現融貫論試圖解決這方面的困難。

　　相對而言，融貫論比較晚出，也與常識有一段距離。融貫論在柏拉圖的思想中可以找到一些影子，在近代的洛克思想中也有部分跡象，不過，這種理論主要是由十九世紀的觀念論者提出的。事實上，他們也是第一批認真地質疑傳統對應論的哲學家，更因此而掀起當代對真理問題熱烈討論的風潮。他們認為，融貫是唯一可行的真理判準。所謂的融貫，是一種觀念之間的邏輯關係，它必須滿足兩個條件，首先是觀念彼此之間不相互矛盾，其次是彼此可以相互推衍出來。依融貫論的主張，真理不是觀念與實在之間的關係，而是觀念與觀念之間的關係；因為我們無法脫離我們對於實在的觀念而去掌握實在本身。換言之，我們無法在觀念與非觀念的實在之間建立對應關係，唯有觀念之間的融貫關係才能被建立。

　　依融貫論的說法，如果一個語句與那些已經被接受為真的語句能夠相互融貫，則它是真的。主張融貫論的學者往往以數學（尤其是幾何學）做為真理的模型。依他們看來，知識即是一套在邏輯上相互關聯的真理體系，而個別的真理即是此體系中的一員。根據當代融貫論的代表人物布蘭夏(Brand Blanshard)在《真理之本性》的說法，在這樣的整體內，每一個成員與其他所有的成員都是相互涵蘊、互為必需。如此，嚴格說來，唯有那個唯一的、絕對的融貫整體才能具備整全的真理，而各個命題僅能依其與整體的關聯而分享某種程度的真理。換言之，個別真理只是部分的真理。依十九世紀

英國的絕對觀念論者布萊德雷看來，所有這些相互融貫的個別真理聚合成為一個無所不包的大真理，這是真理本身，亦即絕對者，一切個別的真理皆由之而存在，亦由之而邏輯地導出。宇宙中的一切現象皆是必然地由此絕對者發展出來，並且依邏輯的必然性而相互關聯。在此，真理不只具有知識論的意涵，更有形上學的意涵。

最後，依實用主義的真理觀，簡單地說，如果一個命題是有效的或是能滿足的，則它是真的。不過，不同的哲學家對此處所說的有效或滿足卻有不同的說法。珀爾斯是實用主義的創立者，不過，一般所說的實用主義的真理觀並不是以他的看法為主，而是以詹姆士的看法為代表。珀爾斯把真理定義做科學社群在長期的探究之後所獲致的信念；真理是探究的產物，而與這些信念相關聯的客觀者即是實在。由某個意義來看，珀爾斯的看法反而比較接近對應論及融貫論。依詹姆士來說，真理使人得以與世界獲致令人滿意的關係，真理是可改變的，亦是會進步的。杜威把探究關聯於問題的解決。由於探究的目標在於轉化情境，而不在於抽象的真理，杜威以「有保證的可肯定性」(warranted assertibility) 一詞取代「真理」及「知識」。席勒同意詹姆士的看法，而主張真理是會改變的。內格爾 (Ernest Nagel) 亦認為，說一個理論是令人滿意的與說它是真的之間，只不過是文字表面上的差別。

依照一般的看法，大多認為上述三種真理觀是相互排斥的。不過，也有人認為這三種真理觀各有其適用的範圍，因而是可以相容的。例如，對應論適合回答真理之定義的問題，融貫論適合回答真理之判準的問題，實用論則適合用在非認知信念（如道德、宗教）方面。在此了解下，這三種真理觀可能可以配合在一起，使我們對真理的問題有更為廣博而周全的掌握。此外，就詹姆士來說，也有

學者認為，在他對真理問題的討論中，固然批評了傳統的對應論與融貫論，但是也吸收了對應論與融貫論的某些說法。因此，我們也許可以認為詹姆士是由另一個角度來討論問題，而把實用主義的真理觀看做是對傳統真理觀的一種補充❻。

二、真理乃是個別的

在談到真理問題時，詹姆士不時針對一些錯誤的想法提出批評；這些錯誤的想法，依他看來，主要是出於理性主義的思考模式。詹姆士指出，不少人誤以為真理本身(the Truth)是唯一的、確定的、完全的，因而無法接受實用主義的真理觀。這種人（其實就是詹姆士所說的理性主義者）認為，在萬事萬物之中，在科學、藝術、道德、宗教中，必定有一個系統是對的，而其他的系統都是錯的。不過，詹姆士認為，事實上，真理有很多，而非只有一個(*P*, 115)。換言之，其實所謂的「真理本身」不過是由實際存在的諸般真理中抽象出來的，它是結果而非事先存在的本源，我們只是為了省事而用這個名詞來概括那些個別的真理。

若拿法律來做比較，也可發現我們抽象地說的法律本身，亦不過是有用的概括名詞而已。法官有時會說到抽象的法律本身，好像在他做具體判決前，已經預先存在了一套法律，而他只是完全根據它來做出判決。但是，詹姆士提醒我們，只要我們稍加思索，就會知道法律本身不是根源而是結果；它是由一件件實際的判決抽象出來的。行為上合法與不合法的分別，是在人類具體經驗的互動中順道發展出來的。同樣的，信念的真假之別也是這樣發展出來的 (*P*,

❻ 大體上，賽耶即採此觀點。後面會詳述他的說法。

116)。

　　新的成語以舊的成語為基礎而衍生出來，新的法律以舊的法律為基礎而衍生出來；同樣的，新的真理以舊的真理為基礎而衍生出來。有了先前的法律，再加上新的案件，法官融合二者而形成新的法律。同樣，有了先前的真理，加上新的事實，就可以形成一個新真理。因此，詹姆士說：「我們的對、錯、賞、罰、字詞、形式、成語、信念，全都是新創造出來的，它們的增加像歷史進展一樣快。法律、語言、真理絕不是推動此進程的先在原則，而不過是其結果的抽象名稱。」(*P*, 116)簡言之，實際存在的是一個一個的真理，而真理本身不過是抽象的產物。

　　在思考真理問題時，我們看到詹姆士的思考方式表現濃厚的經驗主義色彩，他由個別及具體入手，並以此為基礎。詹姆士自己也清楚地意識到這點，並把它歸因於脾性的差異。他認為，實用主義的真理觀之所以受到所有理性主義者的反對，乃是由於脾性不同。實用主義在此傾向經驗主義的脾性，而與理性主義的脾性對立：「實用主義離開事實即覺得不舒適。理性主義唯有在抽象面前才感到舒適。」依理性主義看來，「客觀真理必定是一種無關效益的、高傲的、精緻的、超脫的、高貴的、高尚的東西。它必定是在我們的思想中與同等絕對的實在界相對應的那個絕對的東西。它必定是我們無條件地『應該』去思考的。我們『實際』思考所用的那些有條件的方式是非常不相干的，而屬心理學之事。在這整個問題裡，不要用心理學，要用邏輯。」(*P*, 38)然而，實用主義者則堅持事實及具體性，觀察真理在個別事例中的實際運作，並加以概括化。

三、人們之接受真理的實際情況

理性主義者要求在思考真理問題時，「不用心理學而用邏輯」。詹姆士則恰好相反，他正是由心理學的角度去思考真理問題。他考察實際的情況，研究我們究竟是在什麼情況下接受或認定某種信念為真。詹姆士曾說，實用主義者思考出他們的真理觀的方法與科學家慣常用的方法是一樣的，亦即，對實際發生的事件過程加以觀察、記錄，而後再加以概括化。在真理問題上，他們先觀察人們獲致新意見的過程，結果發現這類過程都有下述固定的模式(*P*, 35)。

一般說來，除了嬰兒之外，我們每個人的心中都有許多已經接受為真的意見，可是在某些時刻，這些舊意見會遇到挑戰。例如，有人提出反對意見；或者我們自己反省到其間有相互矛盾之處；或者聽到一些與它們無法相容的事實；或者這些舊意見使我們遭受挫敗。這時，我們會感到煩惱不安，而想要對舊意見加以修改。不過，對於那些舊意見，我們會盡其所能地加以保留，在對它們造成最小干擾的情況下，最後產生某種新觀念。「這種觀念在那一堆舊意見及新經驗之間居中協調，而使它們很巧妙而方便地相互結合在一起。……至此，這個新觀念即被採用做為真的觀念。」(*P*, 35) 以上就是真理生成的過程；一個觀念若是能夠在上述過程中結合舊意見及新經驗，就被視為真理、真的觀念。上述內容就是詹姆士所說的實用主義的另一個字義：「真理之意義的生成說」，它是一種對於真理之意義的起源說明，亦即由真理的生成來說明真理之意義。

對於這個被視為真理的新觀念，詹姆士繼續說明：

它保存舊有的真理而做最少的修改，僅稍加伸展使它們足以容納新東西，並盡可能以熟悉的方式加以設想。一種「過激」的解釋，若違反我們所有原先的看法，則永遠不會被視為新東西的正確說明。我們會勤奮不懈地四處尋覓，直到我們找到比較不怪異者。個人信念最為劇烈的變革也會讓他舊有的大部分保持不變。時間與空間、原因與結果、自然與歷史、以及個人自己的生平依然原封不動。新真理總是變遷中的媒介及緩衝。它將舊意見與新事實結合在一起，而總是展現出最小限度的牴觸、最大限度的連續性。我們主張一個理論真的程度恰與它解決這個「最大限度及最小限度問題」的成功程度成正比。可是要成功地解決這個問題，顯然屬於程度上趨近之事。我們說，這個理論整體而言，在解決此問題上要比那個理論令人滿意；但這只是表示對我們來說是比較令人滿意，而各人滿意的重點會有所不同。因此，此處的一切都具有某種程度的彈性。(*P*, 35)

詹姆士特別強調，實用主義的真理觀非常重視舊有的真理：「對它們的忠誠是首要原則，在大多數情況中甚至是唯一的原則。」(*P*, 35)如果出現一些會嚴重衝擊我們原先看法的新奇現象，我們通常是完全置之不理，或是譏笑那些支持它們的人。此外，真理生成的過程未必都要有衝突或變動。大多數的時候，新的事實只是在數量上增加我們的經驗，而不變動我們舊有的信念。總之，一個新意見是否會被某人視為真的，乃取決於它是否能幫助他結合其新經驗與舊信念。它必須同時掌握新的事實與舊的真理，而是否成功地做到這點，則屬個人評價之事。換言之，此中的理由是主觀的。

此外，詹姆士亦由知識的增長來說明一個信念必須能協調新事實與舊真理才可能被接受為真，而進入我們的知識體系內。他指出，知識的增長是新舊雜陳的，不可能全盤替換。「我們的知識是『點點滴滴』增長起來。這些點點滴滴或大或小，但是知識決不會全盤翻新地增長；某些舊知識總是保持原樣。」(*P*, 82)這種知識的增長可能會對一個人某些舊有的想法造成衝擊，而使他不得不對某些舊有知識做若干修改，或在新舊知識間做某種協調。不論怎麼做，他由此吸收的新知識在他現有的全部知識中，只是佔了很小的部分；真可用「一點一滴」形容之。

詹姆士指出，在知識增長的過程中，我們有時會因新舊不協調而感到緊張不安，甚至到了痛苦的地步。不過，在衝突時，我們的習性總是儘量傾向舊知識。我們盡可能不去更動我們舊有的知識、舊有的成見、舊有的信念；我們修補多過更新。新的成分滲入舊的基礎，這時，新的沾染了舊的，但也反過來被舊的沾染。「如此，新真理是新經驗與舊真理結合在一起並且彼此相互修改的結果。」(*P*, 83)這是詹姆士考察他那個時代人們意見改變的實際情況而得出的結論。他認為，這個結論應該適用於由古至今所有的時候。換言之，如果這個結論可以成立，那麼，遠古時代人類的一些想法很可能還保存在現代人的思想中。

上述說法可以說是詹姆士由「信念心理學」的角度考察實際狀況而得出來的。他在此強調舊真理的重要性；我們通常都很珍惜原本就接受的那些信念，不到必要時，不會輕言修改或捨棄。當新舊發生衝突時，唯有能夠協調二者的信念才被視為真的。這種對於舊真理的尊重，在新舊衝突時，已然如此；可想而知，若是在新舊不發生衝突時，能夠與舊真理相容的新事實更是會自然而然地被視為

真理，而輕易地被納入我們的知識體系。在這點上，詹姆士的說法與真理的融貫論有略似之處，亦有相異之處。依融貫論，原本存在的那套真理系統是不能更動或修改的，新的信念必須與其融貫才能成為真理。而依詹姆士，我們會相當尊重舊真理，但不表示舊真理永遠不會遇到挑戰。

四、真理的可錯性

事實上，對詹姆士而言，沒有所謂永遠不會錯的真理。他在《實用主義》第五講指出，即使是那些最根深蒂固的常識，也先後受到近代科學及哲學的批判。詹姆士所說的常識與一般的說法不完全相同，他說的常識是指人類使用的基本思想方式、知性形式或思想範疇。他說：「我們對事物的各種基本思想方式是遠古祖先的發現，它們穿過所有後續年代的經驗仍然能夠保存下來。」(*P*, 83)這些方式或範疇在最基本的層次上影響我們對世界的理解。詹姆士請我們設想，假如我們是龍蝦或蜜蜂，則我們會有完全不同於人類的身體組織。這時，也許這種身體組織會使我們用完全不同的範疇或模式來理解我們的經驗，而且這類我們現階段仍無法想像的範疇，也許會像我們現在用的範疇一樣地合用。

在此，詹姆士承認康德的說法：未經認識形式整理過的原初經驗，乃是一團雜多、混沌一片。要理解經驗之前，我們的認識形式必須做一番整理的工作。依詹姆士的說法，我們通常是先樹立某種概念系統，把這些概念以某種知性的方式在思想上加以分類、排列、或連結，然而再用這個概念系統做為查核感覺印象的底本。當一個感覺印象在這個概念系統找到一個可能對應的位置時，它就因此而

被理解了。詹姆士指出，常識方式是用一套概念來理解感覺印象，這套概念中最重要的包括：事物、同與異、種類、心靈、肉體、一個時間、一個空間、主體與屬性、因果影響、幻想、真實。現在的人類一般是以這種方式去理解經驗。我們用上述這套概念把我們的知覺經驗整理得井然有序，而我們對這種秩序已經太習以為常了，以致於很難體會到知覺本身在沒有經過這套概念整理的狀況下，是多麼地缺乏固定的路徑(*P*, 85)。

　　這些範疇對我們人類的日常生活而言，確實相當合用。不過，詹姆士也指出，這些常識範疇其實也有界限極為含混的問題。例如，「相同」即是一個含混的概念。一把刀在歷經多年使用後，先是換了柄，隔幾年又換了刀身，它還算是同一把刀嗎？因此，詹姆士說，一旦我們跨越出上述這些範疇的實際用途，而只是用一種純屬好奇或玄思的思維方式，我們就會發現，想要畫出它們在應用上的明確界限，是一件不可能的事(*P*, 90)。另外，近代科學也對常識發動挑戰，而使常識階段認為最生動的顏色、聲音等「次性」成為不真實的，而只保留了形狀、大小等「初性」。哲學家更陸續批駁常識層面的一些觀念，例如，柏克萊否定了物質實體，休姆則對因果關係提出質疑(*P*, 91)。

　　詹姆士在此強調的是，我們已看到有理由去懷疑常識。儘管常識如此深植人心，儘管常識被普遍地使用且植入語言的結構內，我們仍然可以懷疑常識的範疇終究可能只不過是一組非常成功的假說。這些假說是由個別的人在歷史上提出的，然後逐漸地傳布並為大家採用(*P*, 94)。既然它們是在過去的歷史中發展出來的，也可能在未來的歷史中被修改。換言之，這種表面上最穩定的知識，也不是一成不變的或天經地義的。

　　詹姆士反對像布萊德雷那樣把真理當成一種絕對者而以單數、大寫表示之，他認為以複數、小寫表示的才是我們一般所說的真理。對詹姆士而言，絕對觀念論的說法完全不合現實，乃是惡性抽象(vicious abstractionism) 的標準例證。在布萊德雷的《表象與真實》中，即以究極的、完全的、不容修改的大真理為理想，而對比於我們日常生活所接觸到的部分而暫時的真理。詹姆士認為，如果以這種不能達到的理想做為我們一般所說的真理的意思，甚至只是以這種理想評判我們日常所說的真理，都會使我們到達荒謬反常的位置(*P*, 110)。因為，如此一來，我們日常所說的真理，最好的成為有問題的，最壞的則成為完全無根據的。但是詹姆士也承認這種絕對真理的理想可以有一些附帶的效力，亦即提醒我們還有更好的真理有待發掘，目前的真理還有待未來進一步的修改(*P*, 106)。不過，基本上，他認為這種究極的真理是無法得到的。他認為沒有任何一種理論能夠完全地描繪實在界，而且我們也不需要有究極的或最終的真理。

　　詹姆士承認，我們都嚮往一種絕對的真理，意即它不會受到任何未來經驗的撼動。但是，他也指出，到目前為止，我們所能得到的真理皆非如此；我們必須要有心理準備，現存的真理明天可能會變成假的。詹姆士指出，托勒密以地球為中心的天文學、歐幾里德的幾何學、亞里斯多德以主述詞結構為基礎而建立的傳統邏輯、士林哲學家以實體預設為主的形上學，它們曾經在幾個世紀裡都是有用的，但是今天人類的經驗已經超越其界限，我們現在只承認它們表現的是相對的真理，只在它們所設定的經驗範圍內是真的。我們現在知道，它們的界限不是必然的，是可被跨越的，它們表現的不是絕對的真理(*P*, 107)。詹姆士甚至表示，即使有所謂的絕對真理，

它也不過是由無數的相對真理累積來的。像相對真理一樣，絕對真理也是造成的，必須在無數證實經驗成長的偶然關係中造成，並面對具體的事實、面對未來(*P*, 107)。詹姆士的真理觀在此表現濃厚的經驗主義性格；真理由經驗中提鍊出來，亦必須回歸於經驗，受到經驗的檢測，並因著未來經驗的變動而修改。

五、人文主義的真理觀

詹姆士指出，近代科學發展之初，人們感到宇宙萬物的運行所依據的法則是非常確定的、簡要的、清晰的。不過，當科學更向前發展後，人們開始發現法則不過是近似的、約略的。而且法則愈來愈多，其間更出現對立的情況。這些現象使人覺得，沒有任何一個理論能夠真正地反映實在界的本貌，它們的用處只不過在於綜括舊有事實並導向新的事實。「它們只是人造的語言，如某人所謂的，一種概念的速記，被我們用來撰寫有關自然界的報告；而語言，大家都知道，容許有各種表達上的選擇以及許多方言系統。」(*P*, 33) 詹姆士認為馬赫(Ernst Mach, 1838–1916)等人早就承認科學理論中含有人為的隨意性；如此，科學邏輯不再具有往昔那種神聖的必然性。

此外，詹姆士指出，有時可能同時會有幾個理論與我們所知道的所有真理同等地相容，這時我們則可根據主觀的理由在它們之中做一選擇。我們會根據我們已有的偏好進行選擇，例如，我們追求優美或經濟。詹姆士同意，在兩個同樣有充分證據的理論中，如果選擇較複雜的一個，則是一種不高明的科學品味。科學中的真理要能帶給我們最大可能的滿足，也包括品味的滿足，當然，最重要的要求仍然永遠是要與舊真理及新事實同時保持一貫(*P*, 104)。

　　前面提過，一個新意見是否會被某人視為真的，乃取決於它是否能幫助他結合其新經驗與舊信念。它必須同時掌握新的事實與舊的真理，而是否成功地做到這點，詹姆士則認為這屬個人評價之事。換言之，此中的理由是主觀的。針對這點來說，一般人會認為真理是獨立於人的、不能修改的，人只是去發現真理，不能根據個人的欲求而去改造真理。對實用主義來說，沒有所謂純粹客觀的真理，那種無關乎滿足吾人經驗新舊部分之結合的真理，根本不存在。詹姆士說：「我們之所以稱事物為真的理由，正是它們之所以為真的理由，因為『是真的』意思只在於實現這種結合作用。」由於把人的因素加進真理之中，席勒把這種真理觀稱為「人文主義」(humanism)，而詹姆士寧可採用較通行的「實用主義」一詞(*P*, 37)。他們皆同意，如同法律及語言是人造的，真理在某種程度上也是人造的產物。用詹姆士的話來說，「人類的動機磨利了我們所有的問題，人類的滿足滲入我們所有的答案，我們所有的公式都有人的造作。」(*P*, 117)

　　實用主義贊同人文主義的真理觀，真理是我們關於實在的信念，其中必然含有人的因素，而且其中人的因素和實在本身的因素無法明確分開。在許多事例中，都可發現人的因素。為了適合各種不同的目的，同樣一個實在事物可以用不同的方式來認識。詹姆士舉例說，廿七這個數目，可以當做三的立方，或三乘九的積，或廿一加六的和；每一種都是真的。同一條線可以說是向東，也可以說是向西；兩種說法對這條線都說得通。天上的星星被我們隨意命名，並且劃分成不同的星座。同一個星座有時又被加上不同的名稱；例如，北斗星座被叫做「查理的戰車」、又叫做「大熊」、又叫做「杓」。這三個名稱均用得上，沒有一個是假的(*P*, 121)。

　　在上述的例子中，我們都在某個可感覺的實在物上增加一些人

為的東西，而這個實在物也默默承受了我們的增加。這些人為的增加都與實在物相符合；它們適合實在物，並使實在增長。這些人為增加，只要與實在相符合，即是真的。詹姆士同時認為真理有程度之別，換言之，在幾個均為真的想法中，有的想法是比較真的。他認為，要分判那一個比較真，全看人們對它的用途而定。詹姆士舉例說，如果我們希望藉由天際的星座來顯現夜空的莊嚴，顯然「查理的戰車」這個名稱要比「杓」來得真些；因為，後者使人聯想到一種不起眼的廚具(*P*, 121)。

詹姆士指出，因應著人類各種不同的目的，我們可以隨意地劃分不同的星座。同樣的，我們也可以為了不同的目的而隨意地去把某種東西稱為「物」。例如，當我們不需要考慮到個別的觀眾時，就可以把整個觀眾群當成一個物。同樣，在不需要考慮到個體的情況下，我們把「軍隊」、「國家」、「同胞」視為一個個的物。但是，對你我而言、對每一個個體自身而言，個體自己才是真正的一個物(*P*, 122)。此外，對解剖學家來說，一個人體不過是個有機體，他眼中所關切的物乃是一些器官。對組織學家來說，實在物與其指器官，還不如指細胞。對化學家來說，實在物毋寧是細胞的分子，而非細胞本身。

根據上面的說明可知，我們依著我們自己的意願，把可感覺的實在之流分割成許多實在物。這些物可以成為一切真假命題的主詞，如此，一切命題的主詞是我們自己創造的。不僅如此，詹姆士進一步指出，我們也創造命題的述詞。物的述詞有許多只是表示該物與我們的關係以及該物與我們感情的關係；這種述詞當然是人為增加的。例如，凱撒渡盧比康河這件事，對當時羅馬人的自由是一種威脅，但是對今天那些讀這段歷史的同學卻是一種課業上的痛苦。今

天增加的這個述詞和早先的那些述詞一樣，都是真的(*P*, 122)。

至此，我們可以看出人的貢獻在真理問題上是無法磨滅的，此即人文主義的原則。我們的名詞和形容詞都是人為的遺產，我們把這些名詞和形容詞放在我們建構的理論中，這些理論的內在秩序及排列全都受到人的各種考慮（知性上的一貫是其中一種）的支配。數學及邏輯這些形式科學充滿人為的再排列，物理學、天文學、生物學這些經驗科學也在相當程度上依循著人的偏好(*P*, 122)。

詹姆士強調，在我們面對新的經驗領域時，我們並不是空無一物的，而是帶著祖先留給我們的信念以及我們原先建立的信念。這些信念決定我們注意什麼，轉而決定我們做些什麼，再進而決定我們經驗到什麼。因此，雖然我們仍然說有一個可感覺的實在之流存在著，但是它的真假問題則自頭至尾大多出於我們的創造。在我們的人為創造中，不可避免會對實在之流有所增加。問題是，我們對實在之流的增加究竟有沒有價值？在價值上是一種提昇，還是一種降低？詹姆士在此的答案仍然是說：要看我們的目的而定。對於想要增加夜空莊嚴的人來說，把北斗星座稱為「杓」，顯然不是價值的提昇(*P*, 123)。

十九世紀德國哲學家洛宰說過，我們往往天真地在實在與我們的心靈之間假定一種關係。我們以為實在是已經完成的，而我們的心靈只有一個簡單的任務，就是去描寫這已經完成的實在。洛宰質問這種想法說，難道這種描寫本身不是對實在的一種重要的增加嗎？原先已有的實在，與其說它的存在只是為了讓我們不出差錯地去認識它，毋寧說它的存在是為了刺激我們的心靈去對它有所增加，並且從而提昇宇宙的整體價值。實用主義正是主張這種想法。在知性生活及實踐生活中，我們都發揮創造的作用。對於實在的主詞部分

及述詞部分，我們都有所增添。這世界確實是可塑的，等待人們給它最後的修飾。世界存在著，而真理是人產生的。這種極富啟發作用的想法同時加重了人類的責任，也提高了人類的尊嚴(P, 123)。實用主義和理性主義之間差別的意義至此全部展現，二者本質上的差別在於：對理性主義來說，實在界是已經完成的；可是，對實用主義而言，實在界仍處於不斷的創造過程中，其中的一部分要等到未來才會出現。前者認為宇宙是絕對穩定的，後者則認為宇宙仍在探險的歷程中向前挺進(P, 123)。

詹姆士承認，實用主義所採取的這種人文主義觀點，很容易遭致誤解。有人指責它在宣揚「任性」。布萊德雷也批評說，人文主義者其實是以為「任何一個目的，不論多麼歪曲，只要我個人堅持，它就是合理的；任何一個觀念，不論多麼瘋狂，只要有人硬說它是真的，它就是真理。」(P, 124) 詹姆士相信，如果這些批評者能了解人文主義對實在的看法，應該不致有上述的誤解。根據人文主義的實在觀，實在界雖然是可鍛造的，但是仍然有其抵抗性；實在界對我們的思想仍有某種控制，也是我們的思想必須考慮的重要因素。因此，人類心靈的運作不是完全任性的，並不能夠天馬行空地毫無羈絆(P, 124)。

六、對傳統真理觀之批判

詹姆士之所以發展自己的真理觀，當然是出於對傳統說法的不滿。他指出，依據一般的理解，真是一個觀念（或見解、或信念、或陳述等）與其對象之間所可能存在的一種關係；字典裡表達的也就是這種一般的想法。依之，真是吾人某些觀念的性質，它意謂這

些觀念是「符合」於「實在」，　而假則意指「不符合」於「實在」。
詹姆士強調，實用主義與理性主義一樣，都願意將此定義視為理所
當然，但是，問題在於「符合」及「實在」這兩個字詞究竟是什麼
意思(*P*, 96)。他強調，實用主義者在知識論上採取二元論，亦即一
方面承認有獨立於心靈的實在，另一方面承認有包含觀念的心靈，
然後再來探討是什麼因素使得這些觀念對實在為真❼。傳統的知識
論只含混地說出觀念必須「對應」或「符合」實在，就以為足夠了。
但是，實用主義者堅持要講得更具體，並追問「符合」的詳細意思
究竟是什麼(*MT*, 104, 117)。總之，他不認為傳統的說法對這兩個字
詞提出了令人滿意的回答。

　　詹姆士先對上述定義中的「符合」提出批評。他指出，在一般
的想法中，符合似乎意謂著摹擬；依此，一個真的觀念必須摹擬實
在，而真的觀念即是實在情況的摹本。像其他的一般想法一樣，這
個想法也是以最通常的經驗為基礎，然後再加以類推到所有的情況。
在真假問題方面，我們最通常的經驗乃是對於可感覺事物的經驗。
可感覺事物指的是我們五官所能感覺到的那些東西；眼睛看得到的、
耳朵聽得到的、鼻子聞得到的、舌頭嚐得到的、身體觸得到的。詹
姆士以牆上的鐘為例，它是眼睛看到的東西，因而是可感覺事物。
當我們看到這個鐘時，我們心中會生起一個鐘的觀念。一般想法認
為，如果你心中起了一個牆上有鐘的觀念，這時若牆上確實有鐘，
則你的觀念是真的，這時牆上若是空無一物，則你的觀念是假的(*P*,
96)。

---

❼　在此可以看出，詹姆士不同意絕對觀念論者把真理等同於實在。對他
　　來說，感覺經驗及事實的層次並無真假可言。這個層次的內容之改變
　　及增加只是出現並存在，真理則是我們對它們所說的(*P*, 36)。

在這個例子中，真的觀念即是實在情況的摹本。詹姆士也承認：「我們對於可感覺事物的真觀念，確實是在摹擬它們。」(*P*, 96) 問題是，對於可感覺到的事物，這種想法或許行得通，但是對於一些比較抽象的層面則很難用得上。詹姆士指出，你若閉上眼睛，心中想著牆上掛的鐘，你所能想像出來的只是關於「鐘面」的圖像或摹本。在此，真的觀念可以說是一種摹本。但是，除非你是一位鐘錶匠，否則你對鐘內部「機件」的觀念，不太能夠算是一種摹本。當然，我們在此仍然可以勉強地使用摹本的說法，因為它至少和實在情況不相牴觸。問題是，「當你談到鐘的『計時功能』和發條的『彈性』時，就很難精確地看出你的觀念能摹擬什麼了。」(*P*, 96)

由上述的討論可以看出，把真的觀念當成實在界之摹本的說法無法成立，用摹擬來說明符合亦不恰當。對詹姆士來說，對應論之所以不足取，其中的一個原因即在於，對應關係並不足以涵蓋我們一般在說真理時的所有情況。此外，詹姆士曾表示，他之所以批評對應論，主要並不是因為它的說法錯誤，而是因為它的說法過於空洞，好像沒有告訴我們什麼。他也指出，把真理視為觀念或陳述之於實在的對應，這種說法過於含混，好像只是告訴我們真就是真 (*MT*, 44–45, 105, 128)。詹姆士認為，唯有把實用主義的方法運用到對應論的定義上，這個定義的意義才能顯出。簡言之，他要找出真理的兌現價值，而不是像傳統上那種靜態而抽象的說明。接下來，讓我們看詹姆士如何界定「實在」與「符合」。

七、實在的意義

實用主義同意人文主義的觀點，主張真理在某種程度上是人造

的產物，並主張實在界是可塑的。可塑性的界限唯有實地去試才知道，在一開始先假定它是完全可塑的，並依此假設行動，直到行不通再說(*P*, 117)。這種說法被不少學者看做是在鼓勵任性及隨意，詹姆士則澄清說，實用主義者「同任何人一樣地著重去承認，在創造真理的每一個實際經驗中都有抵抗因素存在，這是新產生的特殊真理必須考慮的，也須與之『符合』的。我們所有的真理都是關於『實在』的信念；在任何個別的信念中，實在都像是一個獨立的東西、一個被『發現』的東西，而非被製造出來的東西。」(*P*, 117)

在此，我們看到詹姆士對「實在」的進一步說明。他指出，實在的第一個部分就是我們的一系列「感覺」❽。他說：

> 感覺是強加於我們的，而我們不知其來處。對於它們的本性、秩序及數量，我們幾乎毫無控制。它們無所謂真或假；它們只不過「存在著」。唯有我們對它們的說法，唯有我們給予它們的名稱，我們對它們的來源、本性及遙遠關係所提出的理論，才可能有真假可言。(*P*, 117)

除了感覺之外，我們的信念還必須考慮到實在的第二個部分則為「關係」；亦即各個感覺之間的關係，或是我們心中對於感覺所做的摹本之間的關係。對這部分還可細分為二：一種是可變的、偶然的關係，如日期、地點等關係；一種是固定的、本質的關係，如相似、

---

❽　詹姆士之所以拿「感覺」做為實在的第一部分，其實與他的徹底經驗論有密切的關係。他在《真理之意義》第一篇〈認識作用〉的開始即有很詳細的說明。簡言之，在不做任何預設的狀況下，實在界對我們而言，就是我們的感覺或經驗。

差異等關係。兩種關係都可以被我們直接知覺到，不過，在考慮信念的真假時，第二種關係更為重要。這種關係乃基於相關事項的內在本性，無論何時，只要我們比較相關事項，即可察覺這種關係(*P*, 118)。在真理問題上，我們必須考慮到實在的第三個部分為「已有的真理」。詹姆士對此解釋說，名稱在一開始是隨意決定的，然而，一旦為人了解，就必須謹守約定。我們現在不能把桌上的鉛筆叫做「水桶」，也不能把院中的水桶叫做「鉛筆」；否則將會違反我們目前的理解習慣。要成為現行語言系統之中的真理，先決條件是要遵守其中既有的規範。「我們現在絕不可把亞伯叫做『該隱』，或把該隱叫做『亞伯』。若是我們這樣做，我們就是偏離整本《創世紀》，偏離它至今與語言及事實範圍的整個關連。我們就把自己置於那種語言與事實的整個系統所體現的任何真理之外了。」(*P*, 103)我們在前面提到知識的增長時，也已說過舊真理所受到的尊重。不過，若是比起前兩個部分來說，這個部分的抵抗力仍然是最小的，也較常讓步(*P*, 118)。

詹姆士指出，以上三個部分對於我們信念的構成都有相當的控制作用；不過，我們亦非毫無自由可言。以感覺為例，感覺的存在不是我們所能控制的，但是那裡是我們的結論所注意的、著重的，卻可依我們的興趣來決定。著重可以不同，由此而形成的真理亦可大有出入。因此，對於同一件事實，我們可以有不同的理解、看法。同一場滑鐵盧之役，細節也完全一樣，但是對英國人是勝利，對法國人是失敗。同理，大家面對同一個宇宙，樂觀主義看做勝利，悲觀主義則看做失敗(*P*, 118)。由此可見，即使在感覺的領域，我們的心靈也可做一些自由選擇。藉著取捨不同，我們劃定領域的界限；藉著強調不同，我們劃定其中的前景與背景；藉著順序不同，我們

依不同方向去理解它。簡言之，我們拿到的是一塊大理石，而要雕成什麼樣的石像，則是靠我們自己。這種說法也適用於實在第二部分中的固定關係，也就是說，我們可以把我們對於這些關係的知覺自由地加以組合、排列。我們可以用不同的順序去理解它們，可以按不同的方式加以歸類，可以把其中某一個知覺看成更根本的，一直到我們對它們的信念構成真理的各個系統，如邏輯、幾何、算術等等,而這些系統本身的形式及秩序顯然都是人為創造的 (*P*, 119)。因此，詹姆士形容實在的感覺部分及關係部分好像啞巴一樣，不能為自己說話，而唯有靠我們來代言。它們又好像法院訴訟案的當事人一樣，把案件委託給律師之後，就靜靜地坐在法庭內聆聽律師以其認為最有用的方式進行辯護(*P*, 118)。

人類自身的生活會不斷帶來新的經驗，也使實在界的感覺部分及關係部分增加新的事實。根據前面的說明，這些新增加的實在事物都有人為影響的成分。此外，人為影響也關涉到實在的第三個部分「原先已有的真理」。因此，詹姆士認為，實在界中未經人為加工過的領域，幾乎找不到。萬一有這種獨立於人類思想的實在，頂多只是我們剛剛察覺到的全新的感覺及關係；這時它們剛進入經驗而尚未定名，或是我們對它們還沒有產生任何信念。而且，只要我們一開始察覺到，就會立刻把它們與已經處理過的部分相互調和，而加上人為影響的成分。用詹姆士的話來說，所謂獨立於人類思想的實在，「絕對是啞的、虛幻的，不過是我們心靈的理想極限。我們可能瞥見它，但永遠無法掌握它；我們所能掌握的，永遠只是人類思想已經烹調過和消化過的替代品而已。」(*P*, 119)席勒表示相同的意思而說，獨立的實在只是一塊不抵抗的、供我們改造的原料(*P*, 120)。

乍看之下，上述的說法有點類似康德關於「現象」與「物自身」的說法。康德說的物自身就是詹姆士此處說的獨立於人類思想的實在，康德說的現象則是詹姆士說的經過人類思想處理過、消化過的實在的替代品。康德認為，在處理實在本身時，人類思想有先天的格套或框架，實在本身必須通過人類先天格套的處理後才能被人類理解。康德說的範疇就是人類認識上的先天格套，但席勒認為這種格套不是先天的，而是在自然界中逐漸發展形成的。詹姆士指出，這是理性主義與經驗主義間的根本歧見，前者認為範疇是理性本來具有的，後者則認為是在後天經驗中陶培出來的(*P*, 120)。

前面提到實用主義對於人文主義的贊同，而詹姆士的實在觀亦有同樣的基調。詹姆士常說，實在即是被我們知道的那樣。而一個對象被知道成什麼樣子，乃是部分取決於某些主觀因素（像是各種興趣或需求），並且部分地取決於某些客觀因素（像是共同的經驗條件）。就客觀面而言，可能是因為我們生活在一個共同的世界裡，所以我們學習以共同的方式概念化；亦可能是因為我們以共同的方式概念化，因此我們設定一個共同的世界。不過，詹姆士認為，不論是那一種情況，我們均不可能陷入唯我論的困境。簡言之，我們有可能共享一套信念系統，但是，其間個人的處境及對它的使用仍有某種程度的不同。這些在觀點、興趣、需求、及目的上的個人差異，使人們在看這世界時有所差異，也使事物之被知道的樣子具有相對性。

八、真理的效用與符合的意義

一八七〇年代初期，珀爾斯和詹姆士等人組成「形上學俱樂

部」，他們在此經常提到貝恩對信念的定義：「信念乃吾人依之而行動者」。 由此可知，詹姆士很早即贊成，我們心中的信念或觀念並不是不起作用的，它們能夠使我們按照一定的方式行動。當我口渴時，我走向廚房，因為我相信廚房裡有水；當我疲累不堪而看到前面有一張椅子時，我會坐下，因為我相信這張椅子是實在的，而且它能支撐我身體的重量。

　　觀念或信念既然會引發實際的效果，那麼，如果觀念必須有真假之分，我們自然會把那些能夠引發令人滿意的或成功的實際效果的觀念視為真的，而把那些造成不令人滿意的或失敗的實際效果的觀念視為假的。這樣的說明，或許可以幫助大家理解詹姆士真理觀的思考背景。由此，真的觀念（真理）必須要能造成令人滿意的實際效果。事實上，在《實用主義》中，詹姆士明白指出，掌握到真理即意謂著掌握到了無價的行動工具。如此，我們之所以追求真理可以用很好的實際理由來說明，而不需要看做上天命令或天性使然。「真理之掌握，其本身在此絕不是一個目的，而不過是導向其他重要滿足的一個初步手段而已。」(*P*, 98)

　　這種真理觀與西方傳統的真理觀有相當的差距。依照希臘哲學家亞里斯多德的說法，人天生就想求知。求知是天性的自然表現，不必要有其他的目的。如此，我們可以為知識本身而追求知識，我們也可以為了真理本身而追求真理，並不是為了其他的目的而追求真理。但是，對詹姆士來說，真理應該有更實際的效果。他的理由是，擁有關乎事實的真信念，對人生極為重要。實在界中，有對我們極為有用者，也有對我們極為有害者。能正確告訴我們何者會出現的觀念即是真的觀念，而為了活得更好，我們也應該去追求這種觀念(*P*, 98)。在此，我們也可以看到演化論對詹姆士真理觀的影響；

真的觀念乃有助於我們適應此一世界者。

前面提到常識是最根深蒂固的思想類型，但是，常識之成為常識並非出於偶然，它還得具備某種必要條件。詹姆士指出，常識範疇得到這種崇高地位的歷程，就好像是德謨克里圖斯把原子概念、達爾文把演化概念引進我們的思想方式中一樣的歷程。簡言之，這些概念必須先在一些小地方及切近的地方證明它們是很有效用的，我們才會相信它們在遠處及大處也是有效用的，而肯普遍地運用之(P, 89)。詹姆士指出，對實用主義者而言，真理意謂著在經驗中帶來確定的功效價值；理性主義者只是一味地叫我們尊重真理，實用主義者卻說明我們為什麼必須尊重真理的理由(P, 38)。

對於各種具有理性主義性格的真理觀，詹姆士都不表贊同。他認為,理性主義的基本預設是把真理看成一種不起作用的靜態關係。「只要你得到任何事物的真觀念，就沒事了。你擁有了；你『知道』了；你已完成了你思考的使命。」(P, 96) 換言之，此時內心不再有疑惑，不再需要思索、探究，而處於認識論上的一種穩定的平衡狀態。可是，詹姆士認為，實用主義在此仍然要提出它慣常的問題：「假定一個觀念或信念是真的，它之為真，會在任何人的實際生活中造成何種具體的差別？真理要如何實現？與此信念為假時所獲得的經驗不同的經驗是什麼？總之，用經驗詞語來說，真理的兌現價值是什麼？」(P, 97)這一連串的問題其實就是在將實用主義方法運用於真理問題上，而要求找出真理的「兌現價值」、 找出它可能造成的實際差異。

詹姆士指出，實用主義對此問題的答案是：「『真的觀念是我們所能認可、確認、確定、證實的，假的觀念是那些我們所不能夠的。』」當我們擁有真的觀念時，這就是它所造成的實際差別；因此，這也

就是真理的意義，因為這是我們對真理所知道的一切。」 (*P*, 97) 根據實用主義，一個觀念的真假不是它本來就具有的靜止性質，它是經由事件而「變成」或「成為」真的。賽耶指出，在此特性上，我們也可以看出詹姆士為何稱自己的真理觀為一種真理的「生成說」(*P*, xxxi)。觀念的真性其實就是一個事件，一個證實其自身的過程。

但是，這裡所說的「證實」(verification) 的歷程又是怎麼一回事呢？我們可以用詹姆士所舉的在森林迷路的例子加以說明。如果我在森林中迷了路，又餓著肚子，突然看到一條似乎被牛蹄踩出的小徑。這時我想到這條小徑的盡頭會有住家，於是我就順著小徑走下去，結果我看到了住家。在這個歷程中，相信這是一條正確的路徑的想法引導我們的行動，而使得整個後續的結果與此想法是符合的。這個想法或觀念是被證實的，故而是真的。詹姆士認為，一般當我們說我們的觀念「符合於實在」時，我們心中想的其實就是這類後果。他又說：

> 這類後果藉著它們所激起的行動及其他觀念，引導著我們進入或邁向經驗的其他部分，而能讓我們一直感到原先的觀念與這些部分是相符合的。此處一點點的連接及過渡使我們感到是進步的、和諧的、滿意的。這種愉悅引導的功能即是我們所謂的一個觀念的證實。(*P*, 97)

詹姆士指出，如果一定要以符合於實在去說真理，則「符合」不能狹隘地指摹擬，而必須採取最廣的意義。因為，對許多實在事物來說，我們的觀念只能是象徵，而不是摹本。「過去的時間」、「力量」、「自發性」，這些實在事物都無法被我們的心靈摹擬(*P*, 102)。

詹姆士也願意接受一般的講法而說「符合於實在」的觀念即是真理，不過，他的交換條件是必須將實用主義的方法運用到對應論的定義上，以彰顯其中的意義而取代原本空洞的說法。如此，「符合」亦即可證實；「符合於實在」意指能夠在經驗中得到證實；「能在經驗中證實」則意指能夠在經驗中順利引導我們。詹姆士說：

> 與實在相符合，就其最廣義而言，僅能意指被直接地引導到實在或其周遭。……任何觀念，若是幫助我們處理（不論是實踐地或知性地）實在或其附屬者，若是不會使我們的前進受到挫折，若是在事實上使我們的生活配合並適應實在的整個環境，則足以符合而滿足此要求。它對那個實在將是真的。(*MT*, 4)

進一步來說，證實意謂著令人滿意、有用、有功效。因此，詹姆士又為「符合」一詞提供了最廣的定義：「實用主義界定『符合』意指某些方式的『有功效』(working)，不論是實際的或潛在的。」(*MT*, 117)在此定義中，我們看到詹姆士獨特的真理觀。

在上述迷路的例子中，我們看到被證實的觀念同時是有用的。詹姆士指出，在這個例子中，真的想法是有用的，因為做為對象的住家是有用的。因此，「真的觀念的實際價值基本上是由觀念的對象對於我們的實際重要性而產生的。」(*P*, 98)不過，觀念的對象並非在任何時候都是重要的。在別的情況下，例如我並沒有迷路或是根本沒有急著找住家，那麼，即使我想到小徑的盡頭一定有住家，這個想法與我目前的情況沒有發生任何實際的關連，也就不會發生作用。

　　從另一個角度來說，幾乎任何一個東西在某種恰當的時刻都會一時變得重要起來，因此，多儲存一些「額外的真理」，亦即對於尚屬可能的情境將會為真的觀念，還是有明顯的好處。我們把這些額外的真理儲存在我們的記憶中；若記不下，則存在筆記中，以備日後參考。儲存額外的真理乃是為了不時之需。在某種情境下，若是某一個額外真理變成在實際上有相干性時，它就由冷藏庫裡跳進世界發揮作用，而我們對它的信念也開始活躍起來。在此，我們可以說「因為它是真的，所以它有用」，也可以說「因為它有用，所以它是真的」。詹姆士認為，這兩句話的意思完全一樣，都在表示此處有一個觀念被實現了而且能夠被證實。「任何一個觀念開始這個證實歷程，即名之為真的；它在經驗中已完成的作用則名之為有用的。」(*P,* 98)

　　詹姆士曾介紹杜威及席勒如何運用實用主義說明真理在各種情況的實質意涵。他們說，不論在什麼地方，真理的意義都是一樣的，它只不過是指：「只要觀念有助於我們與我們經驗中的其他部分達到令人滿意的關係，則觀念（它們本身也不過是我們經驗的部分）即成為真的。」這是他們對於真理的工具觀：「任何觀念，若是能夠順利地把我們由我們經驗的一部分帶到另一部分，令人滿意地連接它們、安穩地發揮作用、簡化工作並節省勞力，則是這樣多地為真、到此程度地為真、『工具地』為真。」(*P,* 34) 詹姆士本人也明白指出，他在整個實用主義真理觀的討論中都保持知識論上的實在論。因此，「有功效」或「引導」的歷程可被描述做一個心理事件及物理事件的連續層級，它連結的兩端，一端是擁有觀念的某個心靈，另一端是某個特殊的實在(*MT,* 129–130)。觀念具有工具作用，這種工具能使我們更佳地處理對象(*MT,* 80)。

　　換言之，依實用主義的真理觀，真理在本質上是引導我們經驗中的某一刻，使它連接到經驗中另一個值得達到的時刻。當我們說信念是真的時，主要就在表示這種引導到有價值之處的功能。當我們經驗中的某一刻激發出一個真的想法，這就表示我們遲早會受到這個想法的引導，而再度投入個別的經驗中，並且與它們發生有利的聯結。依詹姆士的說法，實用主義所謂的「觀念符合實在」，主要是指觀念對我們的引導，而使我們對於實在或與其相關事物的處理上要比我們不符合實在時更好一些；不僅在知性上更好，在實際上也更好(P, 102)。的確，摹擬實在是與實在相符合的一個很重要的方式，但決不是根本的方式。詹姆士強調，根本之事在於被引導的過程。任何觀念，只要在知性上或在實際上有助於我們處理實在或附屬於實在的事物，只要不使我們的前進受挫折，只要使我們的生活事實上適合並適應實在的整個環境，則這個觀念也就足以符合而滿足我們的要求，則這個觀念對那個實在事物是真的。接下來再對這個證實的過程、引導的過程做進一步的了解。

九、真理的證實

　　詹姆士指出，我們的經驗具有各種規律性，其中的某一點會提醒我們為另一點預做準備，而預示這個比較遠的另一點。當這個比較遠的對象出現時，就表示得到證實。在這些情況中，真理的意思只不過是指最終的證實，而顯然不容許我們主觀的任性。「誰的信念若是不遵守實在事物在他的經驗中所遵循的秩序，它們（信念）若不是把他帶往失敗之境，就是造成假的聯繫。」(P, 99) 這裡所說的「實在事物」或「對象」，意思或是指常識的事物、眼前可感覺

到的東西，或是指常識的關係，諸如：日期、地點、距離、種類、活動等等。前面提到在森林迷路時，看到一條被牛蹄踩出的小徑，由此而在心中起了一個小徑盡頭有住家的意象。遵循這個意象，我們終於真正看到了住家；在此，這個意象得到完全的證實。詹姆士告訴我們：「這些單純地且完全地被證實的引導，確實是真理過程的原型。」(*P*, 99)不過，除了這種完全被證實的真理過程之外，在我們的經驗中，也有其他形式的真理過程，它們並沒有進行實際的證實。柏德指出，詹姆士在此仿效席勒分別「宣稱的真理」(truth as claimed) 以及「證實的真理」(truth as validated)。我們在有待修改的基礎上宣稱真理，而它可能永遠無法得到最終的證實。傳統哲學關心一個業經最終之證實的真理本身這種抽象的概念，詹姆士則關心它在吾人信念的脈絡中如何地運作(Bird, 40)。

再以牆上的掛鐘為例。雖然我們沒有人看過其內部的機件，但我們都把它當做是掛鐘。我們把我們的這個觀念當成是真的，而沒想過要去證實它。如果真理在本質上意謂著以實際經驗去證實觀念的一種過程，那麼我們應不應該說這些未經證實的真理是無效的呢？詹姆士的回答是否定的，因為這些未經證實的真理在我們賴以維生的真理中佔了絕大多數的比例。在此，詹姆士指出，間接的證實和直接的證實一樣算數。要是做為背景的間接證據是足夠的，我們即使沒有親眼目睹直接證據，也是可以的(*P*, 99)。舉例來說，很多人沒有去過希臘，但是他們認定希臘確實存在；因為這樣的認定行得通，我們所知道的一切都與此認定協調一致而不相衝突。同理，我們把牆上掛的東西認定為鐘。我們把它當成鐘來用，用它來調節我們的作息。要對這種認定加以證實，就是要看這個認定是否會引導到挫折或矛盾。

詹姆士強調，事實上，真理大部分是靠一種信用制度而存在下去的。我們的思想和信念，只要沒有東西反對它們，就可以成立；這就好像銀行的票據，只要沒有人拒絕收受，就可以流通。但是，這種信用制度必須在某處有直接面對面的證實做為最後的保障，否則，真理的結構就會崩潰；就像金融系統沒有現金準備一樣，也會瓦解。「你接受我對某事的證實，我接受你對另一事的證實。我們在彼此各自的真理上進行交易。不過，被『某人』具體地證實的信念是整個上層結構的底據。」(*P*, 100)

除去為了節省時間的理由之外，在日常生活的事務裡，我們所以放棄完全證實的另一個重要理由在於所有事物均非單獨存在的，而是按著種類存在的。我們這個世界總是有這個特性。因此，我們只要曾經直接證實了一類裡的一個觀念樣本，我們就認為可以自由地把它運用到同類的其它實例而不需要證實。因此，間接的或潛在的證實過程可以像完全的證實過程同樣地真。它們像真的過程一樣行得通，給予我們同樣的益處，以同樣的理由要求我們的承認。

詹姆士指出，對於事實問題 (matters of fact)，我們的信念有真有假。除此之外，對於純粹心靈觀念之間關係(relation of ideas)的信念也有真有假，而且此處的信念是絕對的、無條件的(*P*, 100)。對於觀念關係的信念若是真的，則此信念被稱為定義或原則。例如：「一加一等於二」，「二加一等於三」，「白與灰的差異少於白與黑的差異」，「當原因發生作用時效果即開始」；這類命題不是原則，就是定義。這類命題對所有可能的「一」、所有可想像的「白」、「灰」、「原因」都是成立的。此處的對象是心靈對象。它們的關係一目瞭然，不需要借助任何感官經驗去證實。此外，對那些相同的心靈對象，一旦為真，則永遠為真。此處的真理有一種恆常性。如果你能

發現一個具體事物是「一」、或是「白」、或是「灰」、或是「原因」，則你總是可以把你的原則應用上去。這裡的問題是想法子確定種類，然後把這個種類的法則應用到個別的對象上。如果你能正確地認出種類，就一定能得到真理，因為你的心靈關係對所有那類事物都是有效的而且沒有例外。如果此時你失敗了，無法具體地得到真理，你將會說，你把實在的對象歸類錯了。

詹姆士強調，在心靈關係的領域中，真理依然是起一種引導的作用。這些定義性的真理，對於組織邏輯及數學的觀念系統、以及整理感官經驗事實，乃是必要的。它們提供了可能的方式，由之而安排並解釋經驗事實，從而可靠地預期未來的經驗。我們把一個抽象觀念與另一個連在一起，最後構造成龐大的邏輯真理體系及數學真理體系。在其中一個個的名目下面，各種可感覺的經驗事實井然有序地排列著，使得我們的恆常真理也適用於實在事物。詹姆士認為，事實與理論的這種結合有無窮的益處(*P*, 101)。只要我們把對象做了正確的歸類，則不需要經過特殊的驗證過程，我們說的已經是真的了。例如，我們說兩個蘋果加一個蘋果等於三個蘋果，任何學過數學的人都知道這是真的，而不需要再去驗證。因為，我們在此是把數學中說到的抽象原則應用到現實事物上，而且我們分別把兩個蘋果及一個蘋果正確地歸類到「二」及「一」的抽象名目下。

我們現有的對各種可能對象的理想架構，乃是來自於我們思想的結構。因此，我們對這些抽象關係，就像對感官經驗一樣，不能任意改變。它們對我們有強制性，不論我們是否喜歡它們的結果，我們必須以一貫的態度對待它們。例如，加法的規則適用於我們的債權，但也同樣嚴格地適用於我們的債務。在感覺秩序的強制性及理想秩序的強制性之間，我們的心靈被緊緊地夾擠在中間。我們的

觀念必須合乎實在事物，不論這些實在事物是具體的或抽象的，不論它們是事實或是原則。若不然，就會受到無盡的不一致及挫折的懲罰(*P*, 101)。

十、真理不是先天的

詹姆士把真理解釋為一種多數的真理，一種引導的歷程；各個真理共同的特性在於能夠有所回報。他說：

> 真理對我們來說只不過是各個證實過程的一個集合名稱，正如健康、富裕、強壯等等都是其他和生活相關的過程的名稱一樣，它們被追求的理由同樣也是因為追求它們能夠得到回報。真理正如健康、富裕、強壯一樣，也是在經驗過程中「被造成」的。(*P*, 104)

詹姆士指出，實用主義的真理觀在此與理性主義正式決裂。對理性主義來說，真理不是被造成的，它早就存在於觀念與實在之間的關係中，這種關係是獨一無二的，不待任何過程即已絕對存在。我們相信掛在那邊牆上的東西是鐘，縱然永遠沒有任何人針對這個信念加以證實，這個信念仍然是真的。實用主義用證實過程做為真理的本質；對理性主義來說，這是一種本末倒置的做法。真的觀念之所以為真，乃是因為它已經具備真的性質，而與證實過程無關；證實過程只是真理存在的一種徵象，它只能在事實已經存在的情況下做事後的確定(*P*, 105)。

乍看之下，理性主義的這種說法也有道理。不過，詹姆士指出，

它之所以看起來有道理，乃是因為前面曾提過的一件事實。這個事實就是：「在我們這個世界中，充滿著隸屬同樣種類及同樣聯繫的事物，一個證實可以適用於同類的其他事物，而且，知道某些事物的最大用處不只是為了引導到它們本身，更是為了引導到它們所聯繫的事物，尤其是人們對於它們的談論。」(*P*, 105)

換言之，依實用主義來看，說一個觀念在實際證實之前就已有真理的性質，只不過表示，用間接的或可能的方式對這種觀念加以證實要比用直接的或實際的方式好得多。前面也提過，在這個世界中，有無數觀念並不需要實際的證實。因此，說一個觀念在實際證實之前就已有真理的性質，其實是說它具有「可證實性」；只是說它有可能被證實而已，並不是說它實際上已經被證實了。

當然，理性主義說證實之前就有真理，並不是上述的意思。詹姆士批評說，理性主義其實是在玩一種老手法，就是「把一個具體現象的實在的『名稱』當做一個獨立的、預先存在的東西，再把它放在實在之後，做為它的解釋。」詹姆士以嘲諷的語氣表示，這種做法就好像是說「世上最富裕的人正好就是最有錢的人」；亦即，把「富裕」當做是一個獨立的、預先存在的性質，再用它來說明一個有錢人為何有錢(*P*, 105)。詹姆士指出，這種說法的錯誤很容易看出。因為大家都知道，「富裕只不過是某些人的人生參與的具體過程的名稱，而不是一種唯獨洛克菲勒先生和卡奈基先生才有而別人都沒有的天生優越性。」(*P*, 106)

再以健康為例，我們看到一個人胃口好、睡得好、不容易疲勞，對於這些現象，我們是否應該說這是「因為」他健康，還是應該說，因為他有這些具體事實的表現，然後我們才說他健康。對實用主義來說，健康不過是一個名稱，用來指消化、循環、睡眠等等過程都

進行得相當順暢(*P*, 106)。同樣，我們也可以問，一個大力士是因為他強壯，所以能承擔比一般人多的重量，還是因為他能承擔比一般人多的重量，所以我們才說他強壯？在此，詹姆士確信，真理與這些抽象性質一樣，並不是預先存在的、也不是獨立於經驗之外的。

實用主義的真理觀在此表現濃厚的經驗主義性格；真理由經驗中提煉出來，亦必須回歸於經驗，受到經驗的檢測，並因著未來經驗的變動而修改。詹姆士說：「簡言之，『真的』不過是在我們思想方式中有用的 (expedient)，正如『對的』不過是我們行事方式中有用的。」「有用」有各式各樣的形態，不過，各種有用都是就著長期與整體而言。因為，對眼前所有經驗有用者未必對未來所有經驗亦如此。未來的經驗會超出現有的界限，而使我們重新修改我們現有的公式(*P*, 106)。

詹姆士堅信，真理大部分是由先前的真理造成的。人的信念在任何時候主要都是累積來的經驗，但是這些信念本身又是世界經驗總額中的一部分，因此也成為將來累積的材料。只要實在指的是可經驗的實在，那麼實在和人們所得到的關於實在的真理，永遠是在變化的過程中，這種變化也許是趨向某種確定的目標，但總是在變化中(*P*, 107)。

至此，可以看出理性主義與實用主義最重要的區別。經驗在改變，我們心中對於真理的確定也在改變；理性主義承認這些，但是絕不承認實在本身或真理本身也在變化中。理性主義堅持實在永久是完全的、既成的，而我們的觀念和實在之相符合是我們觀念的獨特而不可分析的性質。由於這種內在的優點，觀念之所以為真，與我們的經驗完全無關。真理對經驗內容不增加任何東西，也不影響實在本身(*P*, 108)。

詹姆士批評說，對理性主義而言，真理是附屬的、不起作用的、靜態的。這種看法正好與實用主義背道而馳。實用主義面向前方、看著未來，理性主義則回頭去看過去的永恆。詹姆士指出，真的想法是對人最有用、最好的，真理決非與我們實際的利益或私人的理由毫無關係。對真理問題的討論不應限定在邏輯或知識論的範圍內，而必須涉及心理學方面的事實。詹姆士認為，理性主義者從具體經驗中抽離出一個觀念之後，再用它來反對並否定這些具體經驗 (*P*, 109)。他們由泥濘的個別經驗中萃取出一個性質，當萃取出來以後，發現它是如此的純潔，於是把它與所有泥濘的個別實例做一對比，而認為它具有一種完全不同且更為高貴的性質 (*P*, 110)。但是，對詹姆士來說，真理這種性質是由眾多個別的真理實例中萃取出來的，而且它就是它們的本性。

十一、我們之所以追求真理乃是因為它是有用的

我們為什麼要追求真理？詹姆士指出，我們有一個一般性的義務，就是要去做有正面效果的事，而我們之所以有義務追求真理，亦不過是這個一般性義務的部分而已；真理帶給我們的正面效果，才是我們為什麼有義務去追求真理的唯一理由。在追求富裕及健康的情況中，也是基於相同的理由。真理所要求的和使人擔負的責任，與富裕、健康所做的完全一樣。這些要求全都是有條件的；我們把這種追求稱為一種義務，實質的意思就是說，我們可以從中得到具體的利益 (*P*, 110)。

　　針對真理來說，就長期而言，不真的信念會起有害的作用，而
真的信念會帶來益處。用抽象的方式說，「真」的性質是可貴的、
好的，「不真」的性質是可惡的、壞的。因此，我們應該追求真的，
而避開假的(*P*, 110)。不過，詹姆士強調，我們不能執著於這抽象的
性質，而把它與其經驗的發源地對立起來。

　　　　我們承認真理的義務絕不是無條件的，而是非常有條件的。
　　　　當然，以單數形式出現的、大寫的真理要求抽象地被承認；
　　　　但是以多數形式出現的具體真理，唯有在對它們的承認有用
　　　　時，才需要被承認。當一個真理與一個虛假均和情境相關連
　　　　時，真理必定永遠比虛假吃香；但是當兩者都不和情境相關
　　　　連時，真理與虛假同等地不算是義務。(*P*, 111)

總而言之，對詹姆士來說，我們之所以有義務去符合於實在，其根
據在於一大堆具體的有用之處；我們之所以有義務去追求真理，乃
是由於真理是有用的。

　　最後，再提醒一點，對詹姆士而言，有用也有各種類型。前面
談到常識的思想類型、近代科學的思想類型及哲學的思想類型。對
於這三種思想類型，詹姆士認為，我們很難判定其中哪一種是最真
的。它們的自然、它們在實用上的效果、它們知性上的經濟，成為
測試各自真實性的指標。常識對某一種生活領域較好，科學對另一
種生活領域較好，哲學又對另一種生活領域較好；誰能說那一個是
絕對更真的呢？詹姆士指出，我們一般在未經反省的情況下以為真
理當然是心靈對真實世界的複製，經過上述討論後，我們應該承認，
真理的全部意義並不容易弄清楚。各種思想類型都宣稱自己是真的，

我們似乎沒有什麼簡單的測試方法可以立即加以分判(*P*, 93)。顯然，這些完全相異系統之間的衝突，迫使我們去仔細檢查真理這個概念，並加以釐清。

上述的各種思想類型，各個都有其特別適用的某些目的，各自對達到各自所適用的目的來說，都是非常優異的。不過，詹姆士特別指出，我們也反省到，這些思想類型彼此仍有衝突，而且沒有一個能稱得上絕對的真(*P*, 94)。這層反省很容易引發一個頗有利於實用主義的假定，亦即，我們所有的理論都是工具性的，都是用來適應真實世界的一種思想模式。當然，理論很少不被修改，理論各有其特別適用之處，相對立的理論有時不能完全分出勝負，這幾點反省也都有助於引發這種實用主義的看法(*P*, 94)。

十二、真理的條件

本章至此對詹姆士實用主義的真理觀做了一番概述，看到詹姆士對傳統真理觀的批判，也看到他本人獨特的主張。首先，由信念心理學出發，我們看到詹姆士強調被視為真理者必須符合舊有真理或是能夠調和新經驗與舊真理。其次，在運用實用方法重新詮釋對應論的空洞定義時，我們看到詹姆士強調真理必須具有幫助我們達到某種目的或期望的功效。這兩點是詹姆士為真理所設定的兩個條件，也是傳統真理觀所罕言者。不過，當代學者賽耶強調，詹姆士提出自己的真理觀時，並沒有反對或駁斥所有其他的真理觀。與其說詹姆士是否定老觀念，不如說他是在重鑄老觀念。他的真理觀乃是意在補充傳統理論所忽略或無法解釋的真理側面。因此，詹姆士不時會宣稱他的學說包括、吸收、支持其他的學說；「實用主義的

真理包含全部知性主義的真理，再加上一百件其他的東西。」 (*MT*, 111)賽耶的分析頗具參考價值，也有助於了解真理形成的各種條件，以下即略述其說(*MT*, xxvi–xlv)。

為了融和傳統真理觀及詹姆士真理觀，並釐清詹姆士真理觀的應用分際，賽耶的做法是區分兩種宣稱真理的階段或兩種宣稱真理的基本方式。第一種稱為「認知真理」(cognitive truth)。賽耶認為，詹姆士接受這種說法，卻不認為它具有什麼哲學價值。例如，他在提到理性主義對真理的定義時曾說:「它們當然是絕對地為真，但是也絕對地沒有重大意義，除非你以實用主義的方式處理它們。」(*P*, 109)第二種則是詹姆士所宣揚的「實用真理」(pragmatic truth)。根據這種區分，我們可以說，一個觀念或判斷要有真假可言，必須先在認知上有真假可言，亦即它會或不會與實在「符合」或「對應」。詹姆士並未否認這點，亦未否定排中律以及外在實在的獨立存在。另一方面，一個觀念可以在認知上為真，而卻在實用主義上非真非假。事實上，認知真理的範圍比實用真理的要廣;某些認知真理沒有實用上的意義或「兌現價值」，可是它們在認知上的真卻無絲毫減少。因此，認知真理是實用真理的必要條件而非充分條件。

有些認知真理在實用上的真假並不確定，詹姆士稱之為「多餘的真理」(extra truths)，它們之真僅對於可能的情境而言(*P*, 98)。當一個多餘的真理被需求用來因應某種行為上的緊急狀況或解決某個問題，則它即解凍而在此世界中發揮效力。如此，它不只具有認知上的真理，而且由於它被需求的功能以及實踐的用途，使它成為實用真理。套用詹姆士的名句:它是有用的因為它是真的（認知上）或它是真的（實用上）因為它是有用的。如此，賽耶指出，詹姆士的理論更適合被稱做實用真理的理論，而非真理的實用論(*P*, xxix)。

　　對於詹姆士的真理觀，有許多嚴厲的批評集中在其非理性及主觀性。有人說，詹姆士的說法等於主張一個陳述可以對某些人為真而對其他人為假，如此而放棄排中律。賽耶認為，這主要出於誤解。詹姆士其實主張：一個認知上為真的陳述可能對某些人不具有實用主義上的重大意義，亦即無所謂實用主義上的真或假可言，但是卻可能對其他人具有實用主義上的意義及真假。進一步來說，依據他的主張，同一個陳述在不同的脈絡中，可能有不同的實用真理及意義，因為信念的實用真理及意義在某種程度上取決於它們出現的特殊情境及場合。

　　由此可知，實用真理，比起認知真理的實現，需要更多的條件才能實現。對詹姆士而言，此處所說的條件不僅僅是相信何者是令人愉快的或相信某個觀念的結果是有用的。他明白表示，要成為實用真理的基本條件即在於「有功效」；　一個真的觀念是個有功效的觀念。所謂具有功效，亦可進而被解釋成可以導致某種滿足、解決原先混亂的情況或是對情境有所調適。詹姆士之主張真的觀念必須具有功效，與他之主張思想的目的性及概念的工具性，實有血脈相通之處。

　　總之，賽耶認為，依詹姆士的真理觀，一個信念或陳述要成為實用真理必須滿足三個基本條件。首先，認知真理是第一個條件。要為真，一個信念或陳述的客觀指涉必須合乎實情。詹姆士強調：「我心中充滿客觀指涉這個想法，以至於我做夢也不會想到我的聽眾會把它漏掉。」(*MT*, 128)他說，實用主義者承認有一個實在界以及一個包含觀念的心靈，他的問題是何者能使這些觀念對那個實在為真(*MT*, 104)。對這問題至少可以說，要是真的，一個觀念必須符合或對應於實在。其次，要成為實用真理的第二個條件在於，如何

把新的經驗形式吸收到吾人已存在的信念體系中，或是如何將舊的意見與新的事實相結合。前面已提過，詹姆士如何強調舊真理在控制上的重要性。我們設法保存它們，而且，縱使當我們對它們修改時仍依靠著它們。我們在此是極端的保守主義者，而保留是我們的策略。

最後，實用真理的第三個條件是最創新且具爭議性的主張：真理必須有功效，必須滿足某一需求或目的。詹姆士指出，一個觀念若要對實在是真的，它必須指向並引導至『那個』實在，而非其他的。而且，指向及引導之結果，必須產生滿足(*MT*, 104)。這是詹姆士真理觀中最具特色的一點。實用真理不是觀念或陳述的性質，而是某種情境或事件的性質，在其中，一個觀念或陳述能夠給一個行動帶來有益的或令人滿意的結果。單單是滿足感的出現，並不足以決定真理；它對實用真理而言是不可或缺的，但是亦非充分的，除非它也恰能引導至實在。(*MT*, 106)詹姆士並未主張滿足即是真理或單靠滿足即能決定真理。一個相信不存在事件的信念，縱使它能造成滿足，它也是假的(*MT*, 106)。詹姆士承認，事實上，許多暫時令人滿足者是假的 (*MT*, 54)。而且他反對把這種滿足觀念與其「相信之意志」的主張連在一起(*MT*, 86–87)。

詹姆士的真理觀引發許多批評，賽耶企圖運用上述的區分化解這些批評，亦即，詹姆士並不反對一般人承認的認知真理。他只是不肯強調認知真理的存在,他關心的是條件二及三之下的檢證歷程。詹姆士對他當代流行的絕對真理觀並無多大興趣，他關心的是多數的真理、個別的檢證過程、以及它們對於控制經驗及澄清經驗所提供的特定貢獻。賽耶言下之意，似乎詹姆士之受到批評，乃是由於詹姆士沒有強調他承認認知真理的存在，而過於強調實用真理，使

得人們把他對於實用真理所說的話誤用到認知真理上。

對於詹姆士真理觀最常見的批評就在於他之以有功效做為真理的條件。羅素就反駁說，一個假的信念在某些狀況中也能有功效(*MT*, 149)。又如，即使上帝不存在，但是上帝存在的信念依然會有用(*MT*, 6)。此外，也有人說，某些真的信念陳述可能不具功效。賽耶認為，這類批評出於對真理三種條件的混淆。批評者以為詹姆士把真等同於有用或有效，其實詹姆士並未主張真等於有用 (*MT*, 148–150)。有功效是真假的一個記號，但未必永不會出錯。前面提過，信念要成為實用真理，在有功效這第三條件之外，還需要其他條件。此外，一個在認知上為假的信念在某些情況中可能有用，但是，長期來說，一個假的信念會違反我們舊有的真理系統（真理的第二條件），因而終將顯示它是無功效的。因此，雖然每一個實用上為真的信念皆為有用的，但並非每一個有用的信念是實用上為真的(*MT*, xxxix)。

十三、詹姆士真理觀的適用範圍

賽耶區分認知真理與實用真理的做法，可以化解部分對於詹姆士真理觀的批評。不過，這種區分也引發另一個問題，亦即，詹姆士的真理觀是否能夠應用於所有類型的信念？在一八九八年首度公開宣揚實用主義的講演中，以及在一九〇七年的《實用主義》中，當詹姆士闡揚這種獨特的真理觀時，就其主要脈絡而言，乃是為了證成宗教信念亦可成為真理。不過，他原本的企圖是否僅局限於此呢？除了宗教信念、道德信念之外，他的真理觀是否能夠應用於科學信念呢？

艾耶在《實用主義的起源》中詮釋詹姆士的真理觀時，即是順著道德信念及科學信念區分進行(Ayer, 201)。柏德則認為艾耶過度強調了這種分別，會使人以為詹姆士的真理觀僅能用來說明宗教信念及道德信念，而不適合說明科學信念。柏德認為這種分別是多加的，詹姆士的原意應該是要應用於各種類型的信念(Bird, 42)。在這點上，賽耶與柏德倒是一致的。儘管賽耶也區分了認知真理與實用真理，不過，他強調自己並不贊成一般學者把詹姆士的真理觀局限於宗教信念的詮釋方式。賽耶認為，詹姆士發展其真理觀，其實懷著非凡的雄心壯志。詹姆士企圖表明真理這個觀念是多麼地複雜，如果想要澄清真理這個觀念的哲學意涵及重大意義，如果想要理解它在一個變化而可塑的世界中如何能夠做為成功行為的一個控制條件，則必須綜合心理學上、道德上、知識論上、及形上學等方面的考慮。真理概念應該充分發展以便適用於更寬廣的哲學系統，以涵蓋人類行動及經驗的種種形式及目的，並展現思想及觀念如何可能成為世界更動、創新、及價值的來源。不過，賽耶也承認詹姆士並未完成他在這方面的系統(*MT*, xliv–xlv)。

平心而論，若是就詹姆士本人的思想發展而言，他的真理觀原本主要是針對非認知信念而設想出來的，因而對科學信念部分著墨不多；這也容易使人懷疑他的說法如何能夠應用到科學信念上。不過，後來當詹姆士在《真理的意義》一書回應羅素的批評時，顯然對原先的說法做了若干修改。他承認原先的主張在科學信念方面確有不足，需要進一步說明在科學的脈絡中影響信念之接受的各種因素，但也堅持自己原先的方向是正確的(*MT*, 146ff)。換言之，他相信自己為真理所設定的一些條件是可以應用於所有類型的信念。對詹姆士來說，認知的考慮及情感的考慮都牽涉在所有信念的運作中；

在道德與宗教的脈絡中，個人的滿足必須輔以其他方面的考慮，而在科學的脈絡中，情感的滿足亦是不可忽視的。如此，任何信念，不論是科學信念或宗教信念，必須同時具備前述真理的三個條件，才能成為真理。問題是，對不同類型的信念而言，具備這三個條件的重要性是否有不同的程度？

柏德指出，詹姆士反對以檢證做為決定信念真假的唯一方式，對科學信念與其他非認知信念皆應考慮其是否具有功效、能否滿足我們的需求及目的；因此，除了檢證之外，還有滿足與否的問題。如果就偏重而言，當然檢證對科學信念比較重要，而滿足對非認知信念比較重要(Bird, 40)。依此，我們至少可以說，有學者認為，對不同類型的信念而言，需要具備真理之各種條件的比重會有不同。不過，柏德也指出，檢證與滿足這兩個條件亦不是截然二分的❾。他說，一般對詹姆士的批評以為，詹姆士在說有用或滿足時，根本抹煞了對於證據、測試、檢證的憑藉。事實上，這並不是詹姆士的本意，因為有用或滿足的觀念已經包含至少在某種適當的脈絡中需要藉助標準的測試方法。柏德指出，詹姆士在一九○七年給佩里的信中明白表示，在說明真理時，我們同時需要知性的滿足及情感的

---

❾ 柏德認為，詹姆士所說的「滿足」一詞帶有歧義。它可以狹義地對比於科學中的測試程序而指謂情感上的滿足，它也可以廣義地代表全面的滿足而包括測試結果的滿足(Bird, 42)。如此，廣義的滿足可以包括檢證。事實上，詹姆士所說的檢證亦可做狹義與廣義之分。就其狹義而言，檢證指的是科學中的經驗測試；就其廣義而言，它指的是得到情感上滿足的結果。如此，廣義的檢證亦可以包括滿足。在詹姆士的著作中，我們當然可以發現上述的現象。不過，究實而言，無論是「檢證」或「證實」，無論是「有用」或「滿足」，詹姆士都偏向最廣義的用法。

滿足 (Bird, 199)。柏德認為，詹姆士之所以不願過度強調檢證的問題，乃是因為即使在科學探究的脈絡中，詹姆士也只希望將檢證當成信念運作的一個考慮而已。因為，即使在這個脈絡中，檢證的觀念也不是說明真理的終點，而只是其中的一個階段而已 (Bird, 41)。對詹姆士來說，檢證本身應該隸屬於更廣的目標之下，因為真理的追求本身並不是目的，我們追求真理乃是為了實踐上的理由。理論的建構及測試，甚至信念在任何脈絡中的運作，都是達到其他重大滿足的手段；亦即，它們具有生存的價值。這些滿足及和諧不只是使個人或群體在某一時間感到愉快，而是能產生成功的、有利的、長期的行動。基於此一理由，詹姆士強調，真理是善的一種。簡言之，「檢證」及「對應於實在」等概念在我們的信念系統中，均有一部分的地位；但是，柏德指出，對詹姆士來說，即使是在科學的脈絡中，它們仍然是附屬於更概括、生物學的、演化的目標。在此可以明顯看出達爾文對詹姆士的影響(Bird, 41)。

第六章　實踐哲學

前面提到，詹姆士認為，人類追求真理乃是為了實踐上的理由。事實上，詹姆士之發展出實用主義的真理觀主要亦是基於實踐上的理由❶；對他來說，不同的真理觀對我們的生活會造成重大的實踐差別(P, 109)。詹姆士曾宣稱，他的真理觀是通向其哲學其他部分的鑰匙；這些其他部分指的就是詹姆士的實踐哲學，其中包括多元論、淑世主義、有限上帝論、非決定論等。本章的討論即以此為主。

一、多元宇宙觀

在《實用主義》中，詹姆士以實用方法處理一與多的問題。他認為，這是所有哲學問題中最為核心的問題，理由是它有最豐富的衍生後果(P, 64)。詹姆士本人曾長期思考此問題❷，在一八九七年

---

❶　柏德亦指出，詹姆士的哲學不僅包括道德及宗教的論題，甚至是以這些論題為主導。由他個人之困惑於自由意志的問題、他對宗教信念的真誠投入、以及他父親的宗教背景，都可說明這方面的論題對他的重要性。不過，他對這些非認知論題的討論仍然是以其知識論為基礎；我們甚至可以說，他之所以建構知識論，部分即是為了這些論題 (Bird, 144)。

《相信之意志》的序言中，他就說過：「一元論及多元論之間的差異或許是所有哲學差異中最為豐饒的。」(WB, 5)一元論及多元論的對立基本上是一種世界觀或宇宙觀的對立，但是此間的對立會造成許多實踐上的差異❸。詹姆士之所以特別關心這種對立，其實有其時代背景。在詹姆士宣揚實用主義的同時，主張一元論的絕對觀念論在英美哲學界甚為風行。這種哲學奉德國哲學家黑格爾為首，英國方面的代表人物是布萊德雷，美國方面的代表人物是魯一士。詹姆士對這派哲學非常反感，他認為這種一元論帶來的實踐後果相當危險，因此經常在論著中痛加批判❹。詹姆士本人則主張多元論，

❷ 一八八二年，詹姆士發表〈論幾點黑格爾學派的主張〉，已在強調多元宇宙觀。在一八八四年出版的《故亨利・詹姆士文存》的導言中，詹姆士反對他父親宗教上的一元論，因為這樣一來使得上帝成為唯一的主動原理。他在其中又說：「依我看來，所有哲學差異中最深刻的差異即是存在於這種多元論以及所有形式的一元論之間。除了分析的及知性的論證之外，多元論是我們在實踐上全都傾向持有的看法，只要我們完而成功地運用我們的道德能量。……簡言之，『行動』之感使我們不去理睬『存有』之想法；而這種不理不睬可以說是形成一般所謂的『健康心態』的重要成分。任何一種絕對道德論必定需要是這種健康心態的多元論。」(ERM, 61–62)在此，我們看到，早在一八八○年代初期，詹姆士已主張多元論，而此立場此後貫穿其一生，愈到晚年愈強。

❸ 佩里曾指出，詹姆士之主張硬心腸的多元論乃是出於兩個不同的動機。一個是相信各個個人意志的多元性，這使每個人免於干預其他人。一個是相信世界的多元性，世界是由無數的不同性質的東西組成的(Blau, 258–259)。若依佩里的說法，則一與多的對立，除了涉及世界觀的對立之外，似乎還涉及集體主義與個人主義的差異；不過，這種說法並沒有明顯的文獻證據。

❹ 在一八八二年的〈論幾點黑格爾學派的主張〉一文中，詹姆士指出，

並曾以「多元宇宙」做為書名。

依詹姆士的說明，簡單地說，一元論主張世界中一切個別的存在皆緊密地相互關連而結合成為一個毫無縫隙的統一體、絕對者，而且這個整體的「一」又絕對地決定並蘊涵每一個個別的存在。多元論則主張世界中萬事萬物之間有相互關連之處，也有彼此不相關連之處；世界是以無數的個別形式分散地存在著，而個別之間則有各種方式、各種程度的聯繫(*P*, 65, 127)。詹姆士首先用實用主義方法針對一元論發問：如果世界確如一元論者所說的是緊密地關連為統一體，則會有什麼不一樣的實際後果呢？簡言之，如果世界是一元的，則會造成什麼差別？如此探問之後，原本在一元論者口中相當抽象的「一元」呈現出下述幾種實質意義(*P*, 66–73)。

一、對一元論者來說，一元表示世界至少是「一個討論的題目」。他們提出的理由是：當我們以「世界」、「宇宙」這類名詞去指稱萬事萬物時，已經表示它是一個整體，而沒有遺漏任何部分。不過，詹姆士認為，這種討論領域上的統一性其實只是一種名詞的

由經驗論的立場出發必定走向多元論；換言之，就既予之經驗事實而言，有關連處，亦有不關連處，一與多皆為經驗之事實。黑格爾則顯得過於霸道，他認為不合乎他理想中那種一元的世界就是不合理的，不被決定的就是完全的混亂，並欲以其辯證法證明絕對一元論 (*WB*, 202)。詹姆士此文提出十一個理由來說明黑格爾的證明是無效的(*WB*, 217)。不過，這些理由都是理論層面的，事實上，詹姆士反對黑格爾主義的理由主要來自實踐層面。我們可以由本文最後的附註中找到第十二個理由。簡言之，在黑格爾的絕對一元論中，一切都變成是被決定的，如此一來，悲觀的命定主義似乎是隨之而來的結論。在此，吾人感到極深的無力感以及一種無所謂或漠不關心的心態 (indifferentism) (*WB*, 220)。

統一性，而文字表面的統一並不代表實質內容的統一。用一個名詞去指稱萬事萬物，並不代表這些對象必然有內在的緊密關係，因為我們也可以把這個名詞用到任何一堆雜亂的事物上。

　　二、對一元論者來說，一元表示萬事萬物之間的「連續不斷」。他們認為宇宙各個部分皆藉著時間與空間這種連續的媒介聯合在一起，即使是一粒粒的散沙，也是由空間連接起來。對於這種論點，詹姆士不表同意。他指出，就空間而言，「它對事物的隔離似乎和對事物的聯合同樣重要，只不過有的時候此種功能使我們感到更貼切，而有的時候彼種功能使我們感到更貼切。」(*P*, 66)

　　三、一元論認為萬事萬物還可以藉著許多「影響路徑」而形成連續不斷的一元。例如，在自然世界中，存有力的、熱的、電的、光的、化學的各種影響路徑。詹姆士承認，在個別事物之間，存有無數種類的聯繫。每一個種類的聯繫都形成一種網絡、系統。以人們相互認識的關係來看，許多人可以在這種關係上串成一條連續的線、或是編成一張完整的大網。但是，多元論者認為這條線路很可能會中斷，這張網也可能有破洞。依詹姆士看來，世界中有連續處，也有不連續處，一與多都是同樣真實的。我們固然可以尋出某種途徑，使萬事萬物都有某種聯繫；然而，我們也可以從另一個角度來選擇某種路徑，而使聯繫無法繼續下去。對連續性、統一性有興趣的人會覺得這是「不正確」的路徑，但是對不連續性、多樣性有興趣的人則會覺得這是「正確」的路徑。簡言之，對詹姆士而言，「一與多在此絕對是平起平坐的。沒有那一個是更原初、更根本、或更優越的。……在我們與這個充滿各種影響力的世界進行一般交往之中，有時需要傳導體，有時需要絕緣體，而智慧就在於知道分辨何時是恰當的時刻。」(*P*, 68)

四、對一元論者來說，一元也可以表示「目的之統一」。他們認為宇宙中的萬事萬物之發生及存在，皆是為了達到一個究極的、絕對單一的目的。各個人的生命各自有其本身的目的，但是他們會依發展程度的高低，為群體的目的而合作。如此，各個小目的被包含在群體更大的目的之中。順此而下，一元論者以為會達到一個最大的、無所不包的、唯一的目的，做為萬事萬物共同趨向之所。對於上述的想法，詹姆士認為它與事實不符。固然，我們可以事先設定目的，但是實際出現的結果絕不會在每一個細節上都和原先設定的一樣。一個青年在剛起步時立志成功，但是每往前邁進一步，他就會有不同的視野，舊日的目的可能不再放在眼中；原先對於成功的想法，在細節上會隨著不同的階段而有不同的內容。此外，不同的目的之間可能會產生衝突。有時一個目的壓倒另一個目的，有時不能分出勝負，就相互妥協；這樣的結果也不同於一開始在設定目的時所預期的。總之，詹姆士指出：「我們的世界在目的上並沒有完全統一，而且仍然在努力使統一的工作得到更好的組合。」(P, 70)

除了上述四種意義之外，詹姆士還指出一元的其他四種意義：「因果的統一性」，意即宇宙的一切皆由一個最初的原因而來；「種屬的統一性」，意即整個宇宙是一個總類；「審美之統一」，意即世界像個完整的故事一樣，有開場、有過程、有結局；「絕對唯一的認知者之統一」，只有一個認知者，而一切皆屬其認知之對象或內容。詹姆士承認，上述八種意義的每一種都代表一種特定的聯合方式。不過，他也再度強調：「這些聯合有許多是和種種同樣真實的隔離並存的。」(P, 73)究實而言，詹姆士反對絕對一元論之主張只有統一而無空隙，也反對絕對多元論之主張只有分散而無統合，他贊成的是相對的或溫和的多元論，承認現實中同時有統合有分散。在上

述的討論中，詹姆士主要想表明，從知性上來說，一元論並沒有成立的必然性。

詹姆士願意承認一元論是一個「可能的」假設，「主張世界上『可能』只有一個最高目的、一個系統、一個類別和一個故事，這也是一個正當的假設。」 不過，他更要強調我們沒有任何理由肯定一元論是絕對的真理，「在我們沒有比目前更好的證據之前，便獨斷地肯定這個假設，是輕率的做法。」(*P*, 71)可是，詹姆士當時的絕對觀念論，卻堅持一元論的主張，而宣稱有一個「絕對者」可以包容其他一切，世界已經以絕對者的形態組成了一個統一的整體。而且，絕對觀念論堅持絕對者的存在具有邏輯上的必然性。詹姆士指出，在現實世界中，存有許多的不連續，而我們在經驗中遇到的連續又是如此分歧，以致沒有一個確定而絕對的統一者能夠涵蓋它們。在經驗與自然中所發現的分離，過於顯著，也過於真實，以致於無法以某種抽象的安排而加以解消。這個世界目前存在的狀態，就實用主義者看來，其中同時有連續與分離，這兩個歷程都是真實的。依據這種看法，世界是鬆散地結合在一起的；它不是一個完全井然有序的宇宙，其中包含的某些歷程是彼此相容的，但是也包含其他相互衝突的歷程。

詹姆士說：

關於事物中聯合與不聯合的到底各有多少，在未經最後經驗確定以前，實用主義顯然是在多元論這一邊的。實用主義承認將來會有一天，甚至完全的聯合（一位知者、一個來源、一個在一切可想像的方面都結合在一起的宇宙）也許會變成一個最能被人接受的假設。但是在目前，我們必須誠心地接

受世界還不是完全統一的或還要永遠保持這種狀態的相反假
設。這後一種假設是多元論的理論。既然絕對一元論甚至不
許人們認真地考慮這種假設，自始就說它不合理，那麼實用
主義當然就必定會反對絕對一元論，而遵循多元論那種更多
經驗成分的途徑。」(*P*, 79)

　　雖然詹姆士反對一元論成立的必然性，不過，他也大方地表示，
絕對一元的宇宙觀是一種合法的假設。他的理由是，不論由抽象的
方式或具體的方式，這個假設都是可理解的。所謂由抽象的方式來
看絕對者的假設，意即把絕對者看成一個抽象的東西。在此，有如
把「冬季」放在天冷的現象事實背後那樣，把絕對統一體放在我們
有限生活背後。「冬季」這個名詞不過是用來指稱某一段日子，這些
日子一般具有寒冷的特性，但也不是一定寒冷，其間也會有溫暖的
日子。無論如何，在我們對於未來經驗的處理上，「冬季」這個名
詞仍有其用處；它幫助我們確定某些可能，而排除另一些可能。例
如，當我們知道冬天到來時，就可以把草帽收起來，把外套找出來。
這個名詞告訴我們自然界會出現那些常態，讓我們知道大概要準備
些什麼。它其實是由我們過去的經驗抽離出來的；一旦抽離出來，
它就成為一種固定的工具，成為我們必須考慮的一種概念性的實在
事物，因為它可以影響我們未來的經驗。詹姆士表示，實用主義不
願否定抽象事物的實在性，因為抽象事物也是以過去的經驗做為基
礎(*P*, 127)。

　　其次，所謂由具體的方式來看絕對者的假設，也就是把絕對者
看成一個具體的東西。這是理性論者的觀點，在此，它與世界的有
限版本成為對立的假設。詹姆士指出，對實用主義來說，宇宙只有

一個版本；它還沒有完成，其中各種地方都在成長中，在思想發揮
作用的地方尤其成長快速。相反的，對理性主義來說，宇宙有許多
版本。其中只有一個版本是實在的、無限的、完美的、永遠完整的，
其餘的版本則都是有限的、不完美的、有著各式各樣的缺點及錯誤。
依理性論的說法，絕對一元的世界是完美的、已完成的。其中只有
全知，而沒有一點無知之處；只有滿足，而無匱乏；只有必然，而
無單純的可能性；只有永恆，而無時間歷程。在那個世界中，甚至
連罪惡及恐怖都不再是遺憾之事，因為它們都成為實現永恆完美之
善的暫時過渡條件了(*P*, 124, 127)。

詹姆士表示，在實用主義者的眼中，抽象的絕對者及具體的絕
對者雖然是兩種不同的假設，但都是合法的；二者都有成立的理由，
因為各自有各自的用處。依據實用主義，任何一個假設，不論是那
一種主義提出的，只要能證明它對人生有任何效果，它就有一定的
意義。因此，理性論的假設只要能有效地指導人們面對未來的經驗，
就有其可取之處。詹姆士指出，以抽象方式看待的絕對者，就像冬
季一詞，被當做過去經驗的備忘錄，用來指導我們面對未來的經驗。
其次，以具體方式看待的絕對者，對某些人來說，也的確是不可缺
少的。這種假設肯定宇宙中存有永恆的、根源的、最真實的完美，
而成為這些人宗教信仰的根本依據，也進而對他們的生活造成重大
的改變，並由此而改變一切依賴於這些人的外界事物(*P*, 128)。依詹
姆士看來，後面這種功效才是一元論最主要的功效。

詹姆士否定一元論在知性上的必然性，也對絕對觀念論者那種
獨斷的態度表示反感。此外，他指出，一元論在知性上造成許多困
難及無端的耗費，它會一直與「惡的問題」、「自由的問題」糾纏不
清，並被逼得在形上學引進許多神秘說法及兩難 (*ERE*, 99)。可是，

一元論者卻仍然斬釘截鐵地宣稱自己的主張是真的、是唯一合理的，並批評實用主義的說法只能提供一個不盡合理的世界。由此可見，他們之所以堅持一元論，並不完全是出於知性的根據(*P*, 74)。換言之，一元論最主要的支持是出於情感上的。在此，詹姆士承認一元論在情感上有很高的實用價值，亦即，它能提供完全的安全感。而且，一元性能夠打破人與人之間在情感上的隔離(*P*, 76)。對於受夠了現實世界中種種不和諧的人來說，一個完全和諧、沒有任何對立與衝突的世界確實是個夢想中的樂土。這種心情是可以理解的，不過，依詹姆士看來，此中說的樂土只是個期望，而非已實現的事實。他認為，唯有最極端的幻想家，才會完全漠視那些的確存在的焦慮、挫折、失序、不和諧，而透過豐富的想像力，用種種的思辨技巧把這個世界說成是一個完美的世界。詹姆士說：「要做一個好的實用主義者，我們就必須面對經驗，面向『事實』。」(*P*, 81)實用主義者寧可用寫實的手法來描述人類的存在情境，他寧可面對世界的現實。以平實的眼光看去，我們發現，處處存在著破裂；不過，我們也發現到相當的秩序與和諧，而使得生命可能存在並過得下去。甚至在許多時刻，也有足夠的條件，使得這個世界的生活成為一件快樂的事。

　　簡言之，對詹姆士來說，一元論與多元論都是可能成立的假設，只不過多元論較合乎現階段的經驗事實，另一方面沒有一元論那麼獨斷，也不會惹來許多知性上的難題。因此，他寧可接受多元論的假設。此外，更重要的是，多元論留給我們的世界是不完整的、時有增減的。在這樣的世界中，未來才是可能的，人在這個可塑的世界中才有發揮的餘地。人類奮力由失序中得到秩序，由不和諧中得到和諧。當然，不能被改造的，必須加以順應而接受之。但是，心

中依然存著一個希望，即是，經由人類的努力，世界會趨向更高的統一及和諧。換言之，唯有在多元宇宙中，淑世主義才有成立的基礎。

二、淑世主義

詹姆士指出，依據實用主義的原則，我們不能否定任何一個能夠對於人生造成有用結果的假設。對實用主義來說，普遍觀念可以像個別感覺一樣實在。普遍觀念若無用處，則無意義及實在性。但只要它們有用處，它們就有那麼多的意義；而且，此意義將是真的，只要其用處和生活中的其他用處相符合。詹姆士指出，絕對者這種預設的用處已由人類整個宗教史證明了(P, 131)。當然這不是一個科學的用處，而是情感上的、精神上的。

詹姆士承認，無論是一元論的看法或是多元論的看法，都是有用的。一元論可以給予人們精神上極大的安慰。一元論者運用想像及推理把萬事萬物建構成一個合理的、美好的統一，而個別的缺陷都消融在這統一中或是為其中別的部分所彌補，如此，想到個人現實上的煩惱及不幸既然是構造全體美好的過渡條件，也就值得忍受了(P, 134)。這就是一元論能帶來的好處。詹姆士說：「雖然這種想法被敵對者比擬為精神上的鴉片，但是，實用主義者必須尊重它，因為它的效用在歷史上有大量的證據。」多元論則鼓舞我們努力去實現比現實上的更好的可能性，逐步擺脫我們卑微的一面，而朝向我們高尚的一面前進。這兩種看法都能鼓勵人們忠於自己，都有令人滿意之處。不過，第一種看法的人性是靜止的、已完成的、固定不變的，第二種看法的人性則表現多樣的可能性及不安定性。實用

主義者比較傾向後者，因為，在此，人們比較注重未來的活動，也使未來的經驗內容有可能更為豐富(*P*, 133)。

詹姆士曾借用他朋友的話，來說明多元論者的信念：

> 我相信多元論。我相信在尋求真理的過程中，我們好比在無根的海上，從一塊浮冰跳到另一塊浮冰，而且藉由我們的每一個行動，我們使新真理成為可能，而使舊真理成為不可能。我相信每一個人都負有改善宇宙的責任，如果他沒有這樣做，宇宙也就維持原狀。(*P*, 134)

這段文字生動地表現了實用主義主張的多元論的特性。

根據詹姆士的看法，實用主義與理性主義在思考方式上的基本差別是：一者往前看，一者往後看。理性主義是以向後看的方式去說統一，如此的統一是已經完成的，它是一種既成的事實，已成為世界的本性。在此，我們不需要再做任何努力，因為已經如此了。可是，對實用主義來說，統一是一種需要努力的統合歷程，而不是一種抽象的統一性。依照往前看的思考方式，統一是出現在未來的一種可能而已，沒有必然的保證，故而需要人類的行動付出。換言之，完美的世界並非必然的原則，而僅僅是可能的結果(*P*, 134)。

這兩種思考方式，對於我們的人生會造成截然不同的意義。詹姆士指出，依實用主義看來，此處的兩難乃環繞於「世界的可能性」這個想法。在知性上，理性主義以其統一性的絕對原則做為許多事實之所以可能的根據。在情感上，它認為這個原則包容、範限一切的可能性，並保證結局是好的。依此看來，絕對者使所有好事成為必然，使所有壞事成為不可能，如此而把可能性範疇提昇為更有保

障的必然性範疇。此處的分歧在宗教上也造成重大的差異：一種形態是相信世界必定得救，另一種形態則相信世界僅可能得救。「因此，理性主義的宗教及經驗主義的宗教之間的整個衝突即在於可能性之有無。」理性主義堅持以必然性為唯一的追求目標，而經驗主義則願以可能性為滿足(*P*, 135)。

為了要找到可能性這個概念的確切意義，詹姆士建議使用實用主義的方法來問：「當你說一個事物是可能時，這句話到底造成什麼差別?」(*P*, 136)首先，當我們說一個事物是可能時，造成的差別最起碼在於：我們不贊成別人把這件事說成是不可能存在的，也不贊成別人把它說成是實際存在的，亦不贊成別人把它說成是必然存在的。其次，如果一個事物是可能的，這句話表示目前沒有足以妨害這個可能事物的因素存在。換言之，只要沒有任何真正能夠妨礙這個事物的因素，這個事物即不是不可能的，而是可能的。這是由消極的方面去說可能性。詹姆士指出，具體地來說，一個事物的可能性不但消極地意味著不存在妨礙的條件，更積極地意味著實際上存在一些有助於產生這個事物的條件。

詹姆士舉了一個例子來說明上面三種可能性的意義。一隻具體可能的小雞，表示三點意思。一、小雞這個概念在本質上並不自相矛盾，亦即小雞在邏輯上是有可能存在的；這是邏輯條件。二、附近沒有頑童、黃鼠狼及其他危害小雞存在的威脅；這是消極條件。三、至少有一個實際的雞蛋存在；這是積極條件。最後這種條件毋寧是最重要的。當我們說小雞是可能的，意味著實際上先要有雞蛋、孵蛋的母雞或機器等等條件。實際的條件愈接近完備，小雞也成為愈來愈有根據的可能性。如果條件完全齊備，小雞就不再是一種可能，而轉變成實際的事實(*P*, 136)。

詹姆士接著用上面這種可能性的意義，來思考世界的救贖問題。他指出，世界有可能得救，這句話依實用主義看來，其意義在於：世界得救的諸般條件中有些已實際存在。當然，這類條件愈多而阻礙的條件愈少，則得救的或然率也就愈高。「世界有可能得救」這句話的確切意義是弄清楚了，但是這句話並未被所有人接受。悲觀主義認為世界不可能得救，樂觀主義認為世界必然得救。唯有淑世主義才把世界的得救視為一種可能，得救的條件存在愈多，則得救之可能成為事實的或然率也就愈高。詹姆士指出，實用主義堅決支持淑世主義，它不能無視於現實中已存在的一些有助於得救的條件，並相信只要補足更多的條件，可能性就會成為事實(*P*, 137)。簡言之，依詹姆士看來，這個世界是容許我們改造的。這樣的情況給予人為的努力一個「機會」，去為世界的得救補足一些條件。其次，要使這些補足條件出現，則是要靠我們的「行動」。詹姆士堅定地相信，靠著吾人行動一點一滴的努力及累積，世界也一步步地走向更好的境地(*P*, 138)。

另外，詹姆士提醒一點，此處說的得救可以用相當廣泛的意義來理解。它可以指一些個別的、零星的、分散的現象，也可以指一種整體的現象。換言之，整個世界達到完善的境界算是得救，一個人做了一件善事也可算是增加得救的條件。許多人心中都有他的理想，並願意為理想而奮鬥。任何一個人只要能夠實現他的理想，就是為這世界的得救目標增加了一分成功的希望。換言之，這些個別的理想並不僅僅是空洞的、抽象的可能性。我們的奮鬥就是這些理想實現的根據及保證，也就是使理想實現的補足條件(*P*, 137)。

或許有人認為，新條件或新事物的出現必須依賴因果的法則或邏輯的必然性，而不是靠著人為的因素。但是，詹姆士強調，任何

事物若是能夠出現，其真正的理由就是有人希望它出現。「它是『被要求的』，也許只是要求它去拯救芸芸眾生中極其微少的一部分人。這才是『活生生的理由』，與此比較起來，物質的原因及邏輯的必然性根本不算是什麼東西。」(*P*, 138) 有人會批評詹姆士的說法不盡合理，詹姆士則帶著反諷的語氣說，對理性主義而言，或許有求必應的世界才是唯一完全合理的世界；在此，一切欲求都立刻得到滿足，而不需要考慮或遷就其他任何事物。這是絕對者自己的世界，它要現象界存在，現象界即因此而存在了。不過，詹姆士也指出，在我們生活著的世界中，個人的希望只是一個條件。在他的周圍有其他的個體帶著別的希望，而必須加以考慮或遷就。在這個雜多的世界中，一個東西的出現要穿過層層阻力，唯有透過一再的調和，才能達到高一級的合理形式。經過人類的努力，我們已經在生活中的少數部分達到有求即應的形態。例如，只要打開龍頭就有水，只要按鈕即可照相，只要打個電話就可以與朋友談天，只要買張車票就可以去旅行。但是，這些已有的成就仍然只是佔整個人類生活中的一小部分(*P*, 139)。人若是想要更好的未來，就必須投入自己的努力。在努力的過程中，會有成功、歡笑，也會有挫折、痛苦。但是，總體而言，成效會隨著努力的投入而增長。

三、有限上帝觀與多元論的宗教形態

以上說明世界的成長不是整體的而是零碎的，要靠各部分的努力；這點表現詹姆士的淑世主義。事實上，詹姆士的上帝觀也與其淑世主義在精神上有著共同的基調。依詹姆士看來，上帝不是十全十美的，上帝所創造的世界，並沒有必然得救的保障，唯有靠其中

各個成員竭盡全力，世界才會臻於完美。上帝給我們人類機會，讓我們存在於世界之中，為這完美的目標共同擔負風險，一起盡一份力。

在詹姆士的時代裡，絕對觀念論的宗教哲學最具影響力，在此，上帝被理解成一個統合萬有為一體的絕對者。不過，對詹姆士來說，這種說法的缺點是過於抽象且遠離現實，更重要的是，這種說法無法合理地說明現實世界中存在的種種缺憾與不幸。如果上帝包羅萬有，即得對所有的事負責，當然亦包括罪惡。詹姆士寧可說上帝不能包括一切，無法避免罪惡，上帝像人一樣需要奮發努力，才能確保美好的未來。他說：「在這個充滿汗水及污垢的真實世界中，依我看來，對於事物的看法若是『高貴的』，這點就足以顯示它是錯的、在哲學上是不及格的。」(*P*, 40)依詹姆士看來，上帝絕不是一個兩手不沾塵埃的紳士。在塵世中，人類遇到各種災難考驗，需要的不是一個高高在上的尊貴上帝，而是一個能夠提供謙卑服務的上帝。此外，他也明白地反對絕對觀念論的上帝觀而說：「如果有上帝存在，他不會是一個絕對的、無所不包的經驗者，而僅僅是一個具有最廣闊的實際意識幅度的經驗者。」(*ERE*, 99)❺

不論是「上帝」或「絕對者」，這些形上概念的實質意義是什麼呢？詹姆士在此依然藉著實用方法，由這些概念所可能帶來的實際效果衡量其意義。依此，當我們對某一超經驗者抱持信念之際，

---

❺　於《多元宇宙》一書中，詹姆士表示，我思想的任一部分有可能不只是我意識的一部分，而亦成為某一較高或較廣的意識的一部分。可能有一個世界靈魂，它的意識包括了所有人類的思想。這樣的上帝不是世界的全部，亦不完全與世界分開，他與世界有共同之處，但亦保有其本身獨特的意識(*PU*, 71)。

它對我們的意義即是它所帶來的實際效果❻。簡單地說，根據詹姆士的分析，有沒有上帝，實際意味著有沒有希望；依此，上帝概念的確可以造成重大的差異。因此，詹姆士指出，實用主義雖然忠於事實，但是不像一般經驗主義那樣帶有唯物論的偏見(P, 40)。換言之，實用主義不會立即把上帝或絕對者這類超經驗者視為無意義的概念，而會根據它可能帶來的實際效果去說它的意義。

其次，詹姆士指出，依實用主義的真理觀，「如果神學上的諸般觀念確實對具體生活有價值，則依實用主義來看，就其具有如此程度的好處而言，它們是真的。至於它們還能更真到什麼程度，則完全取決於它們與其他也需要被認可的真理之間的關係。」(P, 40–41)詹姆士又說：「依據實用主義的原則，如果上帝假設能在任何意義上運作得令人滿意，則它是真的。不論它還有什麼別的困難，經驗已證明，它確實有用，而且問題在於如何建構並確定它，以便它能與所有其它的有用真理令人滿意地結合在一起。」(P, 143) 這點說明詹姆士為何願意在理論上接受上帝存在是個可能的假設。此外，

❻ 在一八九八年的加州演講中，詹姆士非常明白而大膽地提出他對宗教的批判及實用主義式的分析。他指出，宗教是件生動的、實踐的事，而他在抽象的神學定義及對上帝的討論中沒有發現什麼宗教上的重大意義。神學及有組織的宗教不過是衍生於一堆具體的、主動的、直接的宗教經驗中。神學上的上帝是否存在，在實踐上並不重要；但在具體經驗中的上帝若是假的，則對那些以此經驗為生活底據的人來說，卻糟透了(P, 266)。因此，詹姆士並不重視傳統的上帝存在論證，反而由宗教生活本身的現象中為宗教價值尋求證據。他在《宗教經驗之種種》中舉出許多實例說明，宗教經驗會造成人格的改變，例如，祈禱會使人由軟弱變堅強。不過，此處的力量是源自於個人無意識的心靈或是有一個更大的心靈經由吾人無意識的心靈而傳給我們呢？詹姆士認為我們沒有任何證據來決定要選那一個答案。

他明白宣示，自己事實上是有神論者，並以生動的筆法說明他何以相信上帝存在：

> 我本人絕不相信我們人類的經驗是宇宙中現存經驗的最高形式。我比較相信，我們與宇宙整體的關係有如我們的貓狗寵物與人生整體的關係。牠們住在我們的客廳及書房。牠們參加一些它們完全不懂其意義的場景。牠們只是切過歷史曲線的邊緣，這曲線的起點、終點、及形狀均完全超出牠們的理解。同樣的，我們也是更廣闊的萬物生活的切線。但是，正如貓狗的許多理想合乎我們的理想，而貓狗在日常生活中得到此一事實的證明，因此，我們很可以根據宗教經驗所提供的證明而相信有更高的力量存在，並且朝著和我們自己的理想類似的方向，努力解救世界。(*P*, 143–144)

詹姆士認為，實用主義對於真理的唯一測試，就是看它能否有效地引導我們，是否適合生活的各個部分，是否能結合經驗的整體需求而未有所遺漏。如果神學觀念做到這點，例如，如果上帝觀念做到這點，則實用主義如何能夠否定上帝的存在呢？實用上如此成功的觀念，若說是假的，這種說法毫無道理。依此，絕對觀念論所說的「絕對者」這個觀念，雖然詹姆士曾批評它遠離現實，但是他也承認，就它能給某一類人安慰而言，亦非完全無用的，它表現了具體的作用，它也具有這種程度的價值。這個觀念，依實用主義來說，即是這種程度地為真。相信絕對者的人可以由此得到某種安慰。為什麼呢？因為有限的罪惡在此可被化解掉，現世的存在可被當成潛存的永恆者，我們確定一切終必歸於美好，眼前的憂慮恐懼即可

放下。這表示:「我們有權不時地申請道德假期 (moral holiday),讓世界依照它自己的方式運行,同時心中覺得它的問題是由比我們好的能手在處理而無關我們的事。」(*P*, 41) 依詹姆士看來,這就是絕對者這個觀念的兌現價值;如果它是真的,則它能造成上述的實際差異。他甚至說:「如果絕對者的意義是如此,而且僅只如此,誰又能否定它是真的呢?否定它等於是主張人永遠不應該休息,永遠不能有假期。」(*P*, 41)詹姆士又說:「運用實用主義這種考察概念意義的方法,我已證明『絕對者』這個概念只具有一種『假日施予者』的意義、一種『宇宙恐怖驅除者』的意義。當某人說『絕對者是存在的』這句話時,他的客觀陳述,據我分析,只等於說『在宇宙面前感覺安定,是有一定理由的』。」(*P*, 42)

不過,詹姆士本人並不滿意絕對者的說法。他指出,我們所相信的真理,其最大的敵人就是我們所相信的其他真理。換言之,相信絕對者這個觀念可以給我們帶來某種善,因而我們相信它,但是此處的信念仍然要受到我們其他信念的檢驗。就詹姆士本人而言,儘管這個觀念可以提供道德假期,但是它背後的形上系統卻與詹姆士其他信念衝突,因此,他寧可放棄它而用別種理由來保存道德假期(*P*, 44)。基本上,詹姆士反對一元論者把宇宙想成是內在各部分相互依存的、完全系統化的、秩序化的、精確的、完全可預測的。他寧願接受一個開放的宇宙,而不願為了安全而活在一個封閉的、一切皆被決定的系統中。唯有在開放的宇宙中,才允許人有自由;唯有未來是開放的,個人的存在及努力方能佔有其恰當的地位、並顯出意義。在《真理之意義》中有一篇短文〈絕對者與奮鬥的人生〉,簡要地表明詹姆士之主張多元論的理由。詹姆士指出,絕對者提供的唯一的禮物就是「道德假期」,讓人安心而不必憂慮未來;絕對

者的想法並不能鼓勵奮鬥的心情。詹姆士指出，多元論相信世界尚未完成而仍處於創造的歷程中，一元論則相信世界有一個永恆版本是已經全部完成的。實用主義喜歡多元論的立場，在一個有待完成的世界中，人在其中有某種程度的決定權，故世界的救贖操之於其中各部分的努力，人的努力亦為其中的一部分。因此，多元論要求奮鬥的人生觀(*MT*, 123)。在一元論的世界中，努力與否皆無關，因為世界已完成了。因此，是否採取奮鬥的人生觀者，對一元論者是無所謂的。在此，詹姆士肯定人有自由意志，故能選擇更好的。宇宙的未來是未決定的，人類的決定有其重要性。人不只是決定喜歡什麼，更要以「奮發的心情」(strenuous mood)全心全力去達成之。

簡言之，詹姆士相信上帝存在，並且相信上帝是有限的。理由是，這種有限上帝觀能夠符合上述實用主義的原則，「它能與所有其它的有用真理令人滿意地結合在一起」。傳統上帝觀會與一元論一樣，在知性上造成許多無謂的困難，而無法滿意地說明惡的存在與自由意志的存在。此外，有限上帝觀會造成一些實踐上的差別，這更是詹姆士採取此觀點的最主要理由。他說：

請慎重考慮這個假設，並且把它當做一個活的假設。假定造物主在創造世界之前就把狀況告訴你說：「我準備創造一個並不必然會得救的世界，這個世界的完善是有條件的，要看其中每個成員是否就各自的層次竭盡全力。我給你這個機會，來加入這樣的一個世界。你要明白，它的安全是沒有保證的。這是一場真正的探險，帶有真正的危險，但最後仍可能得到勝利。這是真正要下手做的社會互助工作計畫。你願加入這行列嗎？你對你自己及其他的行動夥伴有足夠的信心去面對

風險嗎？」(*P*, 139)

在此，上帝不是無限的、萬能的，他所創造的世界不是完美的。如果人類想要一個完美的世界，則必須站在上帝那邊，成為上帝的夥伴，一同為美好的未來奮鬥。

詹姆士認為，心態正常的大多數人都會接受這種提議，而願意與上帝一起奮鬥。但是，他也意識到，還有一些人會覺得此中風險太大而不願意接受，不願意用個人的奮鬥去換取安全。此外，在現實生活中，每個人都有倦怠沮喪的時候，難免感到意志頹唐、自暴自棄。這時只想有一個可以安頓下來的地方，希望再度投向父母的懷抱，投入絕對的生命，如同小水滴投入河川或大海一樣。這時人們需要安靜、休息、安全，想要擺脫有限經驗中的種種煩惱。詹姆士認為，涅槃意味著安然免除感官世界中反覆無盡的險惡。印度教徒及佛教徒在此表現的態度顯現畏懼的本質，畏懼更多的經驗、畏懼生活。這種人會由宗教上的一元論得到安慰，在此，人與上帝合一，現世中不論成敗，都在上帝的庇祐之下。「毋庸置疑，人們到了衰弱至極的時候，絕對主義是唯一拯救的途徑。多元的道德主義只會使他們的牙齒顫抖，讓胸中的一顆心凍結。」(*P*, 140) 這時，絕對者給予人們的是「道德假期」，一種精神上的安頓，使人暫時得到庇護、休息。

上述不同的心態其實反映了兩種極端對立的宗教形態：軟心腸者所喜好的一元論或絕對主義的宗教形態，硬心腸者所喜好的多元論的宗教形態。詹姆士也指出，很多人只願把前者視為宗教，而把後者視為一種道德主義；此一誤解源於他們以為宗教必定是要放棄自我而完全依靠上帝的救贖，而道德則是靠自我之努力來實現。對

詹姆士來說，宗教中亦需要人類自己的努力，並不能完全依靠上帝。而且，詹姆士認為，我們必須在這兩種完全不同的心態中做出抉擇。就理論層面來說，詹姆士傾向多元論這種假設。假如世界真是依多元的方式組成的，真是分散地存在而由許多個體組成，那麼，就只能靠這許多個體的行為，一步一步、腳踏實地使世界得救。這整個可歌可泣的歷程，絕對不可能由一個根本的一元加以縮短 (*P*, 141)。不過，他也承認，終究來說，決定這類問題的關鍵不在於邏輯，而在於個人自身的信仰，邏輯沒有權利預先否定信仰。在此，詹姆士表白他個人的信念：

> 我覺得自己情願把這宇宙看做是真正危險而充滿冒險性的，故而決不退縮、決不認輸。我情願認為，在許多遞變中容易產生的那種浪子的放縱態度，並不是面對整體人生的正確而最終的態度。我情願看到有真正的損失及真正的失敗者，而不是所有存在的都全盤保留下來。我能相信理想是終極而不是起源，是摘要而非全體。把杯中的東西倒出時，永遠會有殘渣留下，但只要倒出的東西有可能是甜的，就足夠讓人接受了。(*P*, 142)

在這種血淚斑斑、可歌可泣的宇宙歷史中，曾經發生過的一些成功實例已足以鼓舞他繼續堅持下去。

　　總之，依照多元論的道德主義，避免罪惡的方法並非加以迴避，亦非把它當做一個已被克服的本質要素，而是要把它整個去除、拋棄，試圖造就一個沒有罪惡的世界。對詹姆士來說，一個真正的實用主義者情願依靠一個他所信仕的、沒有必然保證的、卻是可能的

方案來生活，如果有需要，他情願付出生命以實現他構畫的理想。當然，他不是孤獨的；在這奮進的過程中，我們可以結合同胞人群。此外，詹姆士還指出，我們更可尋求上帝的協助。他說，宗教上的一神論，就其本質而言，向來把上帝當成幫助者(*P*, 143)。詹姆士承認，持有多元論世界觀的人不如持有一元論世界觀的人那般具有安全感，從實踐的觀點來看，這是多元論不及一元論之處。一元論提供道德假期，它能安慰病弱的靈魂。多元論只適合強者，因為它要求不斷的努力，並要求心甘情願地在沒有保證之下生活 (*MT*, 124)。詹姆士指出，實用主義的宗教形態是多元論的、淑世主義的。徹底硬心腸者，不需要宗教；徹底軟心腸者，需要一元論的宗教；中間者或混合者應該會看出，多元論的、道德主義的宗教是最佳的，這種實用主義、淑世主義形態的有神論正是他所需要的。但是，一個人是否接受這種形態的宗教，必須由個人自己決定。實用主義在此不下斷言。因為，我們尚無法確知終究那一種形態的宗教是最有效的。在此，個人必須自我抉擇(*P*, 144)。對詹姆士來說，儘管他的說法並未與任何已知的事實衝突，儘管這種說法之為真會帶來實踐上的效果，但是，它之為真仍然沒有必然的保證。究極而言，一個人之所以全心地接受某種形態的宗教，除了上述的因素之外，最後還得加上詹姆士所說的「相信的意志」； 在這點上，也是他個人的寫照。

四、相信的意志與權利

在一八九七年問世的《相信之意志》❼中，詹姆士主張，當生

命的抉擇是強迫的、生動的、短暫的，即不能保持中立。而在此，我們有權超出證據而有所相信。事實上，不決定亦是一種消極的決定，而我們的選擇亦是證據的一部分，因此，必須超出證據之外。我們的決定甚至能夠以某種程度影響世界，而使之朝向我們終極信念之所趨而前進。這即是一般所稱的詹姆士的「唯信論」(fideism)。其次，他在此書強調，我們不可能不受意志及情感的影響而僅憑知性做出決定。詹姆士認為，在某種程度上，知性受制於情感，而意志則控制了知性及情感。換言之，這是一種「主意說」(voluntarism)。這些主張都是詹姆士實踐哲學中的重要核心。

　　詹姆士這本書的一個主要目的在於證成「宗教信仰的合法性」。他表示，他要說服的對象不是一般人，因為大多數人缺乏的不是信仰，而是批判與謹慎。他的對象是受過科學訓練而要求證據的學院人士，這些人信的太少(WB, 7)。換言之，其論說目的在於對付抱持懷疑心態的不可知論者。依詹姆士看來，宗教動力是一個社會心智活力的表徵；而唯有當宗教信仰忘了自己只是假設，而裝出理性及權威的模樣時，信仰才會造成傷害。對一個人來說，關於他的事物

---

❼　本書的第一篇文章即是〈相信之意志〉，這個標題突出醒目，給人很深的印象，但也帶來不少誤解。一九〇一年，詹姆士要求包德文(James Mark Baldwin)不要把「相信之意志」一詞收入他所編的《哲學及心理學辭典》，理由是，把它當做專門術語是件荒謬的事(WB, 254)。詹姆士抱怨他的批評者的目光似乎只停在這個標題上，而沒有進一步去看內文。他甚至沒好氣的說，若是他把標題改為「純粹信仰批判」，或許情況就大不相同了(LWJ, II, 87)。事實上，在一九〇四年，他認為較妥當的名稱應該是「相信之權利」(the Right to Believe)(TC, II, 245)。而詹姆士後來多次表示很後悔沒有用「權利」一詞卻用了相信之「意志」這個詞語(LWJ, II, 207)。

中最有趣且最有價值的即是他的理想及超出的信念 (over-belief)；
對一個國家或一個時代來說，亦是如此(*WB*, 9)。由此可看出詹姆士
對於宗教的重視，而他之用心於辯護宗教信仰，乃是有感於當時科
學對宗教的衝擊❽。

　　近代科學在建構的過程中，處處顯出對客觀事實的服從、對私
人愛好的克制，並因而獲致驚人的成就，因此使不少人相信，我們
對於所有信念的接受都應該完全排除主觀情感或意志的影響，而完
全訴諸客觀的證據。事實上，詹姆士當時就有赫胥黎(Thomas Henry
Huxley, 1825–1895) 及克里福特 (William Kingdon Clifford, 1845–
1879)這兩位英國學者宣揚這種看法。赫胥黎在一八七七年討論宗教
信仰低落對道德的影響時指出：「就我個人而言，我從未認為道德
不夠強到足以自立的地步。但是如果有人向我證明我是錯的，並向
我證明人類缺少這個或那個神學教義就會淪為兩足的畜生，且由於
他們更為聰明而會比野獸更加野蠻，那麼我下一個問題則是要求證
明教義的真理性。如果有人將要提出這種證明，不論它是什麼，我
確信人類緊抓這種教義的程度將會超過落海的水手緊抓木板的程
度。但是如果沒有，則我真正相信人類會走上墮落之路；而我唯一
的慰藉在於反省到，無論我們的後代變得多壞，只要他們遵守簡單
的規則，不假裝相信他們沒有理由去相信的事，不要為了對他們有
好處而假裝相信，則他們不會淪至最深層的不道德。」(*WB*, 255) 克里

---

❽　梅登也指出，要了解詹姆士有關相信之意志的主張，唯有先認清詹姆
　　士對科學所抱持的那種又愛又恨的態度。詹姆士本人受過科學訓練，
　　也非常尊敬科學的成就及科學的客觀態度。但是，他覺得很少有科學
　　家了解他們自身的職責及限度，卻往往依仗世人對他們的尊重而信口
　　對宗教問題、道德問題、哲學問題發表看法(*WB*, xiii)。

福特在其〈信念之倫理〉一文指出：「為了相信者的安慰及私人快樂而相信未經證明與未經質疑的陳述，即是褻瀆信念。……依據不充分的證據而相信任何事，在任何時間、在任何地方、對任何人來說，都是不對的。」(*WB*, 17–18)他又說：「社會的危險不僅僅在於它會相信錯誤的事，雖然那已夠嚴重了；更在於它會變得輕易相信，而喪失測試事物並加以探究的習慣；因為，如此一來，它一定會沈淪退化到蠻荒狀態。」(*WB*, 256)根據他們的意見，無論是在科學或宗教中，只要證據不夠充分，縱使某一信念有可能為真，我們仍然不應該接受它。對於這種過度泛濫的不可知論，詹姆士相當不以為然。依克里福特等人的看法，我們所有的信念都應該完全由知性上的客觀證據或理由決定。否則，若是相信沒有科學證據的信念，就是罪過 (*MT*, 77)。對詹姆士來說，這種主張非但不合乎實情，而且會造成不好的實踐後果。

在此，詹姆士仍然是由心理學的角度出發，他的做法是去考察「人類意見的實際心理學」，亦即，考察人們在接受或持有信念時的實際心理狀況。整體說來，當人們在接受或持有信念時，知性、情感及意志都是決定的因素。不過，在不同的情況中，例如不同的人、不同的時間、不同的信念類型，這三個決定因素所佔的地位及比重亦有不同。他發現，吾人之信念，在某些情況下似乎完全是由知性決定，有時又似乎是由情感及意志決定。詹姆士指出，我們無法經由意志作用而相信林肯不曾存在，亦無法經由意志作用而確信我口袋內的兩塊錢其實是一百元。我們充其量僅能用嘴說這些事，卻絕對無法相信它們 (*WB*, 15)。在這些狀況中，信念之接受與否似乎完全是由知性決定。如此，我們是否可以說：至少有某些信念是完全由知性上的客觀證據決定的。詹姆士雖然沒有明白反駁這點，

但是，我們可以由下述的一些說法看出，他並不認為僅由知性即足以決定任何信念。

詹姆士指出，他確信有真理存在，並確信我們的心靈可以獲得之。不過，此處的確信可能有兩種不同的方式：經驗主義的及絕對主義的。絕對主義認為，我們不僅可以獲知真理，並且能夠知道我們何時已獲知真理；經驗主義則認為，我們僅能獲知真理，卻不能準確地知道我們何時已獲知真理。知道是一回事，但是確切地知道自己知道又是另一回事 (*WB*, 20)。在這點上，經驗主義表現的獨斷程度要比絕對主義低。詹姆士認為，科學史表現較多的經驗主義傾向，哲學史則表現較多的絕對主義傾向。不過，經驗主義僅就反省的層面來說，若就本能而言，所有人都是絕對主義者 (*WB*, 21)。詹姆士宣稱自己在知識論的問題上是個徹頭徹尾的經驗主義者，他秉持一個實踐上的信念：

> 我們必須在實際經驗中去經驗、去思考，因為唯有如此我們的意見才能成長得更真；但是，若把其中任何一個（我絕對不在意是那一個）意見當做像是永遠不能夠重新解釋或修改，我相信是一個極為錯誤的態度。(*WB*, 22)❾

---

❾ 詹姆士在知識論上不認為有絕對不變的真理，他在倫理學上也採同樣的立場，亦不認為有絕對不變的道德標準或永遠正確的道德理論。他在知識論中相信知識並沒有單一的基礎，同樣，他在道德哲學中也主張，沒有單一的公式可以掌握我們所有的道德要求。他的〈道德哲學家及道德生活〉一文即在說明不可能有一套獨斷地預先訂定的道德哲學。這在倫理學上是種相對主義的立場，不承認有一套「放諸四海而皆準，行諸百世而不惑」的絕對的道德法則。善不是預先存在的，也沒有一套預先建構完成的道德理論，這些都必須在經驗中發展。這種

詹姆士只承認有一個不會錯的真理，他認為也是皮羅主義唯一同意的真理，即是當前的意識現象是存在的。不過，詹姆士強調，經驗主義者放棄主張客觀確定性，但是並不因此而放棄對於真理本身的追求及希望。他仍然相信真理存在，仍然相信我們能夠設法趨近它。在此，他看的不是起點，而是終點，他看的不是原則，而是結果；一個假設若是不斷得到經驗的支持，則對他而言即是真的 (WB, 23-24)。由此可知，對詹姆士來說，我們其實不能確定我們何時真正得到真理。我們會確定地相信我們得到了真理，但是這種確信依然帶有主觀性，仍然可能在未來的經驗中修改。換言之，當知性確定有充分的證據時，這種確定與所謂的充分，仍有主觀的成分。

其次，詹姆士提醒，在決定信念時，除了表面的證據之外，其實我們還受到一些未經省察的信念的影響。詹姆士承認，我們的意志無法將那些對我們已死的假設重新變成活的。不過，他指出，這些假設對我們之所以是死的，乃是由於它們違反我們原先接受的信念。問題是，原先那些信念又是怎麼來的呢？詹姆士指出，雖然我們知道自己相信一些東西，但是卻不怎麼清楚自己如何或為什麼有這些信念 (WB, 18)。一般人大部分的信念是來自於自己生長社會中

想法也關連著他的多元論及淑世主義的基本立場。詹姆士認為宇宙及人類價值均在發展的歷程之中，每個人的努力對其最後的結果都有影響及貢獻。每個人都有權持有某種宇宙觀及價值觀。他說：「我們全都幫助決定道德哲學的內容，只要我們對人類的道德生活有所貢獻。換言之，在倫理學與在物理學中一樣，都不可能有最後的真理，除非等到最後一個人經歷他的經驗並說出他的看法。不過，在這兩種情況中相同的是，我們目前在等待過程中所做的假設，以及由此而引發的行動，都是決定那個最後『看法』將是什麼的不可或缺條件之一。」 (WB, 141)

的權威知識，他們並不是憑著理性而相信這些。詹姆士說：

> 我們的信念是對別人的信念的信念，在絕大多數的情況中大
> 概都是這樣。例如，我們相信真理本身，相信有真理存在，
> 並相信我們的心靈與它是相輔相成的；這難道不是欲望所做
> 的一種熱情的肯定，並由我們的社會體系來支持我們嗎？我
> 們想要有真理；我們想要相信我們的實驗、研究、討論一定
> 會使我們持續地一步步接近它；而我們願意以我們的思想生
> 命為此方向奮鬥。但是如果有一位皮羅主義的懷疑論者問我
> 們「我們如何知道」這一切，我們的邏輯能夠回答嗎？不能！
> 它當然不能。這不過是一個意願對抗另一個意願；我們願意
> 終生投入的那種信任或設定，對他而言，卻是他所不關心的。
> (*WB*, 19)

詹姆士在此想要指出的是，我們以為自己僅憑知性在追求真理時，
其實已摻入了情感與意志的成分❿；這點在科學中亦不例外。

　　對詹姆士來說，科學並不是完全擺脫意志成分及情感成分而僅
靠理性及經驗的非個人構造。當科學家相信認知心靈及被認知的實
在界之間有足夠的一致性而使知識可能時，當科學家相信未來將會

---

❿　詹姆士說：「不論如何假裝，當我們形構我們的哲學意見時，內在於
　　我們之中的整個人都在發揮作用。知性、意志、品味、情欲協同地發
　　揮作用，正如它們在實際事務中的表現一樣。」換言之，知性的單獨
　　運作是理想上不恰當的，也是現實上不可能的。一個真正的哲學家不
　　會假裝說，「有任何哲學之建構能夠，或曾經，不藉助於個人的偏好、
　　信念、或預想」(*MT*, 77)。

像過去一樣而提出一些規則時，他們都是在做「信仰的跳躍」(a leap of faith)。甚至，當科學家在測試一個解釋性的假說時，科學家有信心說自己的方向是對的，直到測試的結果推翻他的信心為止。詹姆士指出，科學家若是對於他的信念沒有任何想要加以證實的熱情，科學發現及科學進步大概不會像現在那麼快⓫。真正有用的科學研究者一方面要有追求真理的熱情，另一方面則以避免錯誤的謹慎加以平衡，科學家更把這種謹慎融入規律的技術或檢證方法中。科學家對方法的熱愛甚至使他不再關心真理本身，而僅關心在技術上被檢證的真理(*WB*, 25–27)。詹姆士認為，在整個科學活動中，並不是全然中性的。道德問題不是在問什麼是存在的，而是在問什麼是好的。科學可以說出什麼是存在的，卻不能比較價值。科學家認定追求事實並改正錯誤是好的，然而這點並不是科學告訴他的。要不要有道德信念，這是由意志決定的(*WB*, 27)。不過，值得注意的是，當詹姆士指出科學的情感及意志層面時，他並不否定它的客觀性。他強調科學理論及解釋，正如科學事實一樣，均具有它們本身的意志成分及解釋成分；但是，他也強調科學具有客觀的經驗根底(*WB*, xiv)。

詹姆士說：

> 如此，明顯地，我們非知性的本性確實影響我們的信念。有一些情感傾向及意願存在於信念之前，還有一些存在於信念之後，來不及參加盛會的只是後者；而且，當先前的情感工作已經與它們的方向一致時，它們也不算太遲。……事情的

⓫　在此，詹姆士似乎沒有釐清，科學家對真理的「追求」含有情感成分並不等於對真理的「決定」含有情感成分。

> 狀態顯然絕不單純；而純粹的洞見及邏輯，不論它們理想上
> 能做什麼，並不是唯一真正產生我們信條的東西。(WB,
> 19-20)

經由信念心理學的考察，詹姆士的結論是，僅憑知性本身不足以決定任何信念，當人們在接受或持有信念時，知性、情感及意志都是決定的因素。不過，詹姆士也承認在不同的情況中，這三個決定因素所佔的地位及比重亦有不同。

依克里福特的建議，在客觀證據足夠時，不論是關乎科學的事實或日常生活的事實，知性即足以決定我們的信念。但是，客觀證據不足時，我們應該暫時不做決定，等證據充分時再說。這就是不可知論所持的謹慎態度。詹姆士雖然承認知性在決定信念時的地位，並願意承認在某些狀況下應該以知性為主來做出決定，但這並不表示，我們所有的信念都是由知性決定的，這也不表示，當證據不足時，不論何種狀況，都應該中止判斷。梅登(Edward H. Madden)指出，詹姆士反對克里福特及赫胥黎之處乃在於他們堅持，由於證據不足，因此我們有「義務」在宗教上主張不可知論。對詹姆士而言，這種說法是不能容忍的。假借著義務的偽裝，他們把科學價值輸入到宗教領域中 (WB, xv)。當證據不足時擱置判斷，這樣的做法在科學界並非沒有道理。究竟要以波動說或以粒子說解釋光線，我們可以暫時不做決定，也可以等下去，因為，這樣並不影響我們的生活。但是，對詹姆士來說，不同於科學問題的可以暫時不做決定，另外有一些宗教上及道德問題的抉擇是相當迫切的而不能等待足夠證據的出現。換言之，不可知論的謹慎態度並不適用於這些問題上。對詹姆士而言，那些科學唯物論者之所以願意擱置判斷，一方面是因

為宗教假設的抉擇對他們不是真正的重大問題，另一方面則是因為
他們的性情及基本態度使然❷。

　　詹姆士指出，我們在面對各種信念時，可以有兩種不同的態度；
一種是「我們必須知道真理」，另一種是「我們必須避免錯誤」❸。
這兩種態度的孰重孰輕會導致不同風格的知性生命，而不同態度的
擇取正反映一個人的情感生命。一個人若是說「寧可毫無信仰，也
不要相信謊言」，只不過反映此人對受騙的懼怕。詹姆士認為，這
種態度就像是一個將軍勸告士兵遠離戰場以免受傷。經驗主義的態
度則是，願意為了求取真理而冒些風險(*WB*, 24–25)。凡是真理之得
失的抉擇不是非凡重大的，則我們可以暫時不下任何決定，直到客
觀證據出現，在此，我們可以放棄「得到真理」的機會，並免於「相
信錯誤」之可能。詹姆士承認，在科學問題中，絕大多數的情況都

❷　由此可見，詹姆士承認，宗教問題的迫切性並不必然是普遍於每一個
　　人。對有些人而言，宗教問題是迫切的，不能等待客觀證據出現而必
　　須做出抉擇；對其他人則未必如此。其次，詹姆士認為，宗教問題對
　　一個人之是否迫切，亦有脾性上的差異。在宗教經驗的考案中，詹姆
　　士發現，有些人比較容易信教、比較需要宗教，有些人則不然。

❸　詹姆士將《相信之意志》一書獻給珀爾斯，不過，佩里曾做過一個有
　　趣的比較，他說，珀爾斯厭惡輕易相信的心態，正如詹姆士厭惡懷疑
　　的心態(*TC*, II, 410)。梅登則指出，詹姆士不是一個懷疑不斷的人，也
　　不是一個輕易相信的人。我們很容易看出他對懷疑心態的反感。倫理
　　上、宗教上、及人類行動上的懷疑論者可能自以為客觀、科學、嚴謹。
　　但是詹姆士指出，在任何人的思想中都不可能缺少個人的及意志的成
　　分，在某些情況中，它們甚至扮演決定性的角色，合法地引導同樣誠
　　實的人走到不同的方向。另一方面，詹姆士也對輕信的心態反感。他
　　從未主張，只要一個人喜歡或可以給他帶來好處，他就可以相信任何
　　事情(*WB*, xxxviii)。

是如此。即使在人事問題中，一般也很少迫切地要求我們寧可基於錯誤的信念而鹵莽行動。對科學的觀察者而言，自然世界很少出現非凡重大而具逼迫性的抉擇，因此比較適合以避免錯誤為優先考慮。但是，對詹姆士來說，不同於科學問題，宗教及道德問題的解決是甚為迫切的。

詹姆士說：

> 科學命令我們不要相信任何未經感官驗證的東西，這個命令至多只是一種明哲保身的規則，旨在「於長期中」盡量增多我們正確的思考並盡量減少我們的錯誤。若是遵守這個命令，我們在個別的事例中一定會經常失去真理；但是就整體而言，如果我們一貫地遵循之，我們會比較安全，因為我們的收獲一定會彌補我們的損失。就像那些以概率為根據的賭博及保險規則，我們在其中依靠整體來保障自己去應付細節的損失。

不過，詹姆士認為，這種策略要求有一個「長期」在那裡。就這點而言，它無法應用到完全針對個人而言的宗教信仰。詹姆士認為，一個人之信仰宗教不是為了逃避損失而是為了獲得，因為他沒有帶著任何東西來損失；對此人而言，長期並不存在，雖然對人類而言存在(*WB*, 79)。

至此可知，詹姆士之所以反對把不可知論應用於宗教上的第一個理由在於，宗教問題有其迫切性，因為，一個想要信仰上帝的人之相信上帝存在將對他造成重大的影響。其次，依詹姆士的看法，在宗教的問題上，我們不可能保持中立❹。對上帝是否存在的問題

保持中立，事實上是持反對的立場。就實際的情況而言，宗教上的
不可知論與無神論並無本質上的差異。最後，詹姆士之所以反對用
不可知論的態度處理宗教問題，更根本的理由或許在於客觀的證據
不足以決定上帝是否存在，他並不認為知性本身不需要信仰的幫助
即足以達到宗教方面的結論。他指出，嚴格說來，理性的功能屬於
原則及關係方面，而不能解決事實問題。可是，宗教問題，例如上
帝是否存在，卻整個是事實問題(*ERM*, 124)。

　　詹姆士指出，桑塔耶那用理性證明上帝不存在，魯一士卻用理
性證明上帝存在。事實上，在他們理性的運用中都有信仰介入。理
性在前面開路，信仰隨後跟進。詹姆士說：

> 信仰使用的邏輯完全不同於理性的邏輯。理性要求其結論要
> 有確定性及決定性。信仰會感到滿意，如果她的結論看起來
> 是有可能的而且在實踐上是明智的。……信仰的論證形式大
> 略如下：考察一個世界觀，她覺得它滿「適合」是真的；她
> 說，「如果」它是真的也還不錯，它「大概」是真的，它「可
> 能」是真的，它「應該」是真的；她接著說，它「必須」是
> 真的；最後她結論說，對我而言，它「將會」是真的，亦即，

---

❹　詹姆士說：「當我們與一個抉擇的關係是實踐的且重大的時，中立不
　　僅對內有困難，對外也無法實現。」(*WB*, 50)因為，依心理學家的說法，
　　信念及懷疑都是活生生的態度並涉及吾人的行為。當我們懷疑或不相
　　信一件事是如此時，在行動之際，我們其實總是把它當成不是如此。
　　例如，當我懷疑你的忠誠時，我不會把祕密告訴你，如同我相信你是
　　不忠誠地一般(*WB*, 50)。簡言之，詹姆士認為，在許多情況下，不行
　　動也是一種行動，不表示同意實際上即是反對；「在所有這類情況中，
　　嚴格而一貫的中立是不可能做到的。」(*WB*, 51)

就我的主張及行動而言，我會把它當做「好像」是真的。……
顯然這不像邏輯書本中「連鎖推理」那樣的知性推論步驟。
如果你喜歡，你可以把它叫做「信仰的階梯」。(*ERM*, 125)

簡言之，在科學問題上，我們或許可以採取以知性為主的立場，
但在宗教及道德問題上，則應採取不同的考慮。在此，詹姆士說：
「我們的情感本性不只是合法地可以，而且必須，決定對命題的抉
擇，只要它是一個本質上無法依靠知性根據而決定的真正抉擇；因
為，在這種情況下，說『不要決定，讓問題保持開放』，其本身就
是一種情感決定，正如決定是或否，均帶有喪失真理的同樣風險。」
(*WB*, 20) 總之，詹姆士認為，在這類問題上，當知性誠實地對客觀
證據進行考察之後若是仍不足以做出決定，則此人絕對有權利去相
信他的情感需求及意志需求所要求的事❺。當然，這種相信的權利
並非漫無限制的，它必須是「一個本質上無法依靠知性根據而決定
的真正抉擇」。

---

❺ 艾耶指出，對詹姆士而言，宗教理論及道德理論的本質特性在於，它
們的角色即是去滿足我們在情感上及實踐上的需要(Ayer, 186)。不過，
艾耶也指出，如果詹姆士上述的論證有任何效力的話，那麼，他的論
證不僅可以用來支持有神論，亦可用來支持無神論，不僅可以用來支
持我們對於客觀道德價值的信念，亦可用來反對這種信念。依詹姆士
的講法，當面對宗教及道德問題時，即使證據不足，我們也必須有所
抉擇。但是，當我們放棄不可知論的立場時，如果我們有選擇有神論
的自由，則我們有同樣的自由去選擇無神論(Ayer, 183–184)。梅登則
指出，依詹姆士的說法，不可知論者也同樣有權利做出相反的決定。
在誠實地考察過證據之後，無論不可知論者的動機是出於對自我挺立
的尊敬、或是不喜歡出錯的可能、或是不願意接受一個未證明為真的
命題是真的，他都有權利依其動機而擱置判斷(*WB*, xv)。

　　什麼是真正的抉擇？這種相信的權利必須在什麼情況下才能合法地使用呢？為了說明這點，詹姆士首先區分活的假設及死的假設。他所謂的「假設」，是指任何一個在邏輯上可能成為我們信念的東西。至於假設的死活，並不是其本身的內在性質，而必須關連於面對此一假設的個人。如果此一假設對某人是真正有可能接受的信念，則對他來說，這就是活的假設。我們如何判定一個人是否有可能接受某一假設呢？詹姆士認為，這可以根據此人是否有意願依之行動。依此假設行動的意願愈強，此一假設的活性愈高(*WB*, 14)。簡言之，邏輯上可能成為信念者謂之「假設」，對某人可能成為信念者謂之「活假設」，此處完全未論及真假或有效無效等問題。一個假設(可能的信念) 要真正的成為「信念」，先決條件是要有某人願意接受它，並願意依之而行動；至此方有真假可言。

　　詹姆士接著說明什麼叫做「真正的抉擇」。一般來說，抉擇是指兩個假設之間的取捨。不過，抉擇可能有不同的種類：生動的或死寂的；強迫的或可避免的；非凡的或尋常的。他所謂的真正的抉擇，乃是生動的、強迫的、非凡的。一個抉擇是生動的，意指抉擇者所面對的兩個假設，對他來說，都是活的假設。一個抉擇是強迫的，意指抉擇者所面對的兩個假設是他所有可能的選擇，並沒有第三種可能。一個抉擇是非凡的，意指取捨的機會是一逝不返的、獨一無二的、影響深遠的(*WB*, 14-15)。換言之，唯有在面臨真正的抉擇時，詹姆士所說的相信之意志或權利才用得上。在其他狀況時，我們還是得尊重知性；或者是接受知性的判斷，或者是在知性證據不足時暫停判斷。

　　梅登指出，以上是詹姆士相信之意志說的一層意思，是比較弱義的。不過，他還有進一層的意思，是比較強義的；在此，情感成

分及意志成分扮演更重要的角色(*WB*, xvi) ❶。換言之，在某種情況下，一個人不僅在證據不足時有權利相信，而且在某些情況下，缺乏足夠證據而去相信的意願可以成為獲致該證據的條件。

詹姆士指出，有時候對一件真理的欲求會造成這個真理的存在。「不僅在事實上我們發現我們的情感本性在我們的意見中有所影響，而且在某些關於意見的抉擇中，這種影響必須同時被視為在吾人選擇中一種不可避免的而且合法的決定因素。」(*WB*, 25)他舉例說，就像交朋友一樣，如果一開始相信對方喜歡你並且依此而表現，則對方可能因此而真的喜歡你。如果你一直要等待他表現出喜歡你的證據才願意相信他是你的朋友，則這些證據可能永遠不會出現，

---

❶ 梅登指出，上述詹姆士的弱義說乃受到賴特的影響，強義說則受到雷諾維耶的影響 (*WB*, xvi–xx)。詹姆士在一八七五年的一篇書評中已包含弱義說的想法，不過，他似乎把相信當做一種義務。經由賴特的指正，詹姆士承認，我們在此唯一的「義務」只是誠實地考察所有可及的證據，而當證據不足以真正地說服我們時，則我們有「權利」去相信他本性所傾向於相信的東西，一直到進一步證據出現。在此，相信上帝的人如同擱置判斷的人一樣有權利。可是克里福特及赫胥黎則認為證據不足時我們有「義務」成為不可知論者。對詹姆士而言，克里福特及赫胥黎固然有權利做不可知論者，但他自己也同樣有權利在證據不足時相信。相信之權利，乃屬詹姆士之弱義，其強義說則受到雷諾維耶的影響。詹姆士日後雖然與雷諾維耶的哲學分道揚鑣，但他從未放棄後者的主意說及唯信論。詹姆士接受雷諾維耶的主張，所有偉大的哲學系統都是其作者性情及愛好的表現，不論他們如何宣稱自己的主張是出於不可抗拒的證明(*TC*, I, 657)。換言之，情感成分及意志成分在達到某些決定時是有其合法的角色。最強義的主意論說法見於〈反射活動及有神論〉。 其中指出，自我的意志層面「控制」認知層面及感受層面，知覺及思考只是為了行為而存在(*WB*, 92)。

對方永遠不會成為你的朋友 (*WB*, 28)。詹姆士認為，有一些事情的真假是取決於個人的行動，而在這類事情上，「基於欲求而來的信念當然是合法的、並可能是不可或缺的事」(*WB*, 29)。他接著討論，宗教問題是否屬於這類可依意志而合法相信的事情呢？為了回答這個問題，詹姆士必須先行說明宗教假設的意義。他認為，宗教的本質表現在兩點主張上。第一點，所有的宗教都肯定最好的事乃是永恆的而非短暫的、深層的而非表面的、最終的而非眼前的。第二點，宗教肯定那些相信第一點的人有福了(*WB*, 29–30)。

　　接下來的問題是，如果宗教假設的這兩點都是真的，在邏輯上可能帶來什麼樣的後果？詹姆士認為，對那些關心宗教問題、或有可能接受宗教假設的人來說，接不接受宗教成為一種非凡的抉擇。因為，接受宗教可能使我們立即獲得至福，不接受則會失去它。此外，就這種至福的得失而言，宗教也是一種強迫的、無法逃避的抉擇。它之所以是強迫的，乃是因為在此「保持懷疑、等待更多證據」所得到的結果，與「直接表示不相信」的結果是完全一樣的；如果宗教假設為真則得到至福，反之則失去至福。這就像求婚的情況一樣，如果一位男子因為不確定這位女子婚後是否會成為賢妻良母而猶豫地不肯開口求婚，其結果如同直接拒絕把這位女子視為婚姻對象一般。由此可知，懷疑並沒有避開抉擇，懷疑其實也是一種帶有風險的抉擇。否定信仰者所秉持的立場是「寧可冒著失去真理的風險，也不要去冒可能犯錯的風險」。　不過，事實上，否定信仰者所冒的風險並不少於信仰者，前者並不比後者更為理性，他的理性背後同樣帶有某種熱情。因此，詹姆士的結論是，一個人有權利選擇信仰(*WB*, 30)。

　　當然，我們有權利選擇信仰，我們也有同樣的權利去選擇不信。

詹姆士的目的顯然不止於此；他不僅主張我們「有權」選擇信仰，他更要進一步主張我們「應該」選擇信仰。在這點上，他也提出他的理由。詹姆士認為，如果宗教假設對某一個人具有活生生的意義，則他會相信，若上帝存在則祂必定是個有人格的存有者，是個「你」而非「它」。因此，某種存在於人類之間的友誼關係有可能存在於上帝與人之間，而這些關係之間的類比即可能存在。如果一個不可知論者堅持在相信上帝之前必須先給他證明，則上帝永遠不會給他證明。你若不相信上帝，則永遠不可能認識上帝；正如你不相信有朋友，就永遠不會有朋友。詹姆士指出，宗教對我們的說服力有部分是出於我們自身主動的善意，在此，唯有當我們在半路上迎向前去，才會接到證據(*WB*, 31)。

詹姆士一再強調，信念會使某一類的真理為真。他舉例說，例如，我正在攀登阿爾卑斯山，結果不幸陷入一種情境，唯有跳過眼前的鴻溝才有出路。以前沒有類似的經驗，我不確定我有沒有能力做到，但是希望及信心使我確信我不會失足，也使我真的跳到對岸。反之，如果充滿害怕及猜疑的情感，或是受到克里福特的影響而不願依照未經以前經驗證實的假定行動，最後就會失足跌進溝裡或坐以待斃。因此，在這類情境中，比較聰明的做法顯然是「相信一個人所想要的；因為信念是實現其對象的一個不可或缺的基本條件。因此，在許多情況中，信仰創造其自己的證實。相信，則你會是對的，因為你會救你自己；懷疑，則你也會是對的，因為你會消逝。唯一的差別即在，相信對你有好處。」(*WB*, 80)

以上的說法，不論是弱義或強義，都表現詹姆士基本的人生態度，他曾引用史蒂芬(Fitzjames Stephen)的一段話，頗足以說明他的基本態度：

你對自己的想法如何？你對世界的想法如何？……所有人都
必須處理這些問題，因為這樣似乎對他們有好處。它們是斯
芬克士之謎，我們無論如何都必須加以處理。……在生命中
所有重大事件上，我們必須在黑暗中跳躍。……如果我們決
定不去解謎，那是一種抉擇。如果我們的回答模稜兩可，那
也是一種抉擇；然而，不論我們做出何種抉擇，我們都在冒
險。如果一個人選擇完全背離上帝及未來，無人能阻止他。
沒有人能夠不容合理置疑地證明他是錯的。如果一個人的想
法是另一種，並依他的想法行動，我也看不出有任何人能夠
證明「他」錯了。每個人都必須依照他認為最好的去行動，
如果他錯了，則會遭受相當程度的壞處。我們站在山峰隘口，
四周是急旋的風雪及蔽目的濃霧，我們偶爾透過它們瞥見可
能讓人上當的路徑。如果我們站著不動，我們會被凍死。如
果我們走錯了路，我們會摔得粉身碎骨。我們並不確定地知
道是否有正確的路。我們必須做什麼呢？「堅強起來，拿出勇
氣」。向最好的行動，向最好的希望，然後接受結果。……如
果死亡是所有人的終點，我們不可能以更好的方式面對死亡。
(WB, 33)

柏德指出，「不信任其他的力量而讓宇宙失敗」以及「輾轉於不一
致的態度間」不被詹姆士接受，「服從知性主義的忠告而等待證據」
則是克里福特這類不可知論者所持的立場。詹姆士本人的淑世主義
立場使他接受的是「信任它們而盡我們最大的能力」。當然，他堅
持我們能夠在此間有真正的選擇，即使這個選擇缺乏知性的根據，
它也可以是完全合法的(Bird, 154)。

詹姆士的說法雖然引起許多爭議，其實他的說法並不是多麼怪異。他只是說，當知性證據不足以決定抉擇，而此抉擇又是不能等待時，我們有權利依我們知性之外的因素加以決定。他不時提到跳躍的例子，事實上，這個例子可以更詳盡地被用來說明詹姆士的觀點。平日裡我們是用走的，不是用跳的，我們對走路有信心，尤其是平路，更是如此，但是，對於跳躍則不然，尤其是面對一個深溝時，更是如此。當我們面對一個深溝時，若是溝很窄，只要輕輕一躍就過去了，這沒有問題。若是溝很寬，寬到我們完全不可能跳過去，這也不成問題。問題出在，溝的寬度有可能跳過，但卻有相當的難度。如此，在我們不確定的情況下，我們會開始緊張。當然，我們也可以選擇不跳，繞道而行。問題是，若是無路可繞，而且後有追兵的情況下，最合理的選擇當然是冒險一試了。對於這點，任何人都不會反對。問題是，宗教問題是否如此緊迫。詹姆士認為是，因此，他主張冒險亦值得。然而，克里福特及赫胥黎等人並不如此認為，因此，他們主張審慎行事。換言之，其間的爭論不在於理論上是否可以冒險，而在於評估此一情境中是否值得冒險。

另一點爭論則在於詹姆士強調信念有時候可能有助於創造事實，意志的作用有時會創造原本不存在或不確定的東西。對於意志及希望在吾人實踐行動中的效力及地位，詹姆士發揮甚多。一般在勵志書籍中也可以看到這類話語，例如，詹姆士在〈人生是否值得活下去〉一文的結語說：「不要害怕生命。相信生命『是』值得活的，則你的信念將會幫忙創造這個事實。」(WB, 56)這類論點所提供的證據似嫌不足。不過，詹姆士也不盡然抱著一種單純的樂觀主義。他承認，「當然有限制存在；例如，樹木不會長到高與天齊。不過，有一個明白的事實是，這世上的人擁有超量的資源，而唯有極為非

凡的人物才盡量發揮最大的使用。」(*ERM*, 133)詹姆士認為，人具有
一些可能運作卻未發揮的特性；在積極主動的態度下，人比較可能
達到其潛能上的巔峰；在意志的召喚下，人們會發揮一些原先所無
法想像或認為不可能的力量(*ERM*, 151)。此外，他認為，在某些狀
況中，除非我們先相信一個事實的存在，否則它不會存在。至少在
面對宗教假設時，除非我們先相信它，否則不可能去看出它是真的。
如果是這樣的話，那麼，我們不該放棄這唯一可能發現其真理的機
會。換言之，對詹姆士來說，在知性不能發揮作用時，仍然等候證
據，亦是不智之舉。

五、意志自由與行動

　　自由意志與決定論的對立是西方哲學中的老問題，詹姆士一八
八四年的〈決定論的兩難〉一文重新使這個有些過時的問題恢復其
生命。對詹姆士來說，我們無法僅由知性基礎建立道德懷疑論或是
主張道德具有客觀有效性，我們也無法僅由知性基礎建立決定論或
非決定論。因此，他的目的不在證明自由意志是真的，他最大的希
望在於說服我們去假設它是真的，並把它當做真的那樣去行事。他
認為，如果我們真是自由的，則我們第一個自由的行動，即在於肯
定我們自己是自由的❼；因此，對於自由意志的問題，不應該期望

---

❼　這句話其實出自詹姆士的親身體證。梅登指出，詹姆士本人及所有的
　　註釋者都把詹姆士之主張非決定論歸功於雷諾維耶。在詹姆士一八七
　　○年的心理危機中，雷諾維耶起了重大的作用。造成這次危機的因素，
　　在心理方面有不少，此外，也有一個概念上的因素。依詹姆士自述，
　　當時他困陷於一種經驗性的哲學，這種哲學似乎使道德責任成為不可

出現一個強制的證明使人不得不接受(*WB*, 115)。不過，詹姆士在〈決
定論的兩難〉中仍然先提出論證來反對決定論；他試圖指出，決定
論會導致弔詭，因此不可接受。

詹姆士自承，他的整個論證基於兩點假定。「首先，當我們提
出有關世界的各種理論並與彼此討論它們時，我們如此做乃是為了
獲得一種將會給我們主觀滿足的對事物的想法；而且，其次，如果
有兩種想法，而其中一種，就整體而言，依我們看來，比另一種更
為合理，則我們有權假定比較合理的即是兩者中比較真的。」詹姆士
相信，「數學及自然科學的所有偉大成就（我們對於演化、法則齊
一性等等的學說），乃是出自我們不屈不撓的欲望，想要把世界在
我們心中塑造成更為合理的形狀，而非它被我們經驗的粗糙秩序拋
在那裡的形狀。世界本身已表現出來，它有很大的程度是依我們這
種對合理性的要求而形塑的。它本身還能表現出多少更大的可塑性，
沒人能講。我們找出答案的唯一方法即是去試試看。」(*WB*, 115)⓲

能的；這使詹姆士感到道德上的無力感，可是他又找不到另一種恰當
的哲學提供他不同的生命方向。而且，他在宗教上及道德上的渴望受
制於他在科學上的訓練。一個人的行動不是取決於他所無法控制的生
理關連物？如此一來，人似乎像是自動機器，而無所謂真正的決定
了。詹姆士在一八七〇年四月三十日的日記中指出，他是在讀了雷諾
維耶的著作後，才渡過了危機。他決定把自由意志認定為真實的存在，
而且準備花一年的時間保持此一認定。他說：「我第一個自由意志的
行動將是相信自由意志。」學者指出，詹姆士決心用盡一切可能的辦
法藉著心理的加強而維持此一決定。例如，他沈思於此，且暫時只看
有益此觀點的書。這些辦法應該滿成功的，因為詹姆士此後從未再懷
疑過自由意志的存在(*WB*, xxvii)。

⓲ 此處對於合理感的說法代表詹姆士獨特的哲學觀。他在〈合理性之感〉
一文中有詳細的論述。他提到，哲學家為什麼要進行哲學思考呢？答

　　詹姆士指出，此處可塑性的試探同時適用於科學的、邏輯的、及道德的合理性。如果對世界本性的某種想法違背了我的道德要求，則我可以把它拋開，或至少加以懷疑，好像它違反我對自然齊一性的要求一樣(*WB*, 115)。對詹姆士而言，科學上的要求及道德上的要求，都一樣是主觀的、情感的；因果律也不過是一種設定(postulate)、一種要求。「我們所有的科學理想及哲學理想都是對未知神明的祭壇。自然齊一性與自由意志在這點上完全相同。」詹姆士說，承認這點，才能討論下去。否則，若是把自由當做主觀要求，而把齊一性視為完全不同者，則根本無法討論(*WB*, 116)。

　　簡單地說，決定論主張，宇宙已確定的部分絕對地限定其他未來的部分；非決定論則承認未來具有分歧的可能性，未來並非全然地被過去所決定。因此，決定論通常支持一元論，非決定論則支持多元論並主張宇宙是開放的而不是封閉的。根據詹姆士的分析，決定論及非決定論的對立，唯一的爭論在於可能性之有無。雙方都承認我們能依意願而行動，只是非決定論認為另一個意願行動原本有可能取代實際發生的意願行動，決定論則否認這種可能性；決定論否定未來意願行動的分歧性，因為它肯定未來沒有任何可以分歧的東西(*WB*, 117-119)。

　　詹姆士認為，科學無法幫我們判定二者孰是孰非，因為科學係以實際發生過的事實為根據，而我們無法以事實去判定非事實的可

　　案是，他們想要得到較合理的想法。但是我們如何知道一個想法是合理的呢？詹姆士認為，就像辨識所有其他的東西一樣，我們乃是藉著它帶給我們的某些主觀標記而辨識其合理性。這些主觀標記是什麼呢？例如，強烈地感到舒適、和平、安息，由困惑轉為理解，令人充滿輕鬆及愉悅(*WB*, 57)。

能性。他指出，使我們是否承認可能性的區別關鍵在於不同的信仰或對合理性的設定。某些人認為含有可能性的世界較合理，有些人則認為不含可能性的世界較合理。詹姆士說：「使我們成為一元論者或多元論者、決定論者或非決定論者的因素，根本上總是某個這類的感受。」(WB, 119)因此，他一再強調：「依嚴格的理論觀點，這個問題是無法解決的。我頂多希望能夠做到的是，加深我們對於一個有機緣於其中的世界以及一個決定論形態的世界之間的『差別』的理論感受。」(WB, 124)在此，詹姆士運用的其實即是實用主義的方法，試圖推衍出這兩種世界觀之間的實踐差別。首先，他想指出，決定論無法說明懊悔的存在。

詹姆士舉了一個殺人兇手的例子來說明，如果一切都是必然的、預定的，沒有另一種可能，也無從懊悔，無所謂好壞，也無所謂應該與否。「懊悔之判斷稱兇殺為壞的。稱一事為壞，如果有任何意義，乃是意指，此事不應該發生，而另一事應該取代之。」(WB, 125)基本上，〈決定論的兩難〉反決定論的論證即係以「懊悔」概念為中心。在日常經驗中，我們偶爾會對已發生的過錯感到懊悔，不過，如果事情只能如此發生，如果這是無法避免的事件，懊悔似乎沒有意義。決定論否認事情有可能不同於已發生的那樣，這個否認在本質上等於說在這個宇宙中不可能有什麼東西叫做應該是的。詹姆士認為，如果決定論者要容納懊悔判斷，則唯一的歸路即是悲觀主義。對叔本華來說，兇殺乃是一個象徵，它是一個惡的象徵乃是因為它根本屬於一個惡的整體。我們不應懊悔單一的兇殺，而應該懊悔整個惡的宇宙；前者既然為後者的一部分，根本無法避免其為惡(WB, 126)。換言之，要說明懊悔的事實，決定論者唯一的選擇是採取悲觀主義，不對特定的事件懊悔，而對整個宇宙懊悔，其中這

類事件是必然而不可避免的。

　　當然，詹姆士指出，決定論也可以放棄懊悔判斷以避免悲觀主義的結局，亦即，決定論可以把某種程度的惡當做是造成更高形式的善之條件，而主張由最廣的觀點來看，兇殺之惡乃是為了實現整體之善(WB, 126–127)。不過，詹姆士認為，這種方式仍然有問題。他說：「如果兇殺不再是罪惡，懊悔即成為理論上的荒謬及錯誤。如此，理論生活及行動生活在惡的根基上玩著蹺蹺板。任何一方起來，另一方即下去。懊悔若非壞的，則兇殺及奸詐不可能是好的；奸詐及兇殺若非壞的，則懊悔不可能是好的。然而，兩者均被以為是注定的；因此，在這世界中必定有某些東西是命定地非理性的、荒謬的、錯誤的。」(WB, 127)換言之，這種說法意味著罪惡並非內在上卑劣或客觀上錯誤，因為它們終究導致於善。但是，對受苦受難的人來說，罪惡還是會被視為內在上卑劣而污穢的；它們不能因為有益於善而被漂白乾淨。如果罪惡或不好的事件並非內在上卑劣的，我們為什麼要避免它們的發生呢？

　　簡言之，詹姆士用上述的論證指出決定論的兩難，說明決定論不是一個必須接受的堅強理論。不過，他本人之所以反對決定論，主要不是基於理論上的考慮，也不完全是出於合理感的認定不同，而主要是由於決定論帶來的實踐後果令他無法接受。決定論不能說明懊悔的事實，而使得我們必須或者是無奈地接受一切的罪惡，或者是自欺欺人地把罪惡看成善的過渡而漠視之、把真實的悲劇看成不關痛癢的展示。在被決定的世界中，未來不可能更好，個人的努力沒有意義，人生在此沒有希望，亦不必奮鬥。詹姆士認為，一個哲學要是拒絕特意地合法化吾人情感傾向及實踐傾向中較有力量者，是絕不可能被普遍接納的。命定主義把人類的一切努力都視為

徒勞無功的，根本違反人性之要求，因為奮鬥地生活乃是人類不可抹滅的衝動 (*MT*, 74)。在決定論的世界中，我們對於罪惡是無能為力的。詹姆士不能接受這樣的結論。

對詹姆士來說，唯一能夠避開這個困境的方法就是反對決定論及其一元的、封閉的宇宙觀，而代之以非決定論及其多元的、開放的宇宙觀。依非決定論的觀點來看，未來的事件乃取決於人類的抉擇，其間具有真正的開放性及分歧性，而且，這個開放性直到個人做出決定之前都不會先行關閉。由於這種觀點允許真正的選擇性及開放的可能性，也意味著，由人類的決定而在過去及現在發生的事，原本也可以不如此。如此一來，我們才能表示對於發生事件有所懊悔，也才能要求某人對他所做的事情負起道德上的責任。因此，詹姆士說：「若是不懊悔某一行動之發生，我無法理解怎麼去相信這個行動是壞的。若是不承認世界有實在的、真正的可能性，我無法理解懊悔。」(*WB*, 135)在這種開放的多元宇宙中，罪惡保持其內在的卑劣而不必曲折地把它解釋成不存在的，值得關心的倒是如何在實踐上儘量避免讓罪惡一再發生。

當然，接受非決定論，不能僅憑知性即得到確定，亦不能只是停留在知性層次的支持。詹姆士說：「信仰意指相信某件在理論上仍可能懷疑的事。」一個人相不相信一件事，端視他是否有行動的意願。因此，我們可以說，信仰即是願意為某件預先不確定其成敗的事而行動(*MT*, 76)。對詹姆士來說，接受非決定論的實質表現就是要去行動。換言之，在此，必須走實踐的道路。詹姆士引用嘉萊爾的話：「把你的感性收起來！停止你啜泣著的抱怨、以及你同樣啜泣著的狂喜！拋開你整個情緒的虛誇，像個男人去『工作』吧！」(*WB*, 134)在此，要求的是行動。心中想著要做的事、要達成的目標，

不論你的感受如何、不論你的好惡如何，這些外在的義務就是你應該做的。詹姆士自己說：「把車軛扛在我們的肩頭；在它重量的沈重正當性之下低垂我們的頭；把別的東西，而非我們的感受，視做我們的限制、我們的主人、以及我們的律法。」(WB, 134)這就是他主張的「客觀行動」的哲學 (the philosophy of objective conduct)；只要我們肯付諸行動，世界就會變得更好。詹姆士強調，在宗教信仰及道德的建構中，我們有相當程度的創造性。他認為，我們可以將我們自身的反應及態度「投射」於公共世界的對象上。他同樣相信，在道德及宗教上，我們可以創造我們的信念所以為的事實。他說：「對於事實的信仰可以幫助創造事實。」(WB, 25)又說：「經常，我們在事前對於一個不確切結果的信心，『即是使此結果為真的唯一因素』。」(WB, 53)詹姆士舉例說，假定你正在爬一座高山，情況是跳過眼前的鴻溝是唯一的選擇。相信你能跳過去，則雙腳就能發揮潛力；若是不信任自己，結果會跌進溝裡。詹姆士認為，在這類情況中，明智而勇敢的做法是「依循你的需求去相信，因為唯有藉著這種信念才能滿足此需求」(WB, 53-54)。換言之，在我們奉獻我們的行動之前，世界原本只是「可能」。同樣的，面對人生是否值得活的這個問題，道理亦是如此，答案取決於「生活者」。詹姆士指出，樂觀主義及悲觀主義是世界的定義，而我們自身對世界的反應是決定這個定義的必要因素(WB, 54)。詹姆士說：

> 在複雜的事情上，我們的結論沒有一個能超過「或然的」。在判斷那裡存在更高的或然性時，我們使用我們的感情、我們的善意，而當我們做出判斷時，我們在實踐上即不顧具較少或然性者，好像它們根本不存在一樣。我們知道，或然性在

> 數學上以分數表示。但是，我們的行動怎麼能分數化，二分
> 之一的行動是不行動。(*ERM*, 125)

為了行動的目的，我們把最可能的看法等同於具有百分之百的或然性，而把其他看法當做零(*ERM*, 126)。

詹姆士反對決定論，也反對任何形式的命定論。這種對於自由及行動的強調，也反映在他的社會哲學中。他堅持人類的自由，至少部分自由於外在的強制的社會條件。詹姆士強烈反對斯賓塞的一位門徒的主張，後者認為，個人在社會改變中毫無作用，所有的改變必須以環境（政治的、經濟的、社會的、及宗教的力量）加以解釋(*WB*, 165)。此外，他指出，社會學研究基於一個錯誤的預設，亦即，個人行動是受社會力量決定而無法不如此。社會學談論平均、概括法則、預先決定的趨勢，卻忽略個人差異的重要性，最後表現某種定命論(*WB*, 194)。

詹姆士承認，無論我們用什麼理論去看世界，它總是有相當難以理解之處。依他所主張的非決定論，這個世界會因為其中某些部分的錯誤做法而受到傷害。而且，這些錯誤乃是可能的或偶然的，並非不可避免的，亦非必將消失的。這個理論缺乏透澈及穩定，依之，宇宙是多元的、不安定的，沒有法子用單一的觀點去整個掌握。對一個愛好統一的人而言，很難接受這種理論。不過，詹姆士認為，即使非決定論在多元及不安定處會令人覺得不合理，但是我們業已清楚地看到決定論造成更大的不合理(*WB*, 136)。換言之，非決定論是更值得我們接受的人生態度。

第七章　徹底經驗論

詹姆士在哲學方面固然以實用主義聞名於世，但是，對不少研究詹姆士的學者來說，卻寧願以徹底經驗論做為詹姆士哲學的代表❶。無論就思想的深度而言，或是就詹姆士投入研究的時間及心

---

❶ 麥克德默指出，徹底經驗論一開始沒有像實用主義那樣引起熱烈的討論。雖然也有不少批評，但大體說來，在一九六○年以前，除了佩里之外，學術界對於徹底經驗論投入的心力是相當有限的。不過，近年來情況有所轉變，關於詹姆士徹底經驗論的研究及著作大幅增加（*ERE*, xliii）。其中值得一提的是，近年來關於徹底經驗論最多的討論是關連到胡塞爾的現象學。一般知道，詹姆士對胡塞爾有所影響，尤其是關於當下經驗 (presentational experience) 或純粹經驗的描述心理學方面。因而有不少現象學者反過來關心詹姆士，最常注意是其心理學，以及詹姆士徹底經驗論的現象學意涵。當然，此中有許多不同的評價及結論。必須提醒的是，他們由自身的哲學背景出發來關懷詹姆士，這個背景是歐陸的，而非英美的。他們關心的是如何跳出笛卡兒，而非如何跳出聯念論，他們對詹姆士的關注亦僅止於徹底經驗論，至於實用主義，則不在關心之列。依循這種研究方向，有一位學者說：「『徹底經驗論』的後果之異常重大，不僅是對哲學這門學科而言，也是對這位哲學家自身的活動而言。……詹姆士，不輸胡塞爾，也不輸邏輯實證論者及其後繼者，把哲學完全放在思辨形上學之外。『實在』範疇本身因而成為一個問題，而詹姆依照一種以現象學為本質的

力而言，徹底經驗論都是超過實用主義的。在詹姆士的哲學系統中，徹底經驗論也佔有關鍵的地位。麥克德默即強調，若是沒有徹底經驗論，詹姆士所寫的《相信之意志》、《宗教經驗之種種》、《實用主義》、《多元宇宙》都是沒有根據，且易引生誤解(*ERE*, xii)。

前面曾經說過，要了解詹姆士的哲學，最好的方式就是先了解他那個時代的哲學背景。簡言之，當時英國古典經驗論的哲學傳統固然延續著，但是，當紅之學卻是與經驗論相反路數的絕對觀念論。詹姆士基本上站在經驗論的立場，而堅決反對絕對觀念論，他的哲學生涯甚至可視為一系列對抗絕對觀念論的戰鬥。不過，詹姆士覺得古典經驗論亦有一些必須改正的缺失。就這樣，一方面攻擊絕對觀念論，一方面修改古典經驗論，詹姆士發展出他自己的一套哲學，亦即，徹底經驗論。因此，透過徹底經驗論，我們更容易感受到詹姆士哲學的原創性及重要性。

一、徹底經驗論的發展歷程

詹姆士的徹底經驗論是在批判絕對觀念論及古典經驗論的過程中發展出來的，因此，我們亦可經由詹姆士對絕對觀念論及古典

方向解決了這個問題。」他又說：「我們可以看出這種實在觀對於形上學的傳統問題有何意義。存有，『實在的實在者』，即是『這個被經驗到的世界自身』，而人類的活動是存有的所有秩序、所有結構、所有意義的來源。其次，由此可知，任何對於詹姆士後期的『實用主義』的說明，如要完全，則這點是很重要的：所有理論上的好奇、所有的『哲學』活動，皆出於且始於對於先範疇的、先主題的、實踐而感知的現世生活之實踐要求。這個有限的、未完成的、歷史的經驗世界其本身必須是『沒有支撐』且『自我支持』的。」(*ERE*, xlv – xlvii)

經驗論的批判來了解徹底經驗論。首先，詹姆士本人不是一個閉門造車的哲學家，他的哲學是在與其他思想家密切交往、相互磨盪中發展出來的，他會受到他人的啟發，也會因為別人的批評而修改己見。其次，在詹姆士關心的那些哲學家中，有些被視為盟友，有些被視為對手。在某些狀況下，詹姆士似乎急切地想要找到盟友，而只強調彼此之間的相似之處，卻不提彼此的差異。例如，他對席勒的說明，會讓人以為他與席勒的想法毫無二致；他對柏格森的說明也會讓人產生類似的誤解。但是，詹姆士對於敵對者的批評則不會有這種問題。他或許會急著結交盟友，但他決不會急著製造敵人。因此，他在批評對手時所指出的問題必定是他真正關切的。不過，與大多數的批評者一樣，詹姆士在批評對手時，往往把對手的意見加以簡化，偶爾甚至有曲解之處。換言之，在詹姆士的批評中，對手的本來面目未必能被忠實地呈現出來，但是，詹姆士本人的關懷及意見卻在批評對手中被烘托得更清楚了。

詹姆士的哲學是與當時各種思想互動之中發展出來的，這並不表示他的哲學只是針對十九世紀末葉的時空環境。不少學者強調，詹姆士的哲學決非歷史陳蹟 (*PU*, xxix)。以比較狹窄的眼光來看，我們可以說，他所關心的是十七世紀以來理性主義與經驗主義之間的對立。但是，他之所以捲入這場衝突，不是由於它是傳統的或學術的，乃是由於他將其視為人性的衝突。他關心的不是學院的問題，而是與個人生命相關的問題。因此，廣義而言，他的哲學乃是要回應人類的某些永恆的關懷。關於這點，在詹姆士對絕對觀念論的批評中，可以看得更清楚。對詹姆士來說，絕對觀念論的困難不僅有知性上的，亦有實踐方面的。他嚴屬地攻擊絕對觀念論，不僅由於它在理論上欠妥當，更由於它在道德上是有害的、在實踐上是危險

的。

在詹姆士批評過的絕對觀念論者之中，黑格爾、魯一士和布萊德雷三人最具代表性。黑格爾是絕對觀念論的開山祖師，詹姆士對絕對觀念論的批評也始自黑格爾❷。魯一士是詹姆士當時美國觀念論的翹楚，布萊德雷是英國觀念論的牛耳。詹姆士對他們的批評，表面上的議題或有不同之偏重，但實質上皆可歸納為三點❸。一、絕對觀念論的主張不具有邏輯上的必然性，而僅僅是一個可能的假設。二、絕對觀念論是一個不恰當的假設，因為它在理論上有不少缺失。三、絕對觀念論是一個不恰當的假設，因為它在實踐上有不少缺失。以上三點是依照邏輯順序排列，若是就詹姆士本人關心的程度而言，第三點毋寧是首出的。佩里亦指出，詹姆士在一八八〇年代初期開始猛烈地批判黑格爾主義，「不是因為它不完美的邏輯，而是因為他覺得這種主張會麻痺道德意志。它鼓勵人們把世界『看成』好的，而非把世界『造成』好的。」(*TC*, I, 727)

詹姆士認為，絕對觀念論在理論上的缺失主要在於它提出一個不必要的絕對者來補救古典經驗論的疏漏❹。它在實踐上的缺失則

---

❷ 詹姆士早在一八八二年即發表〈論幾點黑格爾學派的主張〉一文批評絕對觀念論，其中已顯示他日後「多元宇宙觀」及「徹底經驗論」的主張。他說：「實際呈現在一個既存的世界中的事物之存在乃是帶著它的『全部』關係。」(*WB*, 207)

❸ 詳細的論述可參見朱建民，《威廉·詹姆士對其當代哲學的批判》，一九八六年，美國南伊利諾大學哲學研究所博士論文。

❹ 詹姆士認為，在理論上，絕對者是不必要的，我們不需要這個超驗者，而僅憑經驗本身，即足以解釋知識及真理。而且，在理論上，絕對者這個想法亦無法解釋任何個別的未來事件。詹姆士在《實用主義》指出，絕對心靈這個觀念無法導出任何確定的經驗性結果，卻能與任何

在於這樣的絕對者導致一個封閉的一元宇宙觀，而抹殺了人類存在
的意義。依詹姆士看來，絕對觀念論之所以能夠立足，乃是由於古
典經驗論的說法呈現出來的是一個散列而分割的世界。其實，這兩
個對立的觀點都有弱點。絕對觀念論長於說明統一性與可理解性，
卻無法說明特殊性。在另一方面，聯念論(associationism)可以說明
特殊性，然而卻無法提供連續性的原理，更遑論統一性了。簡言之，
它們對於經驗的說明都不合實情；關鍵在於它們都忽略了「關係」
在吾人經驗中的真實性。詹姆士則肯定在實在界中存有關係上的連
續性，而且這種關係上的連續性在吾人的意識之流中可以生動地經
驗到。

　　對於關係的問題，詹姆士在寫作《心理學原理》時，就有深入
的研究，相關的成果也表現在其中的〈聯念〉及〈思想之流〉等章。
此外，他在一八八四年發表〈論內省心理學的某些疏漏〉，指出內
省心理學未能正視「對於關係之真實感受」是一個重大疏漏。一八
八五年的〈認識的作用〉一文提到感知(percept)及概念之分，其中
亦顯示詹姆士純粹經驗之說。一八九五年的〈對於事物的統合認知〉
一文則主張做為實體的意識並不存在，而將對象及意識內容等同。
一九〇四年到一九〇五年間，詹姆士寫了幾篇文章，是日後《徹底
經驗主義論文集》的主要部分。其中包括〈「意識」存在嗎?〉、〈純
粹經驗的世界〉、〈意識的觀念〉、〈事物及其關係〉、〈兩個心靈如何
能夠知道同一事物〉、〈對於活動的經驗〉、〈人文主義的本質〉。此
外，〈經驗的連續性〉是詹姆士徹底經驗論的定論之作，收於《多元
宇宙》。而晚年著手撰寫的《若干哲學問題》一書，更以平實的筆
調說明他的徹底經驗論。

　　的事態相容(*P*, 17)。

二、徹底經驗論的主旨

「徹底經驗論」(radical empiricism) 一名首次出現於一八九七年出版的《相信之意志》的序言中。詹姆士在此明白指出，他本人的哲學態度可以稱為徹底經驗論。他接著加以說明：「我名之曰『經驗論』，因為它甘願把它最確定的有關事實問題的結論當做是容許未來經驗修改的假設；而我名之曰『徹底』，因為它把一元論這種學說本身看做一個假設，而完全不像目前叫做實證主義或不可知主義或科學自然主義的那種半吊子的經驗論，它並不獨斷地主張一元論是所有經驗都必須與之一致的東西。」(WB, 5)他又說，一個徹底經驗論者必定假設多元論是世界的永恆形式，無論由何種觀點，都無法把世界看做一個絕對單一的事實(WB, 6)。

由上述的說法可知，一位徹底經驗論者必須堅定地主張多元論而反對一元論。對詹姆士而言，一元論與多元論的對立不僅有理論上的牽連，亦有實踐上的影響。他認為，古典經驗論在分析吾人經驗時，把種種的關係遺漏了，使經驗成為連不起來的散沙，以致讓主張一元論的絕對觀念論有可乘之機，引進不必要的絕對者做為彌補。在此，萬事萬物皆在唯一絕對者的籠罩之下而形成密不可分的整體。如此一來，固然，萬物之間的關係保存住了，可是，個體卻喪失了獨立的地位。存在於這樣的一元宇宙中，每一個個別的存在都是被決定的，沒有自己發揮的空間，也沒有個別存在的意義。這是詹姆士最無法忍受的。

一元論及多元論的對立，由理論的分歧為起點，但最終則會在實踐方面、情感方面造成不同的影響。因此，詹姆士極力反駁一元

論。他認為，由於傳統經驗論忽略關係在經驗中的真實性，才導致一元論的乘虛而入，因此，徹底經驗論首先要做的工作就是證明關係的真實性，這點保住之後，才能繼續談人的自由、相信的權利、世界改良論等等實踐層面的主張。

　　詹姆士對於徹底經驗論最清楚而簡要的陳述見於一九〇九年出版的《真理之意義》一書的序言中：

> 徹底經驗論首先包含一個設定，其次包含一個事實陳述，最後包含一個概括的結論。設定是說，哲學家之間唯一可論辯的事應該是那些可以用由經驗而來的詞語加以定義的事。(具有不可經驗之本性的事物可能自由地存在，但是它們不能成為哲學論辯的素材。)事實陳述是說，事物之間的關係，連接的以及分離的，正如事物本身一樣是直接而特殊的，不多也不少。概括的結論是說，因此，經驗的各部分一個接一個地由關係連接在一起，而關係本身亦是經驗的一部分。簡言之，這個被察覺的宇宙本身即具備連續的結構，而不需要附加超經驗的支撐以連結之。(*MT*, 6–7)

上述設定在於確定哲學論辯的合法範圍。事實的陳述在於說明關係的真實性，並指出關係亦是原初的、直接的經驗。而概括的結論則在指出經驗原具的連續性及經驗的自足性❺。

---

❺　經驗的自足性僅表示不需超經驗者的支持，並不表示經驗自成一個封閉停滯的系統。詹姆士認為經驗有成長，也有新奇者。他說：「在經驗之內，現象來來去去。其中有新奇者；其中有喪失者。這個世界看起來，至少由具體而直接的層次來看，確實在成長。」(*SPP*, 30)這點

　　在上述設定中，詹姆士主張，哲學家合法的論辯範圍僅限於可經驗之事。事實上，此一設定也限制整個徹底經驗論的討論範圍。但是，這並不表示，徹底經驗論正面否定超經驗者的存在。詹姆士從未肯定超經驗者的存在，但也從未否定它存在的可能；事實上，超經驗者根本超出我們認識能力的範圍之外，我們也無從加以肯定或否定。因此，我們有理由把合法的論辯範圍限制在經驗世界之中，也同樣有理由把可經驗者即視為實在者。經驗論主張可經驗的即是實在的，此一主張仍然是在上述設定的脈絡中提出來的，也因此只是一個假說，它並未論及是否有更真實的超經驗者的存在。經驗論者承認他的主張只是假說，然而理性論亦頂多是種假說，而且後者的主張更難證明。依詹姆士看來，在這點自知之明上，經驗論要比理性論來得合理些，因為它不假裝它能超出人類認識能力的極限。詹姆士說：「存有的底蘊對我們來說是邏輯地難解，乃是嚴格意義的『與料』(datum)，我們只是遇到它、發現它。」(EP, 59)依詹姆士看來，存在的底蘊是我們無法解釋的，我們只是去發現它，把它視為當然的、既存的，而以此為研究的起點，這就是經驗論的態度，也是任何經驗論者應有的態度(EP, 344)。存有問題對詹姆士而言是無解的、無法得到理性上的說明，我們唯有坦然地就實踐的層面接受它。在形上學中，面對經驗時，大家都得多些謙遜。他說：「沒有任何一個學派可以自認為了不起。因為我們大家都一樣，事實形成了與料。」(SPP, 30)可經驗者有可能即是實在界的全部內涵，也有可能不是，而經驗論之將實在界設定於可經驗者，在理論上只是一種可能的假說，但在現實上，卻是因應人類認識能力的限制而做的設定，因此也是合理的。簡言之，在上述的設定中，詹姆士不僅

是詹姆士一個頗為重要的主張，不過，此處無法詳述。

設定了哲學論辯的合法範圍，更賦予徹底經驗論假設的性格。

三、經驗的全幅內容

在〈對於活動的經驗〉一文中，詹姆士指出，徹底經驗論使用的是實用主義的方法以及純粹經驗的原則。

> 實用方法從一個設定出發，即是，沒有任何一個真理的差異不會在某處造成事實的差異；而且它尋求確定所有意見差異之意義的方式是，盡快將討論落實在某種實際或個別的論題上。純粹經驗的原則也是一個方法上的設定。它主張，任何東西除非能夠在某一確切時間被某一經驗者經驗到，否則不應被承認是事實；至於曾經如此被經驗到的每一個事實特性，必定能夠在最終的實在系統中的某處找到一個確切的位置。換言之：所有實在的事物必定在某處是可經驗的，而每一種被經驗到的事物必定在某處是實在的。(*ERE*, 81)

由此處「純粹經驗的原則」可以清楚看到，上述設定的意義就是在方法上先假設：可經驗的即是實在的，而實在的即是可經驗的。此外，詹姆士說的經驗通常指的是「可經驗的」而非「已經驗到的」。因此，我們也可說，對他而言，實在(reality)與經驗(experience)是同義語。接下來，我們必須問詹姆士所謂的「經驗」是什麼意思。

簡言之，以「經驗即是實在」的假說做為前提，詹姆士分別經驗為感知經驗（或曰感覺經驗）與概念經驗，而此二者即可說是實在界的全部內容。在《若干哲學問題》中，有一章〈感知與概念〉，

談的就是感知經驗與概念經驗。詹姆士指出，在他的用法中，「感覺」、「感受」、「直覺」、「感覺經驗」、意識生命的「直接流動」等詞都與「感知」(percept) 為同義語；「觀念」及「思想」則是「概念」(concept)的同義語(*SPP*, 32)。

詹姆士指出，概念由感知流出，又流回感知，在實際狀況中，感知及概念彼此交纏在一起而難以分辨。二者之間的重大區別在於：「感知是連續的，而概念是分散的。這不是就其『存有』而言分散，因為概念做為一個『動作』而言亦是感受之流的一部分，而是就其各種不同的『意義』而說它們彼此分散。」(*SPP*, 32)詹姆士接著指出，每一個概念只是用來表示某種意義，除此之外，它什麼都不是。相反的，感知沒有表示任何意義，而只是它當下之所是。不過，無論多麼小段的感知，總是包羅萬象；它包含無數的側面及特性，可供概念化而抽離出來。感知呈現出延續性、強度、複雜或單純、有趣或無味、愉悅或苦惱。由感官而來的所有資料都進入感知中而混成一片，形成一個不可分的整體(*SPP*, 32)。因此，詹姆士經常以水流來形容感知經驗的連續性，要對感知做出明確的劃分猶如抽刀斷水一般困難。

做為一位自覺的經驗論者，詹姆士看重的是具體的、個別的，而非抽象的、普遍的。在感知與概念之間，他看著的依然是感知。他承認概念在建構知識上的重要性，並說：「人類的知性生活幾乎全在於用概念層次取代經驗所源出的感知層次。」(*SPP*, 33)不過，詹姆士強調：「概念的意義總是在於其與個別感知之間的關係。」(*SPP*, 36) 詹姆士認為，概念乃由感知提煉而成，概念的根本職責在於與感知再度結合，讓心靈重新回到感知世界並對整個情況得到更佳的掌控；相對地，被這樣使用的概念也得到更多的意義。概念知識的

全部價值必須與感知世界相互結合才能顯出(*SPP*, 36)。

詹姆士區分概念的作用及概念的內容。以「人」的概念為例，它可以指「人」這個字詞本身，它也可以指某種含糊的人的意象，它亦可以表現一種對於思想及行動有所引導的作用。做為字詞本身及意象，這是概念的實體價值(substantive value)；做為一種引導工具，乃是概念的作用價值 (functional value)。有一些概念沒有什麼意象可言，諸如：上帝、原因、數字、實體、靈魂等，它們有的全部是作用價值。事實上，依詹姆士看來，即使是那些意象明顯的概念，它們主要的價值依然是在作用價值方面。總之，概念的價值及意義主要在於它對思想及行動的引導作用。這點即是實用主義的主旨所在，由此發展實用主義的意義論及真理觀，暫時不考慮概念的實體內容，而完全依循其作用面。因此，「個別的後果是概念意義唯一的判準，也是其真假的唯一試金石。」(*SPP*, 37)

為了說明概念的作用，詹姆士把概念比喻成馬具，而感知經驗好像是野馬，把野馬配上馬蹄、馬鞍、韁繩，只是為了更方便駕馭以達到我們的目的地。在實際的生活中，概念每天指引著我們，使我們得以面對未來(*SPP*, 39)。其次，概念可以幫助我們更清楚、並更深入地了解我們的感知。感知只是單純的存在，可名之為「那個」，而概念則以理論的方式解釋感知世界，展示其中有「什麼」，揭示其中種種特性。在此解釋中，展示實在界中更深層的性質。此外，他比喻說，概念與感知的關係有如視覺與觸覺的關係。視覺可以幫助觸覺，在還未碰到時有所準備；但視覺本身也提供一個獨立而豐富的領域。同樣的，概念本身也可自成一格，而不只是輔助感知。抽象的概念本身也能發揮極大的作用，它能帶來新的價值。而且，概念一旦形成，它就是獨立的存在，概念與概念之間可以連成一套

自足的系統，例如數學或邏輯等(*SPP*, 40)。

簡言之，在感知與概念二者中，詹姆士以感知經驗為主，因為他認為實在界的全部本性唯有在感知經驗中才能直接經驗到。如此，感知經驗在豐富性上優於概念經驗。此外，詹姆士也主張感知經驗先於概念經驗，或是說特殊先於普遍。換言之，概念源於感官知覺，而感官知覺是一切知識的來源與基礎。從另一方面來說，概念也要由感知經驗予以證成。總之，概念的意義由感知經驗加以界定，而概念的真假亦由未來的感知經驗加以驗證。根據此處的論點，即可發展出實用主義的意義論與真理論。

在感知與概念的重要性上，詹姆士與英國經驗論大致站在同一立場。他認為，英國古典經驗論者在肯定感覺經驗的先在性與優越性上是正確的，他們在通過感覺經驗來了解實在界的方向上亦是正確的，而洛克之論人格同一、柏克萊之論物質、休姆之論因果，基本上亦都運用了類似實用主義的方法。但是在展現經驗的票面價值時，英國經驗論者卻不能貫徹經驗論的立場而使得經驗的全幅內涵未能展現。他們不能堅持原初正確的方向繼續走下去，停在半路而留下許多漏洞使絕對觀念論得到攻擊的機會。詹姆士說：

> 儘管連接關係及分離關係都表現為完全對等的經驗部分，但是一般的經驗論總是不顧這個事實，而傾向於抹殺事物的各種連接，強調事物的各種分離。柏克萊的唯名論，休姆把我們所分辨的任何事物說成是「鬆散而分離的」，好像它們毫無任何關連，詹姆斯·穆勒否認相似的東西有任何「真正的」共同之處，並把因果關係解消成為習慣的序列，約翰·穆勒把物理事物及自我說成是由一些不連續的可能性組成，聯念

論也把整個經驗拆得零碎不堪。……像這樣的世界圖像，自
然使得理性論努力增加超經驗的統合者、實體、知性範疇及
力量、或自我，以改正其中的不妥。然而，如果經驗論原本
就是徹底的，對所有出現的事物，不論是連接或分離，皆能
一視同仁，都按其票面價值看待，結果就不會招致這種人為
造作的修正了。(*ERE*, 23)

在此背景下，詹姆士提出徹底經驗論以貫徹英國經驗論強調感知經
驗之先在性與優越性的路向，並展現經驗的票面價值。

四、對於關係的真實感受

關於徹底經驗論的事實陳述的部分，即是詹姆士展現經驗的票
面價值的關鍵處。在〈純粹經驗的世界〉一文，詹姆士亦指出：「要
成為徹底的，經驗論必須不容許任何無法直接進入經驗的成分進入
它的架構中，也必須不排斥任何能夠直接經驗的成分進入其中。對
此種哲學而言，連接經驗的關係本身必須是被經驗到的關係，而任
何被經驗到的關係必須被視為像此系統中其他事物一樣的真實。」
(*ERE*, 22)依詹姆士看來，絕對觀念論的錯誤在於多餘地引進超經驗
者，而英國古典經驗論的錯誤在於不當地排除經驗的一部分。對於
經驗的說明，必須不增不減，還給經驗本來面目，這也就是詹姆士
所謂的展現經驗的「票面價值」。詹姆士說：「堅持這種關係，意即
取其票面價值，不多也不少；取其票面價值最主要的意思是，恰如
我們感覺它的那樣去對待它，不要用『關於』它的抽象談論來混淆
我們自己。」 (*ERE*, 25)這就表示，直接回到感知經驗本身，就此經

驗的底層及源頭進行考察，不要摻雜抽象化後的概念。而徹底經驗論的作用之一即是要展現感知經驗的票面價值，把英國經驗論錯誤排除出去的「關係」重新拉回感知經驗的範圍內。

　　詹姆士曾經指出，英國經驗論的缺點不在於他們把眼光專注於實際的結果，而在於他們未能看出這些實際結果的全幅有效範圍（*EP*, 138）。在面對感覺經驗時，他們亦同樣犯了不夠徹底的毛病，以致無法發現感覺經驗的自足性。詹姆士認為，整體言之，英國經驗論者的幾個肯定是對的，錯誤發生在他們的否定處，例如，對於感覺經驗本具連續性的否定，以及對心靈主動性的否定。由前項否定衍生出嚴重的後果，依此，休姆及其繼承者發展出一套無法為人接受的解體論（*EP*, 41）。世界在此成為絕對的混亂，其中毫無任何關連。由於此一結論令人無法接受，於是有些哲學家即試圖在經驗世界之上或之後尋求彌補之道。然而，詹姆士不認為這種彌補是真正的哲學進步，因為經驗世界本具連續性，並不需要另外求取連接者（*EP*, 139）。簡言之，休姆的錯誤不在於他過於徹底地運用經驗論的原則，而是在於他運用得不夠徹底。

　　徹底經驗論本質上不同於一般經驗論的地方，即在於它標舉出經驗原本即具有的內在的連接關係。大致說來，詹姆士承認英國經驗論成功地阻擋了未經直接經驗的成分，不過他也指出，問題出在它也阻擋了業經直接經驗的成分，亦即它把關係排除在感知經驗之外。在此，英國經驗論與絕對觀念論犯了相同的錯誤。詹姆士指出，從洛克開始，英國經驗論就一直未能把關係看成是直接經驗的一部分。根據洛克，觀念有兩種：簡單的與複合的。簡單觀念來自感覺與反省，複合觀念則是由心靈對簡單觀念加工而成，而關係即是一種複合觀念。詹姆士指出，洛克似乎把簡單觀念當做心靈的原子，

而這種經驗的原子觀純粹是形上學的幻想。詹姆士認為沒有人曾經直接單獨地經驗到一個簡單觀念，事實上，簡單觀念是高度抽象的產物。在這種抽象處理後，經驗被分割成零散的心靈原子，如此一來，感知經驗原有的連續性失落了。同樣地，其他的英國經驗論者忽略了事物之間原有的關連，而強調其間的無關連性，柏克萊、休姆、穆勒均是如此(*ERE*, 23)。這樣的說法導致更多的困難，諸如因果性的無法理解、人格同一在概念上的不可能 (*SPP*, 48–50)。這些困難使理性論者有藉口提出各種超經驗者以為彌補。依據詹姆士的陳述，英國觀念論者格林對經驗論批評的焦點在於感覺主義之沒有能力說明關係，而且因此，究極地，它無法解釋知識究竟如何可能 (*MT*, 79)。若是沒有關連活動，則感覺及觀念成為散列的，而我們也無法意識到統合的對象。由於這個統合的活動並不是被給予在感官經驗中，格林主張，在這個世界中，要有一個安排秩序的、知性的意識、一個活生生的精神，並透過個別的思想者而發揮作用。然而，詹姆士指出，這些解決都是徒勞無功的，因為「做為一個整體而言的經驗是自滿自足而不倚靠任何事物的。」(*ERE*, 99)詹姆士宣稱，任何人只要具體地、深入地審視感覺生活，必會發現其中原本具有種種關係，諸如時間、空間、相似、相異、變化、程度、原因等等 (*PU*, 126)。而這樣的論斷正是他本人長期自我審視的經驗之談。

　　根據佩里的研究，詹姆士在一八七〇年代已主張空間關係與方向都是我們直接感覺的內容(*TC*, I, 564–565)。一八八四年，詹姆士在〈內省心理學的疏漏〉一文中指出原子論的感覺主義的根本缺點，更進一步而詳盡的批評則散見於《心理學原理》一書中。他指出，簡單觀念只不過是形上學的抽象產物，並不能直接感覺。英國經驗

論者如同詹姆士一樣地強調內省觀察,只不過前者的觀察不夠精確,因為他們未能分辨感覺本身與對此感覺之反省之間的分別 (*EPS*, 142)。換句話說,他們未能真正達到感覺本身,這種缺點之產生,或許由於他們受到語言的影響,而以為沒有名詞存在,即沒有真實的存在。一個句子是由散列的名詞組成的,順著以上的想法,則會推論說,我們的經驗亦是由散列的成分組成的。如此一來,心靈的連續之流被犧牲了,而被代以原子論的經驗主義,更進而造成各種的矛盾與難題。詹姆士有時將這種思考方式稱為惡性的知性主義。

詹姆士在《多元宇宙》中對「惡性知性主義」有所定義:「處理一個名字時,把這個名字的定義所無法正面包括的東西排除在這個名字所指稱的事實之外,即是我所謂的『惡性知性主義』。」(*PU*, 32)惡性知性主義只在語言中打轉,以語言處理語言,而根本沒有觸及經驗之流。根據詹姆士的心理學研究,當我們對自我心靈加以內省時,我們首先發現到的事實,乃是思想在進行,感覺與意識正連續不斷地前進。沒有一個感覺是簡單的,每一個感覺的本身都是獨一無二的;我們無法證明同一個感覺可以被我們經驗兩次。即使有兩個極為相似的感覺,它們也不是完全相同的。洛克以為有永不改變的、固定的簡單觀念,在詹姆士看來,只不過是個神話。

原子論的經驗主義不僅錯在它忽視了感覺經驗的獨特性與複雜性,更錯在它忽視了感覺經驗的連續性。對詹姆士而言,經驗是一條毫無間斷的河流,其中本具連續性,而不是像原本分散的鍊條,藉著某種法則而連結起來。分解言之,意識之流可分為兩個部分;一是實質的部分,或曰事項,一是過渡的部分,或曰關係。然而,關係與事項皆屬直接經驗者。在此,詹姆士以實質部分與過渡部分的區分取代了洛克簡單觀念與複合觀念的區分,而使得關係如同事

項一般地皆屬原初的感覺內容。當然，詹姆士也了解，內省的最大障礙在於不容易看出這些過渡部分的未來面貌 (*EPS*, 144)。過渡部分的主要作用即在帶領某一實質部分到另一實質部分，當此目的達成，則此過渡部分也已逝去，我們不能再感覺到它的存在，此所以過渡部分難以把握。也因此，經驗論與理性論皆未能認識到關係亦是我們原初經驗的一部分。在此，理性論又訴諸超越者以保障關係的真實性，經驗論則打散連續的意識之流而後任其散落一地。事實上，二者皆以分散的、靜態的概念去曲解經驗的連續。關係的真實性只能以精確的內省加以肯定，邏輯的證明在此處是不相干的。理性論錯在以邏輯否定關係的真實性，一般的經驗論錯在其內省的不夠精確。詹姆士的經驗論之所以是徹底的，即在於他認清關係與事項是一般的真實，於此而有別於英國經驗論。對詹姆士來說，感知之間的關係、概念之間的關係、甚至感知及概念之間的關係，都發生在經驗之中，也都是實在的。

為了說明關係的真實性，詹姆士在〈純粹經驗的世界〉一文中詳細列舉各種連接性的關係。他指出，各種關係在親密程度上有所不同。由淺至深來說，事項之間最外在的關係即是它們同在一個論域中，接著是同時及時間區隔，再來是空間毗連及距離，再來是相同及相異，接下來是活動性的關係，最後是形成心靈狀態的關係。在我們的文字中就表現了這些關係，諸如：「一起」、「近」、「下次」、「相似」、「從」、「向著」、「因為」、「我的」等等(*ERE*, 23–24)。詹姆士指出，在人類經驗中，各個部分都或多或少地具有這些連接關係。不過，在強調連接關係的真實性之餘，詹姆士也不希望造成一種印象，讓人以為經驗中的各個部分都密切地結合為一個絕對的整體。換言之，他在此依然堅守溫和多元論的立場；經驗中有各種

程度不一的連接關係存在，因此絕對多元論是不成立的，但是這並不表示經驗的連接已密切到絕對一元論所說的那種境地。因此，詹姆士有時會把他的經驗論稱為「多元經驗論」。

詹姆士主張，分離與連接都存在於感知經驗中。我們的經驗世界，就其表現的實情來看，並不是井然有序的。我們沒有辦法拿任何單獨的一種連接關係去串連起所有的經驗。他指出，一般經驗論過度強調這種分離的事實而忽略連接性，理性論則過度強調統一而忽略分離。詹姆士看不出有任何理由可以把任何一邊看做虛幻的，因此，徹底經驗論對統一及分離皆公平待之(ERE, 24)。

簡言之，徹底經驗論的事實陳述是指出，事物之間的關係像事物本身一樣被吾人直接經驗到，如此，在經驗之流中原本就有連續而生動的連接，根本不需要依靠超越的原理來解釋。這種連續性不會被分離關係威脅到,因為分離關係也是經驗關係的不同形態罷了。了解徹底經驗論的事實陳述後，其概括結論亦明白了。既然經驗的各個部分是由經驗之流中的關係結合在一起，絕對觀念論的超經驗的支持原理就變得多餘了(MT, 7)。

徹底經驗論對於超經驗者的否定並不是一個獨斷的結論；做為一個經驗論者，詹姆士本人即排斥任何的獨斷論。徹底經驗論基於一個設定，依此而自限於經驗的領域。而此一設定的精神貫穿整個徹底經驗論，以至其結論。自限於經驗中，並不表示完全否定超經驗層的可能。或許有超經驗者的存在；不過，就其無法被經驗而言，我們無法肯定之，亦無從否定之。此外，超經驗者亦不是理論上的必需品，因為經驗本身不具內在矛盾，其間的連接亦屬本有而不需借助外物。在此，超經驗者之被排除，不是由於它是理論上不可能的，而是由於它在理論上是不必要的。同樣，當詹姆士說經驗不依

於外物時，真正的意思是說經驗沒有必要去依於外物；這句話並不否定它有可能依於外物。而當他說徹底經驗論批駁了超經驗者時，他實際的意思是說批駁了超經驗者在理論上的必然性。由此可知，徹底經驗論的結論必須放在其設定所含的精神中去了解。

五、純粹經驗及中性一元論

詹姆士把關係納入經驗內容中，由此說明感知經驗的連續性與豐富性。如此一來，任何藉著超經驗者以保障經驗的統合的企圖，都是不必要的。然而，這樣的努力對完成徹底經驗論而言，仍是不夠的。為了完成徹底經驗論，詹姆士尚需面對各種二元論的挑戰。在此，他提出的是中性一元論(neutral monism)❻；這一步對詹姆士的徹底經驗論相當重要。依佩里的分析，「我與非我的二分、能知與所知的二分，以及觀念與對象的二分，在傳統的二元論中，這些二分中的一邊或兩邊被認為是在經驗之外的。」❼如果二元論的說法成立，經驗本身就不是自足的，而必須依賴外於經驗者。如此一來，與徹底經驗論即發生本質上的衝突，因為徹底經驗論的結論是經驗本身不需要任何超經驗者的支撐。

傳統二元論之提出，主要是為了說明認知作用，而在認知關係

---

❻ 詹姆士堅決反對一元論，理由是一元論的世界觀是封閉的、被決定的。而他在此所說的一元論不是就世界觀而言的一元論，而是就認知作用而言。中性一元論反對的是認識論上的二元論，不同於世界觀中一元論及二元論的分別。

❼ Ralph Barton Perry. *In the Spirit of William James*. New Haven: Yale University Press, 1938, p. 76.

上設定主客的二分、能知與所知的二分、意識本身與意識內容的二分。這種認知上的二元論通常與本體上的二元論緊密地結合在一起；後者設定心物的二分、思想與事物的二分、靈魂與肉體的二分、精神與物質的二分。在本體論的區分中，二元各有其截然不同的本性。如此一來，完全異質而無任何關連的主體與客體，如何能夠交會而產生認知現象，對傳統哲學家就成了一個問題。詹姆士指出，絕對觀念論者認為有限的人類本身無法跨越能知與所知之間的鴻溝，為了挽救認識的可能性，絕對觀念論者引進超驗的絕對者來填補其間的鴻溝 (*ERE*, 27)。當然，依詹姆士看來，這種做法依然是多餘的，因為認知的關係與其他各種關係一樣，都是我們經驗的一部分。不過，為了根本解決上述二元論的困難，詹姆士還是進一步提出以「純粹經驗」(pure experience)為核心的中性一元論做為替代。

在此理論中，對於認識作用的說明，不需預設能知及所知的二元，也不需預設思想及事物、意識實體及意識內容等等二元分別。詹姆士把認識作用解釋成純粹經驗各個部分之間發生的一種關係。「這種關係本身就是純粹經驗的一部分；它的『一端』成為知識的主體或承載者，知者，另一端則成為被知的對象。」(*ERE*, 4) 他認為，傳統上把經驗本質地分為意識及內容的假定是謬誤的。對詹姆士來說，「經驗沒有這種內在的二分；而把它分成意識與內容，不是來自分別，而是來自增加。」(*ERE*, 6–7) 他明白指出，做為實體而言的意識根本不存在。依他看來，意識只是認知的作用或活動(*ERE*, 4)。認知活動與其內容乃是同一的。在經驗的原初狀態中，沒有能知與所知之分，沒有主客之分，也沒有心靈與其內容之分。這些分別固然有其實用的目的，但是並非一種本體論的區分，而僅屬作用上的區分 (*ERE*, 271)。這種作用上的區分在下述的純粹經驗說中，依然

可以得到說明。

詹姆士認為，「事物與思想完全不是基本上異質的。」(*ERE*, 21)「思想與事物在質料上是絕對同質的，它們的對立僅僅是關係上及作用上的。我說過，沒有什麼與事物素材不同的思想素材；而同一段『純粹經驗』既可代表一個『意識事實』，亦可代表一個物理實在，就看它被用在那一個脈絡中。」(*ERE*, 69)詹姆士偶而會把純粹經驗說成一種「素材」(*ERE*, 4)，這種說法容易產生誤解，因為純粹經驗根本是個知識論上的概念，不能由此說本體論上的一元論。因此，詹姆士也試圖對這點加以澄清(*ERE*, 14)。純粹經驗並不是一種具有獨特本質的經驗，它指的是經驗的某種階段或狀態。

前面說過，詹姆士對超驗者的批駁有假設的性格，同理，他對二元論的批駁亦具有假設的性格；中性一元論同樣奠基於徹底經驗論的設定。中性一元論的起點是純粹經驗，詹姆士明白指出，這就是一個方法上的設定(*ERE*, 81)。在此，由當下的既存經驗出發，而不做任何的形上設定，亦不問這經驗由何而來或由何者支撐。詹姆士指出，依實用主義的觀點，真理是從一切有限經驗裡生長出來的。所有的真理都以有限的經驗為根據，但是有限經驗本身卻沒有依托的憑藉。詹姆士認為，這種鬆散的宇宙觀正是理性論者無法忍受的；他們相信在這些眾多的有限經驗背後，必定有某種東西在支持著它們、維繫著它們、統合著它們。這個支撐者本身必定是永恆不變的，如此才能使變遷不居的有限經驗得到穩定的支持，使我們表面上波濤洶湧的宇宙得以穩固地置放在永遠不動的基礎上(*P*, 125)。詹姆士認為，理性論者之堅持事實背後一定要某種根據，乃是由於他們錯誤地把一個事實的名稱和性質當做它所以可能的根據。詹姆士在此不做本體論上的預設，而希望由當下既存的經驗出發去解釋認知作用。

　　由當下的經驗出發,即是以感知經驗做為經驗的源頭與基礎,而各種概念都是由此抽離出來的。純粹經驗與感覺經驗之間沒有本質上的差異,而僅僅是程度上的差別(ERE, 46)。純粹經驗是感知經驗最原初的狀態,是完全未經概念化、亦未分化的狀態。在感覺經驗的最初狀態中,並沒有我與非我、觀念與對象等二元的分別;基本上,我與外在世界的分別乃是在經驗中逐漸學習而來的。例如,當我在看花時,就此一經驗最原初的狀態而言,在我心中的花與在外在世界中的花乃是同一的。只有在反省後,我察覺到「我」正在看「外在的」花,也察覺到我心中的花不同於外在世界的花。我們在長期的學習發展後,已很難再保持住經驗的原初狀態。而且這種狀態也無法清楚地以語言描述,因為語言乃是概念化的產物。簡言之,最原初的經驗狀態即是這種事物與思想尚未分化的純粹經驗狀態,認知作用乃是由這同一個既存的、未分的純粹經驗部分,在不同的脈絡或結構中,有時扮演意識、知者、思想、主觀的角色,有時則扮演內容、對象、事物、客觀的角色(ERE, 7)。

　　對詹姆士而言,認知是一個特殊種類的關係。這個關係本身就是純粹經驗的一部分,它的一個事項成為認知的主體,另一個事項成為認知的客體。同一個經驗在潛能上可以擔負兩種角色。我們所坐的屋子是物理的存在,同時也是吾人意識領域的一個部分,詹姆士認為二者其實只是一個東西,至於為什麼同一個東西能夠在不同的兩個地方,詹姆士的回答是,這就像問為什麼同一個點可以在兩條線上。如果兩條線是交叉的,同一個點就可以在兩條線上。同樣的,如果屋子這個純粹經驗處於兩個不同歷程的交叉點上,則它可以被計算兩次,像是屬於兩個團體,像是存在於兩個地方,雖然其實一直只是一個東西。簡言之,依中性一元論,在純粹經驗的狀態

時，既存的只是同樣一段經驗，而知者與所知的分別僅是這同一段經驗在不同的脈絡裡被計算了兩次(*ERE*, 8, 27)。

中性一元論的好處在於直接由既存的經驗出發，而不必做任何形上學的預設，不必像傳統哲學那樣地先行預設心靈實體及物質實體的存在以求說明認識作用。不過，它依然得說明我們何以很自然地會有精神世界及物質世界的區分？換言之，如果說主客的二分是衍生出來的，那麼它們依據什麼標準或條件而有如此的分別？

在日常經驗中，我們感到精神世界及物質世界有相當大的差異，中性的純粹經驗如何可能說明這種差異呢？這類問題亦被詹姆士預想到：「如果自身相同的一段純粹經驗有兩種角色，有時當做思想而有時當做事物，那麼在兩種角色中它的屬性怎麼會有如此根本的差異呢？做為事物，經驗有廣延性而佔有空間；做為思想，則不佔空間或地點。」(*ERE*, 15)提出這種詰難的人或許會認為，唯有把思想和事物視為截然不同的二元論才能避免上述困難。

針對此一詰難，詹姆士首先指出，思想和事物並不像一般所以為的那麼異質。思想及事物有一些共同的範疇，例如：二者皆與「時間」有關，二者皆有「部分」可言，二者皆有「複雜或單純」之分，二者皆有「種類」之別(*ERE*, 15)。其次，詹姆士反對笛卡兒之把思想定義為絕對不具廣延性。詹姆士認為，當我們想到一把尺時，很難說我們的思想沒有廣延性。他說：

> 對於任何一個有廣延性的對象，「恰當的」心靈圖像必須具有對象本身全部的廣延。客觀的廣延及主觀的廣延之間的差別只是與脈絡之間的關係有所不同而已。在心靈中，各式各樣有廣延的東西彼此之間並不保持著必然的固定秩序，而在物

理世界中，它們穩定地相互限制並結合在一起，造成包羅一
切的單元，我們相信之並稱之為實在的空間。(*ERE*, 16)

因此，詹姆士不認為思想是絕對沒有廣延的，而精神世界與物質世
界的差異亦不在於廣延之有無。

詹姆士認為，在我們的經驗中，我們逐漸會發現，有些火的經
驗可以燃燒木柴、烘暖身體，而有些火的經驗則不能發揮這些作用。
這兩種經驗都具有各種類似的性質，差別僅在於前一種經驗的性質
能夠發揮作用，其中的性質亦能相互影響，而後一種經驗的性質不
能造成任何作用。這兩種經驗在此有強烈的對比，於是我們把前者
稱為物理事件，而把後者稱為心理事件。做為心理經驗的火可以任
意地處置做為心理經驗的木柴；我們可以想像有一把火燒著了木柴，
也能想像這把火燒不著木柴。可是，做為心理經驗的火在面對物理
的木柴時，只是一種結果：它永遠燒不著物理的木柴(*ERE*, 17)。簡
言之，精神世界與物質世界即是在我們這樣的經驗中被區分開來。
如果一個人的心思永遠能夠實現，如果他的意願沒有受過一絲一毫
的阻力，這個人也不容易有我與非我的區分。對詹姆士來說，此處
的二分是後加的，是由原初的純粹經驗狀態發展出來的。他說：

純粹經驗論的核心論點在於，「外在」與「內在」是兩個組群
的名稱，我們根據經驗對其相鄰經驗的作用方式而區分為這
兩組群。……這兩個組群各自的基礎是不同類型的交互關
係，一邊是不可互入性，另一邊是缺少物理的干擾及互動。
(*ERE*, 70)

雖然詹姆士的說法可以對認知現象提出某種說明，但是，根本上，純粹經驗說仍帶有假設的性格。他雖然相信純粹經驗的真實性，它是我們經驗的一個實在狀態，但是他同時也指出純粹經驗是個方法上的設定。以下的狀況也許是可能的，亦即，心靈與外在世界原本是分別存在的，而吾人的經驗乃發生於二者接觸之際。換句話說，二元論並非完全不可能。問題在於，對我們來說，我們最先有的還是經驗。至於本體論的問題，像是「為什麼有經驗的存在」，可能永遠沒有完全確定的解答。我們所能開始的地方即是我們的經驗，在此，心靈世界的主觀性與外在世界的客觀性皆屬我們經驗的範圍。外在世界只有在可被經驗的情況下，才對我們是真實的。總之，雖然二元論不是不可能的，卻不是必然的。如此，傳統二元論及中性一元論都是可能成立的假設，我們對此二者的評估即視何者能提供更好的解釋，而避免更多的困難。

平心而論，中性一元論固然可以省卻形而上的預設，但也會引發其他的困難。說明了我們如何會清楚地感覺到心理事件及物理事件的區分之後，詹姆士的純粹經驗說還有一些後續的問題有待解決。例如：純粹經驗說如何避開唯我論的困局？我們如何去講客觀的存在？不同的人如何可能認知相同的東西？這些問題在詹姆士看來，似乎都不構成純粹經驗說的致命傷，他也針對這些問題撰文解說。他認為，相同的感知經驗可以同時是物理事件及心理事件的一個側面，同樣地，相同的感知經驗可以是一個以上的意識的要素。我思想的任一部分有可能不只是我意識的一部分，而亦成為某一較高或較廣的意識的一部分。思想可能在兩個意識中看起來不同，但是仍然是二者的構成要素。在《多元宇宙》中，詹姆士甚至引進費赫納 (Gustav Theodor Fechner) 組合意識 (collective consciousness) 的想

法 (*PU*, 63, 133)。如此，可能有一個世界靈魂，它的意識包括了所有人類的思想。這些思想可能有不同的組合，不過，同一個內容可能出現在一個人類的心靈，又出現在這個更廣大的意識中。如此有一個上帝的想法，它不是完全與世界分開，它也不只是存在的整體；它與世界有共同之處，但亦保有其本身獨特的意識。不過，這些想法並沒有發展成熟。儘管在徹底經驗論方面花了相當多的心力，詹姆士本人也承認他的徹底經驗論並未發展完成，而純粹經驗說更是其中較弱的一環❽。

---

❽　儘管純粹經驗說在面對某些知識論的議題上仍有待進一步解釋，但是詹姆士對純粹經驗的描述卻成為現象學家關注的焦點。請參見❶。

第八章 結 論

　　曾經有學者指出，在世人的眼中，詹姆士比任何人都適合做為美國哲學的代表。他的一生代表了一個時代，在此時，美國學術思想不再亦步亦趨地跟隨歐洲哲學，而開始展現其原創性。事實上，詹姆士本人對此發展亦有很大的貢獻。他的哲學在表達上及用詞上都是美國式的，他的想法亦是美國式的。而他之常赴歐洲旅行、他對語言的掌握、他個人的魅力，都有助於他的想法的散布。再加上他思想的內在重要性，使得他的著作翻譯為許多文字；他或許是被世人閱讀最為廣泛的一位美國哲學家 ❶。

　　不過，也有學者指出，不要只是把詹姆士當做美國的哲學家，正如康德不應該只是被當成德國的哲學家。我們應該把詹姆士的哲學放在整個西方哲學的傳統中來了解 (Thayer, 3)。依此，我們可以說，他所關心的是十七世紀以來理性論與經驗論之間的對立；這個對立在他那個時代表現在絕對觀念論與英國經驗論的對立上。前面說過，詹姆士的一生可以看做一連串與絕對觀念論的戰鬥。他之所以著力批判當時盛行的絕對觀念論，主要不是出於理論的考量，而是基於實踐的關懷。因此，如果我們以更廣的角度來看，詹姆士的

---

❶　"Introduction to William James", by Paul Henle, in *ClassicAmerican Philosophers*, edited by Max Fisch, pp. 115–117.

哲學乃是要回應人類的永恆關懷：人類存在的意義。

依此，詹姆士的哲學，儘管散見各領域，但仍可視為一個具有中心意旨的整體。如果我們跳脫時空環境來看，詹姆士一生的哲學志業可以說是在尋求人存在於此世間的意義及價值，他努力為人的意義定位。因為此一終極關懷，他堅決反對絕對觀念論的一元論而主張多元論，並把一元論及多元論的對立視為最豐富的一種對立。原因是，在一元論的宇宙中，一切都是被決定的，個人在其中的任何作為都是無關輕重的。亦因此，詹姆士把決定論與自由意志的問題視為一個重大的哲學問題，也使這個問題在廿世紀重新復活。人有自由意志，才能自定方向，人的作為才有其意義。亦因此，詹姆士進一步主張相信之意志或相信之權利。面對未來，人類沒有十足的把握，也沒有絕對的保障，人類必須承擔風險，唯有憑藉相信之意志，相信未來可能是經由人類的努力而滿足人類的期望，我們才可能成功。否則，若是不敢承擔風險，而用絕對者的夢想做為暫時的滿足，或駐足不前、心存觀望，其結果是注定失敗的。亦因此一終極關懷，詹姆士主張有限上帝論，美好的世界不是一定的，上帝有心如此，但亦沒有絕對的把握。上帝需要人類幫忙，人類的努力可以促成美好世界的達成。

在詹姆士一生的哲學努力中，他提出不少具有原創性的學說。大體來說，他有三方面主要的貢獻。首先，提出實用主義的方法，著眼於概念（包括所有領域的，如形上學的、知識論的、道德或宗教哲學的概念）的實際後果，亦即概念的「兌現價值」，以解決抽象爭議。其次，提出徹底經驗論，呈現經驗世界之真相，亦即感知經驗的「票面價值」，說明經驗世界之豐富自足，以避免絕對觀念論引入不必要的絕對者而衍生實踐上的種種流弊。最後，在實踐哲

學方面提出多元論、非決定論、淑世主義、有限上帝觀等等主張，
這些主張彼此緊密關連而表現共同的主旨與關懷，亦即如何在此世
界中尋找人存在的意義、表現人存在的價值、活出人存在的尊嚴、
確立人存在的地位。相對於實踐哲學方面，徹底經驗論比較偏重理
論層面。整體說來，實踐層面是詹姆士哲學的根本動力。他的哲學
追求其實也反應他本人內在的需求，他的哲學最終也要能解決他自
身生命的問題，因此，他討論的不是抽象的人的問題。

　　最後，我們再以詹姆士的哲學進路為主軸，對其哲學做一統合
的掌握。每個人在思考問題時，都有他特別喜好或習慣的方式；每
個人在看待問題時，也必須站在某一種角度或觀點。因此，要了解
一個哲學家，或許最佳的途徑就是先去了解他的哲學進路，亦即他
思考問題的基本方式與角度。詹姆士有相當強的心理學背景，大體
說來，他在思考問題時經常是用心理學的路向，或是他自己所說的
經驗論的路向。心理學路向的特色在於由實際的心理狀態出發，其
優點在於具體、不掛空，缺點則在於易以「實然」解釋或取代「應
然」。如果能夠掌握這點，則比較容易了解詹姆士某些主張受攻擊
的主要原因。當然，僅由心理學的路向來說，還不足以把握詹姆士
哲學的全貌。進一步來說，感知的進路及前瞻的進路也是詹姆士哲
學的特色。綜括言之，我們可以把徹底經驗論及實用主義視為詹姆
士哲學系統的兩大主幹；除此之外，由徹底經驗論衍生出來的支幹
有「中性一元論」、「純粹經驗說」等，由實用主義衍生出來的支幹
有「淑世主義」、「有限上帝觀」等。在徹底經驗論中，詹姆士採取
的是感知的進路(perceptual approach)；在實用主義中，他採取的則
是前瞻的進路(prospective approach)。

　　這兩條進路是詹姆士本人自覺地採用的，也是他在面對世界與

各種問題時所採取的基本立場與方向。在感知的進路中，表現詹姆士哲學的理論層面，目的在於更切實地了解這個世界。在前瞻的進路中，則表現詹姆士哲學的實踐層面，目的在於使世界變得更好。感知的進路對立於概念的進路 (conceptual approach)，前瞻的進路則對立於回顧的進路(retrospective approach)。對詹姆士來說，這兩套對立源自於更根本的一個對立，亦即經驗論與理性論的對立。

詹姆士的整個徹底經驗論是建立在一個「設定」之上。依此設定，「哲學家之間唯一可論辯的事應該是那些可以用由經驗而來的詞語加以定義的事。」既然經驗世界是我們能觸及的唯一實在世界，我們就以經驗為實在，而不論經驗之外是否有更真實者。簡言之，在詹姆士眼中，「實在」與「經驗」是同義字。進一步說，感知經驗與概念經驗即是實在之全幅內容。理性論與經驗論於此爭論的關鍵在於感知與概念二者的關係上。正相反於理性論，經驗論認為概念以感知為其發生的根源，且為其印證的依據，感知的豐富與動態是無法由抽象而靜態的概念所取代的。

因此，具體的感知雖是遷流不居的，卻在存有論上與知識論上先於且優於固定不變的概念。詹姆士認為感知本身是自足的，概念並非生物所不可或缺者。雖然如此，概念亦有其價值；它可使我們更有效地駕馭感知經驗。依此，概念之產生乃出於實用上的目的，而非理論上的目的。換句話說，概念是幫助我們運用經驗的一種工具。基本上，感知之被轉譯成概念，只是為了達成實用上的需要。不過，有時候這種轉譯不但不能使我們了解經驗之本質，反而會使我們產生誤解；因為，分散而靜態的概念本質上永遠不能取代連續而動態的感知。在這個轉譯的過程中，感知生活的連續性遺落了。這種轉譯之不足，正如同想要以一張張的照片表現出奔騰飛馳的駿

馬一樣。

　　總而言之，概念有其功能，但亦有其限制；它不能掌握實在之全幅本質。如果不把概念約束於此限制中，它就會造成一些知性上的困難；例如布萊德雷居然認為外在關係是不可能的，魯一士居然認為客觀指涉是不可能的。詹姆士認為，這些困難不是感知經驗本身具有的，而是在把感知經驗概念化並把概念視作感知之全部時，才產生這些困難。實在之本質必須在感知經驗中才可能找到；理性論在概念中去找實在之本質，根本找錯了地方，更衍生出一些虛假的難題。只要回歸於感知經驗，這些難題自然解消。

　　理性論採取的是概念的進路，以衍生者為根本，以抽象取代具體，以普遍取代特殊，以貧乏取代豐富；詹姆士名之為「惡性的知性主義」。依他看來，不僅理性論犯此錯誤，古典經驗論亦不可免；其中的關鍵在於二者都不承認「關係」本具於感知經驗之中。理性論根本上採取概念的進路，古典經驗論雖然起初採取感知的進路，但走了一小段之後，就摻雜了概念的進路，結果同樣曲解了經驗之本質，造成一些困難，讓理性論者有可乘之機。

　　理性論以散列靜態的概念為實在，在概念中找不到關係，因此只有在經驗之外找一個超越的聯結者。古典經驗論以感知為真實，但他們所看到的感知，事實上已是概念化之後的衍生物，他們同樣在其中找不到關係。兩者都不能回歸到感知本身；不同的只是理性論把原本連續的感知經驗加以概念化而打散後，再找一個超越者把它們連接在一起，而古典經驗論將感知經驗打散後，就置之不理，而誤以為這種散亂的狀態即為經驗之本來面貌。

　　詹姆士對此問題的看法是：「事物之間的關係（不論連接的或分離的）恰如事物本身一樣，不多也不少，皆屬直接的、個別特殊

的經驗之列。」他認為，自己的這句話只不過是個事實的陳述。他在
《心理學原理》一書中，主要就是說明時間關係、空間關係、相似
性、相異性、因果關係、自我統一等，都是感知經驗中的一部分，
都可直接經驗到。依之，各種關係本來就包含在未經概念化的經驗
狀態之中；而唯有打破一切概念化的作用，完全回歸到原初的感知
本身，才能觸及這種狀態。

依徹底經驗論，關係與事物本身都是直接經驗的一部分，也都
一樣的真實。我看到的是「杯子在桌上」，而不是看到「杯子」，再
看到「桌子」，然後才看到「……在……之上」；這三者都是直接經
驗的一部分。對詹姆士來說，「做為一個整體而言的經驗是自滿自
足而不倚靠任何事物的」。簡言之，徹底經驗論的原則是要就經驗
的「票面價值」來看經驗，經驗中所無的不必加入（這是批評絕對
觀念論之引入「絕對者」），經驗中所有的不可去除（這是批評古典
經驗論之忽略關係）。

這些大致是根據詹姆士早期的努力所得到的一些成果。但是日
後他進一步思考主客關係及認識關係時，又有進一步理論的提出。
在面對主客關係的問題時，他提出了中性一元論，由於此一理論的
提出，使他的經驗論更趨徹底。而在解決認識關係或真理問題上，
逼使他提出實用主義以為對應。

在中性一元論中，詹姆士打破能知與所知、主與客、我與非我
等等二分。要證明經驗之自滿自足，這步工作是有必要的。因為依
傳統二元論，在此種種二分之中，必有一端是在經驗之外。如果真
是這樣，詹姆士就不能說經驗是自滿自足的。當他由感知的進路回
到感知經驗時，他發現感知經驗有一種最原初而未分化的狀態。每
一個感知都曾有這樣的狀態，詹姆士名之為「純粹經驗」。在這種

原初狀態中，當下的感知經驗未經任何反省。例如，當我們雙眼對著一盆花時，此刻無「心中之花」與「桌上之花」的分別。唯有在反省中，我察覺到「我」在看一盆「外在的」花。依詹姆士，心與物、或思想與事物，並不是根本上異質的，其間的分化是經由學習而得出的結果。根據中性一元論，它們只是同一純粹經驗在不同脈絡中的不同表現，只有不同的功能，而非不同領域的存在。如此，心與物如何發生關係的傳統難題不存在了。

以上說明詹姆士如何經由感知的進路提出徹底經驗論及中性一元論。接下來，我們要看詹姆士如何經由前瞻的進路提出實用主義及淑世主義。在真理問題上，一般的看法認為真假是早已決定的。例如，我說「這杯中盛著汽水」，而我待會拿起來喝時，卻發現盛的是茶。我承認剛才說的話是假的，不過，依一般的看法，我剛才說的話之真假並不因我現在之是否檢證而改變，它的真假早已決定了。在這種想法中，我們假定有一個客觀的情況做為評斷真假的標準，而真假早已內在於每一個判斷中。

但是，依詹姆士看來，真假不是本具的，而是在驗證的過程中產生出來的。依一般的看法，當我說「這杯中盛著汽水」時，必然有一相應的客觀狀況可用來衡斷我說的話之真假。然而，依詹姆士，此處所謂的相應狀況，對我們來說，只不過是未來的可能經驗。換言之，經驗就其本身而言並無所謂真假，真假乃是就兩個經驗之間的關係而言。在此，詹姆士表現出前瞻的進路。當我們做出一個判斷時，同時我們就有一種期望，如果這個期望在未來的經驗中得到滿足，我們就說它是真的，否則即是假的。因此，真假不過是期望的滿足與否。

簡言之，詹姆士的實用主義基本上是要由概念所引導的結果來

看概念的「兌現價值」。因此，實用主義在意義論上主張具體特殊的結果是概念所具有的全幅意義，在真理論上主張具體特殊的結果也是概念真假的唯一裁決所。此處所說的具體特殊結果，很明顯的就是未來的感知經驗。在此，我們同時看到他那重視感知的感知進路與重視未來的前瞻進路。

這種前瞻的進路，在詹姆士面對實際人生問題時更為明顯。在個人脾性上，詹姆士不能忍受任何形態的決定論；正是因為這樣，他不遺餘力地反駁絕對觀念論。根據絕對觀念論的說法，整個宇宙表面上看來是雜多的，其實是一個完全統一的絕對者；萬事萬物都緊密地連接成為一個統一體，任何一小部分的細微變化都會引起全體的改變。這個絕對者是無所不包的、無所不知的。人在這樣的宇宙中，有如身陷天羅地網之中，一切都是必然的、一切都是被決定的，沒有任何鬆動的餘地。這個宇宙是已完成的，沒有真正的未來及可能。它已臻於完美之境，人們不能也不需要再做任何努力，現實中所見到的罪惡只不過是成就完善的必要條件、過渡狀態。

對詹姆士來說，生活在絕對觀念論所描述的世界中，人存在的意義及價值完全失了著落。這個實踐層面上的根本理由，說明了詹姆士為什麼反對絕對觀念論的一元論而堅持多元論，說明了詹姆士為什麼說真理是被造成的而不是既定的，說明了詹姆士為什麼主張淑世主義而反對樂觀主義及悲觀主義，說明了詹姆士為何反對決定論而堅持意志之自由，說明了詹姆士何以強調相信之意志能夠改變未來，也說明他為何反對西方傳統的上帝萬能觀。

詹姆士主張，實在不是固定不變的，而是隨著經驗之增加而改變。真理亦不是固定於任何一個觀念中，而是在未來的經驗中產生的。對於實在及真理採取這樣的態度，主要是為了使人的努力有可

能、有意義。人的努力可以改變未來的實在，同時也改變了「真理」。另一方面，這種態度還可創造出新的東西；這種種都在鼓勵人的努力。

　　人類的命運、世界的前途都非已決定的，世界之能否得到救贖，人類本身的努力亦有決定力。樂觀主義及悲觀主義均不足取，唯有淑世主義是健康的態度。上帝與魔鬼的戰鬥不是必勝亦非必敗的，為了獲取勝利，上帝需要人類的幫助。上帝不能是萬能的，否則，人類是無用的。在為未來的美好理想奮鬥的過程中，上帝與人類是併肩作戰的夥伴。

　　詹姆士的說法有許多是與眾不同的，也不容易一見之下就為人接受。他也明白他的進路是對傳統說法的扭轉，由感知處來掌握實在，相對於傳統上以概念掌握實在的心態，乃是向西方長遠傳統挑戰的做法。在實用主義中，他以前瞻的進路去說明意義與真理，亦有同樣的震撼力。感知的進路旨在對世界有更確切的理解，前瞻的進路旨在透過人類的努力使世界更好。前者是理論性的，後者是實踐性的。在理論處，詹姆士說的較多，但他整個哲學的動力還是來自實踐面。

年　表

1842年

　　一月十一日出生於紐約市。父親為亨利・詹姆士(Henry
James, Sr.)，母親為瑪麗・詹姆士(Mary Walsh James)。

1843年

　　弟亨利(Henry James, Jr., 1843–1916)出生，日後成為著名的小
說家。

1845年

　　弟葛斯(Garth Wilkinson James, 1845–1883)出生。

1846年

　　弟羅伯森(Robertson James, 1846–1910)出生。

1848年

　　妹愛麗絲(Alice James, 1848–1892)出生。

1852–55年

　　在紐約市入學。（此前的教育來自家庭教師以及在歐洲的旅
行。）

1855–58年

　　法國及英國入學，並受業於家庭教師。

1858–59年

居住於羅德島的新港。

1859–60年

在德國及瑞士入學，並受業於家庭教師。

1860–61年

在新港向漢特學習繪畫一年。

1861年

進入哈佛大學勞倫斯理學院讀化學及解剖學。

1862年

結識珀爾斯。

1863年

進入哈佛醫學院。

1864年

詹姆士一家移居波斯頓。

1865–66年

跟隨阿噶西前往巴西進行研究。

1866年

詹姆士一家移居劍橋。

1867–68年

花了一年半的時間，前往德國（柏林大學）讀書並療養，其間從學於哲學家赫爾姆霍茲與心理學家馮德等人。

1869年

六月取得哈佛醫學士學位。

1869–72年

身心皆處於低潮，在家中休養將近四年方始復原。

1870年

四月廿九日經歷嚴重的心理危機。

1871年

形上學俱樂部成立，詹姆士成為其中的重要成員。

1872年

在哈佛出任生理學講師，開始與雷諾維耶通信。

1873年

在哈佛出任解剖學及生理學講師。

1873–74年

健康不佳，前往義大利療養。

1875年

在哈佛首度教授心理學課程。並展開心理實驗之研究，設立美國第一所心理學實驗室。

1876年

在哈佛出任生理學副教授。

1878年

一月在《思辨哲學月刊》發表〈論斯賓塞之「心靈定義為對應」〉，主張興趣及愛好在心靈中的核心地位。同月，珀爾斯在《通俗科學月刊》發表〈如何使我們的觀念清楚〉，提出著名的實用格準。

七月十日與愛麗絲・吉木斯(Alice Howe Gibbens)結婚。

簽約撰寫《心理學原理》。

1879年

開始教授哲學(The Philosophy of Evolution)。停止講授解剖學及生理學。

1880年

　　出任哲學副教授。

　　長子亨利(Henry James III)出生。

　　拜訪雷諾維耶。

1882年

　　父母先後去世。

　　次子威廉(William James Jr.)出生。

　　拜訪馬赫。

1884年

　　發起組織美國靈魂研究學會。

　　三子赫曼(Herman James)出生。

　　為父親出版《故亨利・詹姆士文存》(*The Literary Remains of the Late Henry James*)，並附上一篇很長的序言。

1885年

　　出任哲學教授，至一八八九年。

　　三子赫曼夭折。

　　丹麥醫學教授郎格發表〈論情緒的動盪〉，與詹姆士上一年發表的〈何謂情緒〉，看法不謀而合，日後稱為「詹姆士及郎格情緒理論」。

1886年

　　開始與杜威通信。

1887年

　　女兒瑪麗(Mary Margaret James)出生。

1889年

　　赴巴黎參加國際生理心理學會議。

　　出任哈佛心理學教授，至一八九七年。

1890年

《心理學原理》(*The Principles of Psychology*)出版。

美國靈魂研究學會解散，並改組為英國靈魂研究學會美國分
會。

四子亞歷山大(Alexander Robertson James)出生。

1892年

《心理學簡本》(*Psychology: Briefer Course*)出版。

不再指導心理實驗室的工作。

妹愛麗絲去世。

1893年

與家人赴歐洲旅行。

1896年

赴慕尼黑參加國際心理學會議。

1897年

《相信之意志》(*The Will to Believe*)出版。

再任哲學教授，直至退休。

1898年

於加州大學柏克萊分校，以〈哲學概念與實踐結果〉為題，首
度公開宣揚實用主義。

《人的不朽》(*Human Immortality*)出版。

1899年

健康不佳，赴歐療養年餘。

《與教師談心理學》(*Talks to Teachers on Psychology*)出版。

1901年

在愛丁堡大學吉福講座演講，內容即次年出版之《宗教經驗之

種種》。

1902年

《宗教經驗之種種》(*The Varieties of Religious Experience*) 出版。

開始與柏格森通信。

1905年

赴希臘旅行。

出席於羅馬召開的第五屆國際心理學會議。結識巴匹尼等義大利實用主義者。

《心理學原理》義大利文譯本出版。

1906年

於史丹福大學擔任客座教授，講授內容即死後出版之《若干哲學問題》。

在舊金山大地震後，返回劍橋。在勞威爾研究所講授實用主義。

1907年

一月在紐約哥倫比亞大學重講實用主義。

五月《實用主義》出版。

自哈佛退休。

1908年

《哲學與心理學論文集》(*Essays in Philosophy and Psychology*)出版。

《實用主義》德文譯本出版。

1909年

在牛津大學希伯特講座演講，講詞於同年以《多元宇宙》(*A Pluralistic Universe*)為名出版。

《真理之意義》(*The Meaning of Truth*)出版。

1910年

赴歐療養。無效返美。由於旅途勞頓，旋即因心臟衰竭病倒，掙扎一週而於八月二十六日逝於新罕姆什爾州的家中。

1911年

《回憶與研究》(*Memories and Studies*) 出版。《若干哲學問題》(*Some Problems of Philosophy*)出版。《實用主義》法文譯本出版。

1912年

《徹底經驗主義論文集》(*Essays in Radical Empiricism*)出版。

1917年

《哲學論文選》(*Selected Papers in Philosophy*)出版。

1920年

《論文及評論集》(*Collected Essays and Reviews*)以及《詹姆士書信集》(*Letters of William James*)相繼出版。

1924年

《哲學雜誌》(*Journal of Philosophy*) 刊出生前未發表之文章：〈理性與信仰〉。

1935年

佩里根據詹姆士書信撰寫出版兩卷《詹姆士的思想與性格》。

1943年

由佩里編輯的三本詹姆士的著作出版：《徹底經驗主義論文集與多元宇宙》、《信仰與道德論文集》(*Essays on Faith and Morals*)、《實用主義》(增附由《真理之意義》中選錄的四篇文章)。

1975年

　　哈佛「詹姆士著作全集」:《實用主義》出版。

1975年

　　哈佛「詹姆士著作全集」:《真理之意義》出版。

1976年

　　哈佛「詹姆士著作全集」:《徹底經驗主義論文集》出版。

1977年

　　哈佛「詹姆士著作全集」:《多元宇宙》出版。

1978年

　　哈佛「詹姆士著作全集」:《哲學論文集》(*Essays in Philosophy*)
　　出版。

1979年

　　哈佛「詹姆士著作全集」:《相信之意志》出版。

1979年

　　哈佛「詹姆士著作全集」:《若干哲學問題》出版。

1981年

　　哈佛「詹姆士著作全集」:《心理學原理》三卷出版。

1982年

　　哈佛「詹姆士著作全集」:《宗教與道德論文集》出版(*Essays in
　　Religion and Morality*)。

1983年

　　哈佛「詹姆士著作全集」:《與教師談心理學》出版。

1983年

　　哈佛「詹姆士著作全集」:《心理學論文集》(*Essays in Psycho-
　　logy*)出版。

1984年

哈佛「詹姆士著作全集」：《心理學簡本》出版。

1985年

哈佛「詹姆士著作全集」：《宗教經驗之種種》出版。

1986年

哈佛「詹姆士著作全集」：《靈魂研究論文集》(*Essays in Psychical Research*)出版。

1987年

哈佛「詹姆士著作全集」：《論文、講評、及書評》(*Essays, Comments, and Reviews*)出版。

1988年

哈佛「詹姆士著作全集」：《論文稿》(*Manuscript Essays and Notes*)出版。

1988年

哈佛「詹姆士著作全集」：《演講稿》(*Manuscript Lectures*)出版。至此，全集出齊。

參考書目

壹、詹姆士本人著作、選輯與中譯本

James, William. *Pragmatism*. The Works of William James. Edited by Fredson Bowers and Ignas K. Skrupskelis. With an Introduction by H. S. Thayer. Cambridge: Harvard University Press, 1975.

————. *The Meaning of Truth*. The Works of William James. Edited by Fredson Bowers and Ignas K. Skrupskelis. With an Introduction by H. S. Thayer. Cambridge: Harvard University Press, 1975.

————. *Essays in Radical Empiricism*. The Works of William James. Edited by Fredson Bowers and Ignas K. Skrupskelis. With an Introduction by John J. McDermott. Cambridge: Harvard University Press, 1976.

————. *A Pluralistic Universe*. The Works of William James. Edited by Fredson Bowers and Ignas K. Skrupskelis. With an Introduction by Richard J. Bernstein. Cambridge: Harvard University Press, 1977.

—————. *Essays in Philosophy*. The Works of William James. Edited by F. H. Burkhardt, Fredson Bowers, and Ignas K. Skrupskelis. With an Introduction by John J. McDermott. Cambridge: Harvard University Press, 1978.

—————. *The Will to Believe*. The Works of William James. Edited by Fredson Bowers and Ignas K. Skrupskelis. With an Introduction by Edward H. Madden. Cambridge: Harvard University Press, 1979.

—————. *Some Problems of Philosophy*. The Works of William James. Edited by F. H. Burkhardt, Fredson Bowers, and Ignas K. Skrupskelis. With an Introduction by H. Hare. Cambridge: Harvard University Press, 1979.

—————. *The Principles of Psychology*. 3 vols. The Works of William James. Edited by F. H. Burkhardt, Fredson Bowers, and Ignas K. Skrupskelis. With two Introductions, one by Gerald E. Myers, the other by William R. Woodward. Cambridge: Harvard University Press, 1981.

—————. *Essays in Religion and Morality*. The Works of William James. Edited by F. H. Burkhardt, Fredson Bowers, and Ignas K. Skrupskelis. With an Introduction by John J. McDermott. Cambridge: Harvard University Press, 1982.

—————. *Talks to Teachers on Psychology*. The Works of William James. Edited by F. H. Burkhardt, Fredson Bowers, and Ignas K. Skrupskelis. With an Introduction by Gerald E. Myers. Cambridge: Harvard University Press, 1983.

————. *Essays in Psychology*. The Works of William James. Edited by F. H. Burkhardt, Fredson Bowers, and Ignas K. Skrupskelis. With an Introduction by William R. Woodward. Cambridge: Harvard University Press, 1983.

————. *Psychology: Briefer Course*. The Works of William James. Edited by F. H. Burkhardt, Fredson Bowers, and Ignas K. Skrupskelis. With an Introduction by Michael M. Sokal. Cambridge: Harvard University Press, 1984.

————. *The Varieties of Religious Experience*. The Works of William James. Edited by F. H. Burkhardt, Fredson Bowers, and Ignas K. Skrupskelis. With an Introduction by John E. Smith. Cambridge: Harvard University Press, 1985.

————. *Essays in Psychical Research*. The Works of William James. Edited by F. H. Burkhardt, Fredson Bowers, and Ignas K. Skrupskelis. With an Introduction by Robert A. McDermott. Cambridge: Harvard University Press, 1986.

————. *Essays, Comments, and Reviews*. The Works of William James. Edited by F. H. Burkhardt, Fredson Bowers, and Ignas K. Skrupskelis. With an Introduction by Ignas K. Skrupskelis. Cambridge: Harvard University Press, 1987.

————. *Manuscript Essays and Notes*. The Works of William James. Edited by F. H. Burkhardt, Fredson Bowers, and Ignas K. Skrupskelis. With an Introduction by Ignas K. Skrupskelis. Cambridge: Harvard University Press, 1988.

————. *Manuscript Lectures*. The Works of William James.

Edited by F. H. Burkhardt, Fredson Bowers, and Ignas K. Skrupskelis. With an Introduction by Ignas K. Skrupskelis. Cambridge: Harvard University Press, 1988.

──────. *The Letters of William James*. 2 vols. Edited by Henry James, Jr. Boston: Atlantic Monthly Press, 1920.

──────. *The Writings of William James*. Edited, with an Introduction and a New Preface, by John J. McDermott. Chicago: The University of Chicago Press, 1977.

──────. *William James: the Essential Writings*. Edited by Bruce W. Wilshire with a Preface by James M. Edie. New York: State University of New York Press, 1984.

詹姆士著。陳羽綸、孫瑞禾譯。《實用主義》。北京：商務印書館，一九七九年。

詹姆士著。龐景仁譯。《徹底的經驗主義》。上海：人民出版社，一九八六年。

詹姆士著。唐鉞譯。《宗教經驗之種種》。臺北：萬年青書店據一九四六年譯本影印出版。

詹姆士著。唐鉞譯。《論習慣》，《論思想流》，《論情緒》。（這三本小書是由《心理學原理》的三章譯出，由商務印書館出版。）

貳、相關論著

Allen, Gay Wilson. *William James: A Biography*. New York: The Viking Press, 1967.

Ayer, Alfred Jules. *The Origins of Pragmatism: Studies in the*

Philosophy of Charles Sanders Peirce and William James. San Francisco: Freeman, Cooper & Company, 1968.

Bird, Graham. *William James*. New York: Routledge & Kegan Paul, 1986.

Bixler, Julius Seelye. *Religion in the Philosophy of William James*. Boston: Marshall Jones Company, 1926.

Blau, Joseph L. *Men and Movements in American Philosophy*. New York: Prentice-Hall, 1952.

Boutroux, Emile. *William James*. Translated from the second edition by Archibald & Barbara Henderson. New York: Longmans, Green, & Co., 1912.

Bradley, F. H. *Appearance and Reality*. New York: Macmillan, 1893.

————. *Essays on Truth and Reality*. Oxford: Clarendon Press, 1914.

Cohen, Morris. *American Thought: A Critical Sketch*. Glencoe: The Free Press, 1954.

Corti, Walter Robert, ed. *The Philosophy of William James*. Hamburg: Felix Meiner Verlag, 1976.

Eames, S. Morris. *Pragmatic Naturalism*. Carbondale: Southern Illinois University Press, 1977.

Eisendrath, Craig R. *The Unifying Moment: The Psychological Philosophy of William James and Alfred North Whitehead*. Cambridge: Harvard University Press, 1971.

Farber, Marvin. *The Foundation of Phenomenology*. Albany: State

University of New York Press, 1943.

Fisch, Max H., ed. *Classic American Philosophers*. New York: Appleton-Century-Crofts, 1951.

Flournoy, Th. *The Philosophy of William James*. Translated by Edwin B. Holt and William James, Jr. London: Constable & Company Ltd., 1917.

Ford, Marcus Peter. *William James's Philosophy: A New Perspective*. Amherst: The University of Massachusetts Press, 1982.

Kallen, Horace M., ed. *In Commemoration of William James, 1842–1942*. New York: Columbia University Press, 1942; reprint ed., New York: AMS Press, Inc., 1967.

Keenan, Barry. *The Dewey Experiment in China: Educational Reform and Political Power in the Early Republic*. Cambridge, Mass.: Harvard University Press, 1977.

Kuklick, B. *The Rise of American Philosophy*. New Haven: Yale University Press, 1977.

Levinson, Henry Samuel. *The Religious Investigations of William James*. Chapel Hill: The University of North Carolina Press, 1981.

Lovejoy, Arthur O. *The Thirteen Pragmatisms and Other Essays*. Baltimore: Johns Hopkins Press, 1963.

Madden, Edward H. *Chauncey Wright and the Foundations of Pragmatism*. Seattle: University of Washington Press, 1963.

Margolis, Joseph. *Pragmatism Without Foundations: Reconciling Realism and Relativism*. New York: Basil Blackwell, 1986.

Moore, Addison Webster. *Pragmatism and its Critics*. Chicago: The

University of Chicago Press, 1910.

Morris, Charles. *The Pragmatic Movement in American Philosophy.* New York: George Braziller, 1970.

Myers, Gerald E. *William James: His Life and Thought.* New Haven: Yale University Press, 1986.

Peirce, Charles Sanders. *Collected Papers of Charles Sanders Peirce,* volumes 1–6 edited by Charles Hartshorne and Paul Weiss, 1931–1935, volumes 7 and 8 edited by A. W. Burks, 1958. Cambridge, Mass.: Belknap Press.

Perry, Ralph Barton. *The Thought and Character of William James.* 2 vols. Boston: Little, Brown and Co., 1935.

——————. *In the Spirit of William James.* New Haven: Yale University Press, 1938.

Reck, Andrew J. *Introduction to William James.* Bloomington: Indiana University Press, 1967.

Rorty, Amelie, ed. *Pragmatic Philosophy.* New York: Anchor Books, 1966.

Rorty, Richard. *Consequences of Pragmatism.* Sussex: Harvester Press, 1982.

Roth, John K. *Freedom and the Moral Life: The Ethics of William James.* Philadelphia: The Westminster Press, 1969.

Scheffler, Israel. *Four Pragmatists: A Critical Introduction to Peirce, James, Mead, and Dewey.* London: Routledge & Kegan Paul, 1974.

Schneider, Herbert W. *A History of American Philosophy.* New

York: Columbia University Press, 1946.

Seigfried, Charlene Haddock. *Chaos and Context: A Study in William James*. Athens, Ohio: Ohio University Press, 1978.

Shanhan, Robert W., & Merrill, Kenneth R., ed. *American Philosophy from Edwards to Quine*. Norman: University of Oklahoma Press, 1977.

Smith, John E. *Themes in American Philosophy*. New York: Harper and Row, 1970.

————. *Purpose and Thought: The Meaning of Pragmatism*. New Haven: Yale University Press, 1978.

————. *The Spirit of American Philosophy*. New York: SUNY Press, 1983.

Spiegelberg, Herbert. *The Phenomenological Movement*. 2 vols. The Hague: Martinus Nijhoff, 1960.

Stevens, Richard. *James and Husserl: The Foundations of Meaning*. The Hague: Martinus Nijhoff, 1974.

Stroh, Guy W. *American Philosophy from Edwards to Dewey*. New York: D. Van Nostrand Co., 1968.

Stuhr, John J. *Classical American Philosophy*. Oxford: Oxford University Press, 1987.

Thayer, H. S. *Meaning and Action: A Critical History of Pragma-tism*. 2nd edition. Cambridge: Hackett Publishing Company, 1981.

White, Morton G. *Pragmatism and the American Mind*. Oxford: Oxford University Press, 1973.

Wiener, Philip P. *Evolution and the Founders of Pragmatism*. Cambridge: Harvard University Press, 1949; Philadelphia: University of Pennsylvania Press, 1972.

Wild, John. *The Radical Empiricism of William James*. New York: Doubleday, 1969.

Wilshire, Bruce. *William James and Phenomenology: A Study of "The Principles of Psychology"*, Bloomington: Indiana University Press, 1968.

Essays Philosophical and Psychological in Honor of William James. New York: Longmans, Green, 1908.

（美）史密斯(John E. Smith)著。傅佩榮等譯。《目的與思想》。臺北：黎明文化事業公司，民國七十二年。

王守昌、蘇玉昆合著。《現代美國哲學》。北京：人民出版社，一九九〇年。

朱建民著。《實用主義：科學與宗教的融會》。臺北：臺灣書店，民國八十六年六月。

參、單篇論文

Bentley, Arthur F. "The Jamesian Datum", *Journal of Psychology*, 16(July 1943), 35–79.

Kenna, J. C. "Ten Unpublished Letters from William James, 1842–1910, to Francis Herbert Bradley, 1846–1924", *Mind*, n.s. 35 (July 1966), 309–330.

朱建民。〈詹姆士的哲學進路〉。《鵝湖月刊》第十二卷第三期，民

國七十五年九月，頁四九至五二。

朱建民。〈詹姆士徹底經驗論的假設性格〉。《鵝湖月刊》第十五卷
第六期，民國七十八年十二月，頁十四至十九。

索 引

一畫

八畫

234

知覺　perception　122, 132, 133, 216

阿噶西　Louis Agassiz　5, 8, 41

非決定論　indeterminism　157, 197, 199, 200, 202, 204, 233

九畫

信仰　faith　5, 15, 22, 39, 45, 48, 78, 86, 100, 101, 164, 177, 179, 180, 185, 187, 188, 189, 190, 193, 194, 200, 202, 203

信念　belief　15, 27, 31, 33, 35, 36, 38, 48, 49, 58, 60, 63, 68, 69, 73, 74, 77, 78, 86, 96, 100, 103, 110, 111, 112, 114, 115, 116, 117, 118, 119, 120, 121, 125, 127, 128, 131, 132, 133, 134, 135, 136, 139, 140, 141, 142, 144, 146, 148, 149, 151, 152, 153, 154, 155, 156, 167, 171, 174, 177, 179, 180, 181, 182, 183, 184, 185, 186, 187, 188, 191, 193, 194, 196, 203

洛宰　Rudolph Hermann Lotze　53, 127

珀爾斯　Charles Sanders Peirce　4, 9, 14, 26, 40, 41, 52, 53, 57, 58, 59, 60, 61, 62, 63, 64, 65, 66, 75, 76, 77, 78, 79, 80, 84, 115, 134

相信之意志　the will to believe　14, 15, 16, 21, 25, 35, 37, 54, 67, 97, 152, 158, 178, 191, 206, 210, 232, 238

相信之權利　the right to believe　232

科學　science　4, 9, 11, 25, 29, 30, 31, 32, 34, 35, 36, 40, 44, 45, 46, 48, 49, 50, 52, 57, 58, 60, 61, 62, 63, 64, 66, 72, 73, 77, 99, 109, 114, 115, 116, 118, 121, 122, 124, 127, 148, 153, 154, 155, 156, 166, 179, 180, 181, 182, 184, 185, 186, 187, 188, 190, 198, 199, 210

十畫

十一畫

十二畫

十三畫

十五畫

十六畫

十七畫

世界哲學家叢書（一）

書　　　　　　名	作　　　者	出　版　狀　況
孔　　　　　子	韋　政　通	已　　出　　版
孟　　　　　子	黃　俊　傑	已　　出　　版
老　　　　　子	劉　笑　敢	已　　出　　版
莊　　　　　子	吳　光　明	已　　出　　版
墨　　　　　子	王　讚　源	已　　出　　版
韓　　　　　非	李　甦　平	排　　印　　中
淮　南　　　子	李　　　增	已　　出　　版
董　仲　　　舒	韋　政　通	已　　出　　版
揚　　　　　雄	陳　福　濱	已　　出　　版
王　　　　　充	林　麗　雪	已　　出　　版
王　　　　　弼	林　麗　真	已　　出　　版
郭　　　　　象	湯　一　介	排　　印　　中
阮　　　　　籍	辛　　　旗	已　　出　　版
劉　　　　　勰	劉　綱　紀	已　　出　　版
周　敦　　　頤	陳　郁　夫	已　　出　　版
張　　　　　載	黃　秀　璣	已　　出　　版
李　　　　　覯	謝　善　元	已　　出　　版
楊　　　　　簡	鄭　曉　江　李　承　貴	已　　出　　版
王　安　　　石	王　明　蓀	已　　出　　版
程　顥、程　頤	李　日　章	已　　出　　版
胡　　　　　宏	王　立　新	已　　出　　版
朱　　　　　熹	陳　榮　捷	已　　出　　版
陸　象　　　山	曾　春　海	已　　出　　版
王　廷　　　相	葛　榮　晉	已　　出　　版
王　陽　　　明	秦　家　懿	已　　出　　版

世界哲學家叢書 (二)

書　　　　　名	作　　　者	出　版　狀　況
方　　以　　智	劉　君　燦	已　　出　　版
朱　　舜　　水	李　甦　平	已　　出　　版
戴　　　　震	張　立　文	已　　出　　版
竺　　道　　生	陳　沛　然	已　　出　　版
慧　　　　遠	區　結　成	已　　出　　版
僧　　　　肇	李　潤　生	已　　出　　版
吉　　　　藏	楊　惠　南	已　　出　　版
法　　　　藏	方　立　天	已　　出　　版
惠　　　　能	楊　惠　南	已　　出　　版
宗　　　　密	冉　雲　華	已　　出　　版
永　明　延　壽	冉　雲　華	排　　印　　中
湛　　　　然	賴　永　海	已　　出　　版
知　　　　禮	釋　慧　岳	已　　出　　版
嚴　　　　復	王　中　江	已　　出　　版
康　　有　　為	汪　榮　祖	已　　出　　版
章　　太　　炎	姜　義　華	已　　出　　版
熊　　十　　力	景　海　峰	已　　出　　版
梁　　漱　　溟	王　宗　昱	已　　出　　版
殷　　海　　光	章　　　清	已　　出　　版
金　　岳　　霖	胡　　　軍	已　　出　　版
張　　東　　蓀	張　耀　南	已　　出　　版
馮　　友　　蘭	殷　　　鼎	已　　出　　版
湯　　用　　彤	孫　尚　揚	已　　出　　版
賀　　　　麟	張　學　智	已　　出　　版
商　　羯　　羅	江　亦　麗	已　　出　　版

世界哲學家叢書（三）

書　　　　　　名	作　　者	出　版　狀　況
辨　　　　　　喜	馬　小　鶴	已　　出　　版
泰　　戈　　爾	宮　　　靜	已　　出　　版
奧羅賓多・高士	朱　明　忠	已　　出　　版
甘　　　　　　地	馬　小　鶴	已　　出　　版
尼　　赫　　魯	朱　明　忠	排　　印　　中
拉達克里希南	宮　　　靜	已　　出　　版
李　　栗　　谷	宋　錫　球	已　　出　　版
道　　　　　　元	傅　偉　勳	已　　出　　版
山　鹿　素　行	劉　梅　琴	已　　出　　版
山　崎　闇　齋	岡　田　武　彥	已　　出　　版
三　宅　尚　齋	海老田輝巳	已　　出　　版
貝　原　益　軒	岡　田　武　彥	已　　出　　版
石　田　梅　岩	李　甦　平	已　　出　　版
楠　本　端　山	岡　田　武　彥	已　　出　　版
吉　田　松　陰	山　口　宗　之	已　　出　　版
柏　　拉　　圖	傅　佩　榮	已　　出　　版
亞里斯多德	曾　仰　如	已　　出　　版
伊　壁　鳩　魯	楊　　　適	已　　出　　版
柏　　羅　　丁	趙　敦　華	已　　出　　版
伊本・赫勒敦	馬　小　鶴	已　　出　　版
尼古拉・庫薩	李　秋　零	已　　出　　版
笛　　卡　　兒	孫　振　青	已　　出　　版
斯　賓　諾　莎	洪　漢　鼎	已　　出　　版
萊　布　尼　茨	陳　修　齋	已　　出　　版
托馬斯・霍布斯	余　麗　嫦	已　　出　　版

世界哲學家叢書（四）

書　　　　　名	作　　　者	出　版　狀　況
洛　　　　　克	謝　啓　武	已　　出　　版
巴　克　萊	蔡　信　安	已　　出　　版
休　　　　　謨	李　瑞　全	已　　出　　版
托馬斯・銳德	倪　培　民	已　　出　　版
伏　爾　泰	李　鳳　鳴	已　　出　　版
孟　德　斯　鳩	侯　鴻　勳	已　　出　　版
費　希　特	洪　漢　鼎	已　　出　　版
謝　　　　　林	鄧　安　慶	已　　出　　版
叔　本　華	鄧　安　慶	已　　出　　版
祁　克　果	陳　俊　輝	已　　出　　版
彭　加　勒	李　醒　民	已　　出　　版
馬　　　　　赫	李　醒　民	已　　出　　版
迪　　　　　昂	李　醒　民	已　　出　　版
恩　格　斯	李　步　樓	已　　出　　版
馬　克　思	洪　鎌　德	已　　出　　版
約　翰　彌　爾	張　明　貴	已　　出　　版
狄　爾　泰	張　旺　山	已　　出　　版
弗　洛　伊　德	陳　小　文	已　　出　　版
史　賓　格　勒	商　戈　令	已　　出　　版
雅　斯　培	黃　　　藿	已　　出　　版
胡　塞　爾	蔡　美　麗	已　　出　　版
馬克斯・謝勒	江　日　新	已　　出　　版
海　德　格	項　退　結	已　　出　　版
高　達　美	嚴　　　平	已　　出　　版
哈　伯　馬　斯	李　英　明	已　　出　　版

世界哲學家叢書（五）

書　　　　　　名	作　　　者	出　版　狀　況
榮　　　　　格	劉　耀　中	已　　出　　版
皮　　亞　　傑	杜　麗　燕	已　　出　　版
索　洛　維　約　夫	徐　鳳　林	已　　出　　版
費　奧　多　洛　夫	徐　鳳　林	已　　出　　版
別　爾　嘉　耶　夫	雷　永　生	排　　印　　中
馬　　賽　　爾	陸　達　誠	已　　出　　版
布　拉　德　雷	張　家　龍	已　　出　　版
懷　　特　　海	陳　奎　德	已　　出　　版
愛　因　斯　坦	李　醒　民	已　　出　　版
皮　　爾　　遜	李　醒　民	排　　印　　中
玻　　　　爾	戈　　革	已　　出　　版
弗　　雷　　格	王　　路	已　　出　　版
石　　里　　克	韓　林　合	已　　出　　版
維　根　斯　坦	范　光　棣	已　　出　　版
艾　　耶　　爾	張　家　龍	已　　出　　版
奧　　斯　　丁	劉　福　增	已　　出　　版
史　　陶　　生	謝　仲　明	排　　印　　中
馮　・　賴　特	陳　　波	已　　出　　版
赫　　　　爾	孫　偉　平	排　　印　　中
魯　　一　　士	黃　秀　璣	已　　出　　版
詹　　姆　　士	朱　建　民	已　　出　　版
蒯　　　　因	陳　　波	已　　出　　版
庫　　　　恩	吳　以　義	已　　出　　版
史　蒂　文　森	孫　偉　平	已　　出　　版
洛　　爾　　斯	石　元　康	已　　出　　版

世界哲學家叢書 (六)

書　　　　　　名	作　　　者	出　版　狀　況
喬　姆　斯　基	韓　林　合	已　　出　　版
馬　克　弗　森	許　國　賢	已　　出　　版
尼　　布　　爾	卓　新　平	已　　出　　版